Alexander Reichenbach   Chef der Spione

Alexander Reichenbach

Chef der Spione

Die Markus-Wolf-Story

Deutsche Verlags-Anstalt
Stuttgart

Die Deutsche Bibliothek – CIP-Einheitsaufnahme

Reichenbach, Alexander:
Chef der Spione : die Markus-Wolf-Story /
Alexander Reichenbach. –
Stuttgart : Deutsche Verlags-Anstalt, 1992
ISBN 3-421-06544-6

Lektorat: Wolfgang Stammler
Satz: Setzerei Lihs, Ludwigsburg
Printed in Germany

Inhalt

DRITTER TEIL: Markus Wolf, Generaloberst a. D.

»Der Mann ohne Gesicht« wird enttarnt

Das Bild ist eine Sensation. Auch wenn es auf den ersten Blick nicht so aussieht, sondern nur wie eine willkürlich aufgenommene Straßenszene: Ein Mann – dunkle Haare, Geheimratsecken – mit Sonnenbrille, Mitte 50, schlendert durch Stockholm. Neben ihm eine Begleiterin. Das Foto, geschossen am 1. Juli 1978 mit einem Teleobjektiv von der schwedischen Abwehr, zeigt Markus Wolf, damals 56, und seine zweite Ehefrau Christa, damals 34.

Zwei Jahrzehnte war es Markus Wolf gelungen, dafür zu sorgen, daß kein Bild von ihm im Westen auftauchte. Die letzte Aufnahme, die von ihm im Westen existiert, stammt aus dem Jahr 1959: ein Jüngling mit Nickelbrille, der arrogant in die Kamera blickt. »Mann ohne Gesicht« nannte man ihn deshalb bei den westlichen Nachrichtendiensten. Dort rätselten die Beamten, wie wohl der erfolgreiche Spionagechef in Ostberlin aussieht.

Zum Verhängnis war Markus Wolf in Stockholm ein Doktortitel geworden, den sich der nicht uneitle DDR-Spionagechef ohne Hochschulabschluß zugelegt hatte. Durch diesen Titel nämlich war die schwedische Abwehr auf ihn aufmerksam geworden. Sie will herausfinden, um welch offenbar nicht unbedeutende Persönlichkeit es sich bei »Dr. Kurt Werner« handelt – so lautete der Name in dem Diplomatenpaß, den der DDR-Bürger bei seiner Einreise vorgelegt hatte.

Geheimdienstmänner legen sich auf die Lauer und fotografieren ihn durch ein Teleobjektiv. Anfangs können es die westlichen Nachrichtendienste fast nicht glauben: Endlich haben sie ein Foto von dem Mann, hinter dem sie wie hinter keinem anderen her sind, der aus dem Verborgenen operiert und ihnen eine Schlappe nach der anderen bereitet. Der schlaue Wolf war ihnen ins Netz gegangen – und hatte nicht einmal etwas von der Aufnahme mitbekommen, wie er selbst später einräumt. Als Markus Wolf das Bild sieht, erkennt er sofort die Situation wieder: »Fotografiert wurde aus einem Kombiwagen«, ist er überzeugt. »Man registriert ja so viele Dinge bei einer solchen Sache, die meisten sind unerheblich. Aber im nachhinein wußte ich sofort, an welcher Stelle das Foto gemacht worden ist und wo der Wagen stand.«

Wolfs »operative Handschrift« hatte die bundesdeutschen Dienste immer wieder in Erstaunen versetzt. Wie ein umsichtiger Schachspieler schob er seine Agenten in Position: Von den Schaltstellen in der Bundesrepublik berichteten sie nach Ostberlin an Wolfs Hauptverwaltung Aufklärung (HVA), dem Spionagezweig innerhalb des Ministeriums für Staatssicherheit (MfS): aus dem Kanzleramt, dem Bundespräsidialamt, aus Bundes- und Landesministerien, Landeskriminalämtern, von der Bundeswehr, aus Wirtschaftsunternehmen wie MBB und Siemens. Selbst in den bundesdeutschen Nachrichtendiensten – lange Zeit für viele kaum vorstellbar – hockten an zentralen Stellen Wolfs Maulwürfe, die ihn auf dem laufenden hielten.

Ein ums andre Mal staunen die bundesdeutschen Verfassungsschützer, mit wieviel Bedacht, mit welch langem Atem er vorgeht – immer dann, wenn es ihnen einmal wieder gelingt, einen Spion zu fassen. Doch nur die wenigsten gehen ihnen ins Netz. An Markus Wolfs Schreibtisch im Ministerium für Staatssicherheit an der Normannenstraße im Ostberliner Bezirk Lichtenberg laufen die Fäden zu über 5000 Agenten und Agentenführern zusammen.

So ist es kein Wunder, daß die bundesdeutschen Behörden mit großem Eifer versuchen, über den Chef der Spione soviel wie möglich zusammenzutragen: »185–190 cm groß, schlank, leicht nach vorn gebeugte Körperhaltung, läßt eine Schulter etwas hängen, geht etwas schief«, heißt es beispielsweise in einem Dossier über Markus Wolf aus der zweiten Hälfte der siebziger Jahre: »Gesichts-

Die letzte Aufnahme für viele Jahre: Markus Wolf, 1959

»Dr. Kurt Werner« alias Markus Wolf mit Ehefrau Christa in Stockholm

züge scharf geschnitten, etwas wulstige Lippen, vorspringendes
Kinn, trägt zeitweise dunkle Hornbrille, braune Augen, auffallend
schmale Hände, gepflegt, sympathisch, elegant gekleidet, betont
ruhiges Wesen, ohne Gefühlsregungen, hervorragende Intelligenz,
hoch begabt, vielseitig gebildet, gute Manieren, faszinierend im
Gespräch, äußerst schlagfertig, in Freundeskreisen wegen seiner
intellektuellen Überlegenheit mitunter als arrogant bezeichnet.«
Unter dem Stichwort »Qualifikation« ist in der Akte über Wolf zu
lesen: »Ausgezeichneter Nachrichtenmann, besitzt hervorragende
Führungsqualitäten, sehr guter Rhetoriker mit großer Überzeu-
gungskraft.« Im Ministerium für Staatssicherheit sei er sehr angesehen, ist weiter zu lesen: »Grund des Ansehens: fachliches Können,
verfällt gegenüber Untergebenen nie in einen Befehlston, kritisiert
stets die Sache und nicht die Person, ist verständnisvoll und kann
zuhören, wortgewandt.«

Der so skizzierte hochgewachsene Intellektuelle unterscheidet
sich damit deutlich von seinem Chef, Stasi-Minister Erich Mielke.
In einem anderen westlichen Dossier wird Mielke als »Müll-
kutscher-Typ« bezeichnet: »gedrungene Gestalt«, »Stiernacken«,
»Schweinsohren«, »Zivil trägt Mielke häufig einen dunkelblauen
Nadelstreifenanzug mit zu kurzen Hosen«.

Nach Stockholm gereist war Wolf, um sich unter anderem mit dem
bayerischen SPD-Abgeordneten und Arzt Dr. Friedrich Cremer zu
treffen. Wolf, ein Mann, mit dem man zwanglos über Gott und die
Welt plaudern kann, redete mit Cremer – wie der später berichtet –
über Dinge wie die Interpretation des Begriffs Imperialismus, über
die Breschnew-Doktrin und den Einmarsch in die ČSSR. Cremer
beteuert nach dem Treffen, keine Ahnung gehabt zu haben, mit
wem er in Wahrheit sprach. Nach Stockholm sei er vielmehr geflogen, um sich mit Dr. Horst Richter zu treffen, einem Mann, der
ihn in den vergangenen drei Jahren über ein dutzendmal in Bayern
besucht hatte. 1974 war dieser Mann in Cremers Haus im unter-
fränkischen Lengfurt erschienen, hatte sich als Dr. Richter aus
Berlin vorgestellt, vom Aufbau-Verlag. Er schreibe, so erzählte er
damals, an einem Buch über das Gesundheitswesen in der Bundes-

republik. Damit kam er bei Cremer an die richtige Adresse. Der Arzt und SPD-Multifunktionär war unter anderem Vorsitzender der Arbeitsgemeinschaft Sozialdemokratischer Ärzte und Apotheker in der Bundesrepublik.

Beim dritten Treffen sagt der angebliche Dr. Richter en passant, daß er aus dem Ostteil Berlins komme, der Hauptstadt der DDR. Kein Hinderungsgrund für Cremer, mit dem Mann weiter zu sprechen, ihn stets zu empfangen, wenn er sich bei ihm meldet. Sie reden über alle möglichen Themen, von Briefmarken über Bücher bis hin zur Politik.

Und eines Tages nun, eben im Sommer 1978, verabreden sich Cremer und Richter zu einem Treffen in Stockholm. Cremer wollte sich, wie er später sagt, schon immer einmal das Grab von Kurt Tucholsky anschauen. In der schwedischen Hauptstadt stellt ihm sein Bekannter Dr. Richter jenen Dr. Werner vor. Ein Kollege vom Aufbau-Verlag, wie Richter sagt. Zwei Stunden lang redet Cremer mit ihm, er lernt seinen Gesprächspartner als »sehr ruhigen und in seinen Äußerungen sehr bedachten Menschen« kennen. Daß er es dabei mit Mitarbeitern der DDR-Spionage zu tun gehabt hätte, sei ihm nicht bewußt gewesen, beteuert Cremer später. Das Bayerische Oberste Landesgericht glaubt dies allerdings dem Landtagsabgeordneten nicht und verurteilt ihn wegen geheimdienstlicher Agententätigkeit zu zweieinhalb Jahren Gefängnis. Das Bundesverfassungsgericht bestätigt die Entscheidung.

Für Markus Wolf waren derartige Reisen unter einer anderen Identität eine willkommene Abwechslung zu den vielen Stunden im Büro. Fast etwas wehmütig sagt er heute in der Rückschau auf seine Zeit als Spionagechef, »daß ich Romantik und Abenteuertum eigentlich nur empfunden habe, wenn ich mit einem falschen Paß in die Welt gefahren bin«. Und das tat er gerne, vor allem um sich mit wichtigen Agenten zu treffen. Der Chef legte Wert darauf, sie von Angesicht zu Angesicht zu kennen. Schon zwölf Jahre vor dem Treffen zwischen Wolf und Cremer in Stockholm hatte der Fall Porst in der Bundesrepublik für viel Wirbel gesorgt: Der Nürnberger Fotounternehmer Hansheinz Porst traf sich über Jahre mehrfach mit Markus Wolf und seinen Mitarbeitern: »Ich habe nie ein

Geheimnis verraten«, erklärte der erfolgreiche Unternehmer später, »allein schon deshalb, weil ich kein Geheimnis kannte. Aber«, fügte er hinzu, »richtig ist, daß ich den DDR-Leuten alles gesagt habe, was ich wußte.« Vom Bundesgerichtshof wird er dafür zu 33 Monaten Gefängnis verurteilt*.

Doch zurück nach Stockholm, zur Observation von Dr. Kurt Werner alias Markus Wolf im Juli 1978. Die Männer von der schwedischen Abwehr trauen ihren Augen nicht: Sie erleben, wie Wolf seiner neuen – erst ein Jahr zuvor geheirateten – Ehefrau die Segnungen des Westens in aller Ausführlichkeit zeigt, einen Porno-Club besucht und Möbel für die Wohnung daheim in Ostberlin ordert. Schon bei der Anreise nach Stockholm, bei einem Zwischenaufenthalt in Helsinki, hatte Wolf zugeschlagen: »Das war vielleicht eine Sauerei«, schimpfte anschließend Klaus Detlof, damals HVA-Resident in Helsinki. »Die haben hier eingekauft wie die Wilden. Als ob es in der Republik überhaupt nichts gäbe. Scheinbar brauchte Mischa für die neue Frau auch gleich eine neue Wohnungseinrichtung, finnisches Holz, finnisches Design, nur vom Feinsten. Ich hatte dann den Ärger, das ganze Zeug in die DDR zu verfrachten.« Markus Wolf wußte seine Privilegien zu nutzen.

Auch daheim. Dort, im »Arbeiter- und Bauernstaat«, lebt der Stasi-Bonze weit abgerückt von den Arbeitern und Bauern entfernt: In den fünfziger Jahren wohnt er – wie in dem Dossier über ihn vermerkt steht – im Sperrgebiet der Politprominenz im Berliner Stadtbezirk Niederschönhausen, Majakowskiring 18: »alleinstehendes, zweigeschossiges Villengebäude mit ausgebautem Dachgeschoß. Das Haus macht einen gepflegten Eindruck.« Später ortet ihn die westdeutsche Seite in der Elsastraße 38c in Berlin-Weißensee – wo er tatsächlich allerdings nie wohnte, wie er später erklärt.

Das Stockholm-Foto ist ein Einschnitt in Wolfs Spionagelaufbahn: Zum ersten Mal gerät er, wenn auch unfreiwillig, aus dem

---

* Der vielbeschäftigte Millionär mit Privatflugzeug bezeichnet später seine Haft – 17 Monate mußte er in Landsberg absitzen – als »mit die schönste Zeit in meinem Leben«.

Dunkel ins Licht der Öffentlichkeit. In den folgenden Jahren tritt er langsam, Schritt für Schritt, immer weiter ins Rampenlicht. 1982 erscheint in der DDR das erste Foto von ihm in der Presse: Das »Neue Deutschland« zeigt ihn bei der Beerdigung, am Rande des Grabes seines Bruders Konrad, des berühmten Filmregisseurs. 1985 tritt Markus Wolf zum ersten Mal im DDR-Fernsehen auf. Und im Januar 1989 – drei Jahre nach seinem Rücktritt als HVA-Chef – veröffentlicht ein West-Blatt das erste Interview mit ihm: »Ich bin wirklich auf eigenen Wunsch ausgeschieden«, erklärt er im »Spiegel«, »nicht aus Gesundheitsgründen, ich bin gesund und fühle mich wohl.« Er betont in dem Gespräch: »Die DDR steht fest im sozialistischen Lager«, gibt sich aber auch als vorsichtiger Reformer zu erkennen und sagt über seine Erwartungen vom nächsten SED-Parteitag: »Eine neue Weichenstellung in dem Sinne, wie das vielleicht im Westen gern gesehen würde, also weg von der Sowjetunion, weg von den Grundlagen (...), erwarte ich keinesfalls, die wird es nicht geben. Es wird sicher, ausgehend von den neuen Entwicklungen, besonders auch, was die ökonomischen Anforderungen angeht, wichtige Beschlüsse geben.« Bei Sätzen wie diesen knirschen die Ostberliner Gerontokraten ungehalten mit ihren Zähnen. Es ist noch die Zeit der vorsichtigen Formulierungen, der Zwischentöne. Kein Jahr später fällt die Mauer. Die deutsche Einheit kommt.

Wenige Tage vor dem 3. Oktober 1990 verschwindet Markus Wolf aus seiner Ostberliner Wohnung. Er fürchtet, verhaftet zu werden – es liegt ein Haftbefehl gegen ihn vor, erwirkt vom Generalbundesanwalt. Wolf taucht in Moskau unter – und später dort auf. Nach knapp einem Jahr kehrt er in die Bundesrepublik zurück. Am 24. September 1991 stellt er sich freiwillig den Bundesanwälten. Elf Tage und Nächte sitzt er in Untersuchungshaft in Karlsruhe, in jenem (heutigen) Bundesland, in dem er vor über sechzig Jahren geboren wurde und aufwuchs.

Markus Wolf zeigt sich auch nach der Wende ungebrochen, steht zu dem, was er tat: »Es bleibt meine Überzeugung«, sagt er selbstbewußt: »Die Tätigkeit der HVA hat dazu beigetragen, daß es in Europa eine so lange Friedensperiode gab.«

An diesem Markus Wolf scheiden sich die Geister. Die einen erblicken in dem einstigen Stellvertretenden Stasi-Minister und HVA-Chef nichts anderes als einen Handlanger Mielkes und Honeckers, der an der Spitze des MfS eiskalt agierte – und dem daher auch alles von der DDR-Staatssicherheit begangene Unrecht zuzurechnen ist. Andere sehen in ihm den Intellektuellen, der nichts anderes getan hat, als »seine Pflicht gegenüber seinem Staat« zu erfüllen. Er habe, sagen sie, sich so verhalten, wie es ihm die damals in der DDR für ihn gültigen Gesetze auferlegt und erlaubt hätten. Ein anderer Staat könne ihn dafür nicht zur Verantwortung ziehen. Weder das eine noch das andere ist in dieser Kürze so richtig. Die Dinge liegen komplizierter, wie dieses Buch zeigen wird. Er ist weder nur der böse Wolf noch ein Unschuldslamm.

Freilich, die letzte Wahrheit über Markus Wolf wird wohl niemand zutage fördern. Weiße Flecken werden bleiben. Dies läßt sich nicht vermeiden. Die Akten, die zeigen, wie Markus Wolf an der Spitze der DDR-Spionage agierte, gibt es nicht mehr: Containerweise vernichteten HVA-Männer das Material in den letzten Monaten der untergehenden DDR. Wolf selbst schweigt zu vielen Dingen. Ebenso die meisten seiner Kollegen.

Sicher ist indes: Eine solche atemberaubende Karriere, wie sie der schon zu Amtszeiten zur Legende gewordene Spionagechef zurücklegte, war nur in der wechselvollen Geschichte Deutschlands möglich. Nirgendwo anders. Die Grundlagen für seinen ideologischen Werdegang wurden im Elternhaus gelegt: Sein Vater Friedrich, ein überzeugter Kommunist, erzog den jungen Markus ganz im Sinne der Lehren der KPD. So wird der Vater, der berühmte Schriftsteller, zum prägenden Vorbild von Markus Wolf. Nach der Machtergreifung mußte Markus Wolf mit seiner Familie aus Nazideutschland emigrieren. Seine zweite Heimat wird die Sowjetunion. Dort werden die Weichen gestellt, die für seinen weiteren Lebensweg bestimmend wurden.

Mit anderen Worten: In Markus Wolf spiegelt sich auch ein Stück deutscher Geschichte seit den zwanziger Jahren – mit all ihren Tiefen und Höhen.

ERSTER TEIL

Der junge Wolf

Kindheit in Hohenzollern und Württemberg

Es ist keine leichte Geburt. Vor Schmerz beißt Mutter Else Vater Friedrich in die Hand: Am 19. Januar 1923 um 12.30 Uhr kommt Markus Wolf in Hechingen zur Welt, einem 5000-Seelen-Ort auf der Schwäbischen Alb, am Fuße der Hohenzollernburg.

»Er ist meist vergnügt und freut sich und lacht, wenn man mit ihm spricht: ein herziger kleiner Kerl«, notiert Vater Friedrich zwei Monate nach der Geburt, am 19. März 1923. Der Arzt und Schriftsteller hat aus Anlaß der Geburt angefangen, Tagebuch zu führen: »Nur an den morgendlichen Krähtönen«, so schreibt er weiter, »die an Deutlichkeit und Willensäußerungen sehr an Elses Energielaute erinnern, kann man die andere Seite seiner Natur vorausahnen. Sonst kriegt er dunkle Augen und Haare. Die Stupsnase scheint von Else.«

Die ersten drei Lebensjahre verbringt Markus in Hechingen. Sein Vater ist dort Landarzt. Einen solchen Doktor haben die Landarbeiter in und um Hechingen noch nicht erlebt: Im Sommer arbeitet er in kurzen Hosen und barfuß in Sandalen, auf eine Krawatte verzichtet er das ganze Jahr über. Wenn er nicht praktiziert, sitzt er am Tisch und schreibt. »Meine Praxis wuchs, ich war mit einem kleinen Opelwagen ständig auf Achse und auch literarisch sehr beschäftigt«, faßt Vater Friedrich die Hechinger Jahre zusammen. Er schreibt sozialkritische Dramen.

Den Vater zieht es weiter. Er ist »gegen eine zu schnelle Verankerung in dem kleinen, halb preußischen, halb schwäbischen Städtchen«. Auch will Markus' Mutter Else nicht in Hechingen bleiben, sie ist »großstadtsüchtig«, wie es ihr Mann Friedrich formuliert. Doch zunächst ziehen die Wolfs – Markus, sein zwei Jahre jüngerer Bruder Konrad, genannt Koni, und die Eltern – 1926 in ein Blockhaus nach Höllsteig in der Nähe des Bodensees. Höllsteig ist das erste, an das sich Markus Wolf erinnern kann: »Vieles fällt einem dabei ein: das Haus, der Wald, die Landschaft, die Bauern in der Nähe, der Ackergaul, mit dem ich ... als Dreieinhalbjähriger hinausgeritten bin aufs Feld. Sicher war die Bedeutung dieser Prozeduren, denen wir unterworfen waren, mit dem kalten Wasser und dem Lehm und den Umschlägen und all dem anderen, Koni überhaupt nicht und mir auch nicht bewußt, aber in der Rückerinnerung ist irgend etwas geblieben.« Vater Wolf sorgt dafür, daß die Familie nach dem Motto »Zurück zur Natur« lebt. Die Wolfs sind Vegetarier. In Höllsteig gibt es eine Schrotmühle, wie Markus Wolf später berichtet, »wo dann das Getreide gemahlen und das Brot selbst gebacken wurde«. Die Familie ißt »viel Mais, viel Gemüse, viel Salat, davon ist eigentlich fürs ganze Leben eine Menge geblieben«.

In Höllsteig schreibt Vater Friedrich an dem Naturheilkundebuch »Die Natur als Arzt und Helfer«, Untertitel: »Das neue naturärztliche Hausbuch«. Das 640 Seiten umfassende Werk erscheint 1928 bei der Deutschen Verlags-Anstalt in Stuttgart. Bald steht es in zahlreichen Haushalten im Deutschen Reich. Der Band unterscheidet sich von den damals üblichen »Hausmedizinbüchern« grundlegend: Das Werk ist voller Ratschläge für ein »gesundes Leben«. Im ersten Teil befaßt sich Friedrich Wolf mit den »Einheiten und Gesetzen unseres Körpers«. Im zweiten Teil steht die Frage im Mittelpunkt: »Wie können wir inmitten der heutigen Nahrungsverfälschung, inmitten der Großstädte, des Wirtschaftskampfes, des Maschinenzeitalters noch ›gesund‹ leben? Im dritten Teil schildert er die »natürlichen Heilkräfte«. Das Buch enthält eine Fülle von Bildern, auf denen der Autor und seine Familie demonstrieren, wie man es richtig macht: Nur mit einem schmalen Lendenschurz bekleidet, zeigt Friedrich Wolf die »Streichmassage«. Mit freiem Oberkörper sprintet er über einen schmalen Pfad. Mit Sonnenhut und kurzer Hose arbeitet er an einem Steh-

Markus Johannes mit
seinen Eltern Else und Friedrich
Wolf im Sommer 1923

Markus Wolf als Dreijähriger mit
seinem Vater und seinem
Bruder Konrad in Höllsteig, 1926

pult im Garten. Die Schwester seiner Frau Else, Grete Dreibholz, demonstriert die von Friedrich Wolf propagierten »Nackt-Turnübungen«.

Auf einem Bild ist der dreijährige Markus allein auf einem Ackergaul zu sehen, überschrieben »Erziehung zum Mut« – gewiß eine Lektion fürs Leben. Auf einem anderen Bild macht Friedrich Wolf mit dem kleinen Markus auf seinen Knien Turnübungen. Unterzeile: »Väter, beschäftigt euch mit euren Kindern!« Die Wahrheit im Leben des Gesundheitsapostels sieht allerdings anders aus. »Wir haben manchmal darüber gelächelt«, sagt Markus Wolf bei der Erinnerung an das Foto, »weil wir unseren Vater ja oft sehr wenig gesehen haben und er sich sehr wenig mit uns beschäftigt hat.« Der Vater sitzt viel am Schreibtisch und ist häufig auf Reisen.

Mit leidenschaftlicher Hingabe macht Friedrich seine »medizinischen Übungen« – wie sein Freund Sergej Tretjakow berichtet: »Ein glühend roter Mensch hockt in der Wanne und schüttet sich eiskaltes Winterwasser auf die Schenkel. Bis zu einhundertmal. Dann begießt er sich die Schultern. Läßt sich rasch im Wasser auf den Rücken fallen und steht wieder auf. Reckt sich zu voller Größe und schrubbt sich mit zwei Bürsten den Rücken, den Nacken, den ganzen Körper, etwa so, wie ein Schuhputzer Halbstiefel bürstet.« »Bei dieser Art, sich zu waschen«, erläutert der Arzt seinem Gast, »ist eine Erkältung ausgeschlossen. Die Darmgase gehen während des Bades ab. Meist hat man gleich nach dem Abtrocknen Stuhlgang.«

Sergej Tretjakow ist von dem Bilderbuch-Athleten beeindruckt: »Beine hat er, die die Zehntausende Schritte eines Marathonlaufes bewältigen würden, ohne zu ermüden. Sein Brustkasten könnte die Zylinder von allen möglichen Spirometern* sprengen. Mit solchen Armen kann man mehr als einen Feind k. o. schlagen. Deutlich zeichnet sich das Spiel seiner Muskeln ab, nirgends hat sich zwischen ihnen und der Haut beruhigend Fett abgesetzt.«

So sagt Tretjakow zu Friedrich Wolf frei heraus: »Mir gefällt, wie du gebaut bist, Genosse Wolf.« Wolf freut sich. »Ich habe ins

---

* Spirometer = Atemmeßgerät

Markus Wolfs »Erziehung zum
Mut« auf einem Ackergaul

»Väter, beschäftigt euch mit
euren Kindern!« Friedrich Wolf
mit dem dreijährigen Markus

Vater Friedrich und Sohn Markus
bei einer »medizinischen Übung«, dem »kalten Strahl«

Schwarze getroffen«, erkennt Tretjakow an Wolfs Reaktion, »als ich das Lieblingswerk des Hausherrn lobte – sich selbst.«

Friedrich Wolf wirkt auf andere Menschen. Das weiß und schätzt er: Er sieht gut aus, meist braun gebrannt, seine Kleidung ist sportlich-elegant. Er besitzt eine gewinnende Art, fesselt den Gesprächspartner durch sein freundliches Wesen.

Nach eineinhalb Jahren in Höllsteig ziehen die Wolfs im Oktober 1927 nach Stuttgart. Die Wohnung liegt in der Neckarstraße, einer breiten Einfallstraße. Die Deutsche Verlags-Anstalt stellt sie Friedrich Wolf und seiner Familie zur Verfügung – die Arbeiten an dem aufwendigen Naturheilkundebuch treten ins Endstadium. Zwischen Verlag und Autor gibt es viel abzustimmen.

Im Sommer 1928 beginnen die Arbeiten an dem Haus, das Wolf für seine Familie in der Zeppelinstraße 43 bauen läßt. Von dort aus hat man einen weiten Blick über die Stadt. Ein halbes Jahr später ist Einzug, im Januar 1929.

»Her mit dem hellen, gesunden, wohnlichen Eigenheim!« hatte Friedrich Wolf in dem Arztbuch gefordert. Als vorbildlich preist er darin die Bauten des Berliner Architekten Mies van der Rohe: »Breite Fenster, keine Dunkelwinkel und Höfe!« Und so sieht dann auch das dreigeschossige Haus am Hang im Westen Stuttgarts aus: Breite Fenster, einfache Linien und Flächen, weiß gestrichene Fassade, sachlich-funktional gebaut. Flachdach. Wolfs Stuttgarter Architekt Richard Döcker hatte kurz zuvor für breite Beachtung gesorgt: Zusammen mit ebenjenem Mies van der Rohe, mit Walter Gropius aus Dessau, Le Corbusier aus Paris, Hans Scharoun aus Breslau und anderen namhaften Architekten der Zeit hatte er einige Monate zuvor die Weißenhofsiedlung in Stuttgart entworfen, östlich des Höhenparks Killesberg. Die Architektur wird überall als richtungweisend bestaunt. Und eben einen dieser Architekten beauftragt Wolf mit dem Entwurf seines Hauses: Vier Jahre leben die Wolfs dort. Für Friedrich Wolf sind es die »schönsten Lebensjahre«, wie er wenige Jahre vor seinem Tod resümiert.

Die Wohnungseinrichtung in der Zeppelinstraße ist ebenso nüchtern wie die Architektur: Nichts Überflüssiges hängt an den

Wänden. Die Tische sind groß und glattgehobelt. Auf ein Tisch-
tuch verzichtet man. »Komm frühstücken, ich zeig dir, wie man
das tut«, bittet Friedrich Wolf den Gast Sergej Tretjakow an den
Tisch. Doch Tretjakow empfindet die nächsten Minuten nicht
als Frühstück, sondern als Lehrveranstaltung. »Weshalb Salz?
Gewöhn dir die barbarische russische Sitte ab, alles zu versalzen«,
belehrt ihn der Hausherr unter vorwurfsvollen Blicken, als sich
Tretjakow nach dem Salzfaß umschaut: »Belaste das Blut nicht. Je
weniger Salz, desto besser. Vergiß nicht: Es besteht der Verdacht,
daß zu starkes Salzen eine der Ursachen von Krebs ist«, doziert
Friedrich Wolf.

Auch in Stuttgart leben die Wolfs vegetarisch, wie Tretjakow mit
Bedauern feststellt. Die »Gesetze des Hauses« empfindet er »streng
wie bei den Altgläubigen. Während eines Spaziergangs kaufe ich
mir in der Stadt ein Stück Wurst, um sie bei mir im Zimmer zu
essen, und später verberge ich meinen durch Fleisch entweihten
Atem genauso, wie man in der Familie eines strenggläubigen Ras-
kolnik den durch Tabak entweihten Atem verbergen muß.«

Markus Wolf wächst in einer verständnisvollen und freundlichen
Atmosphäre auf. »Halt den Mund, jetzt reden die Erwachsenen.
Das hat es bei Wolf nie gegeben«, berichtet Inge von Wangenheim,
eine Schauspielerin, die während eines Gastspiels für drei Wochen
bei den Wolfs in Stuttgart lebte. »Und der ganze Trubel in dem
Haus war echte Demokratie. Ohne daß darüber geredet wurde.
Alle Anwesenden im Hause waren einander gleichberechtigt. Wolf
hat nie gegenüber den Söhnen den Vater herausgekehrt oder gar
Befehle erteilt. Das alles gab's bei Friedrich Wolf nicht, aber man
muß hinzusagen: Diese sehr bezaubernde, sehr stille, feine Lie-
benswürdigkeit der Wolfschen Persönlichkeit ist nicht denkbar
ohne seine Frau Else.« Die Mutter, freundlich, ausgeglichen, muß
gegenüber Markus und Konrad häufig den Vater ersetzen, der auf
Reisen ist. Sie tut es, so gut sie kann. »Sie führte uns immer wieder
ins Bewußtsein, was er zu den Dingen sagen würde, wie er sie
behandeln würde«, erinnerte sich Markus' Bruder Konrad.

In dem Haus in der Zeppelinstraße hat Friedrich Wolf auch seine
Praxis. Im Wartezimmer hängt er das Schild auf: »Da ich zum

*Das Stuttgarter Haus in der
Zeppelinstraße 43, 1929*

*Markus Wolf (2. v. r.) und seine
Geschwister Johanna, Lukas und
Konrad, Sommer 1929*

*»Erwarte nicht durch eine Tablette oder Einspritzung gesund zu werden!«
Diät-Verordnungsformular von Friedrich Wolf*

Rechnungschreiben weder Zeit noch Lust habe, bitte ich, nach der Behandlung Barzahlung zu leisten. Unbemittelte haben freie Behandlung.« Seine Sprechstunden (»Montags bis Freitags nur von 11–15 Uhr / Voranmeldung erforderlich!«) sind überlaufen. Die Patienten schätzen ihn. Er behandelt sie auf homöopathische Weise, hilft ihnen und gewinnt sie dadurch als Partner. Für sie hält »Dr. med. Friedr. Wolf« auch selbstverfaßte Broschüren bereit wie »Dein Magen kein Vergnügungslokal – sondern eine Kraftzentrale« und »Herunter mit dem Blutdruck«, Unterzeile: »Schlaganfall, Verlust der Arbeitskraft, vorzeitiges Altern sind vermeidbar. Lies dieses Buch.« Für seine Patienten läßt er ein Verordnungsformular drucken, in dem steht, was sie essen dürfen, welche »Körnchen, Pulver und Tropfen« und Bäder sie zu nehmen haben. In der »Hauptverordnung« erläutert er jedem unmißverständlich: »Erwarte nicht, durch eine Tablette oder Einspritzung gesund zu werden! 90% aller Krankheiten sind Folge jahrelanger falscher Lebens- und Ernährungsweise. Hierin Dich umzustellen ist der erste Schritt der Heilung! Deine Einsicht ist das erste, Deine Mitarbeit und genaue Befolgung der Verordnung ist das zweite, die Überwachung und Hilfe des Arztes das dritte. Wer also die Diät, Waschungen, Bäder, Massagen, Übungen nicht (nach Möglichkeit) befolgen will, der verzichte auf eine weitere Behandlung!«

Friedrich Wolf ist überzeugter Kommunist, wählt Ernst Thälmann. Anfang 1928 tritt er der Kommunistischen Partei bei und hält Vorträge vor KPD-Organisationen. In diesem Jahr erscheint auch seine kämpferische Programmschrift »Kunst ist Waffe«, Untertitel: »Eine Feststellung«, herausgegeben vom Arbeiter-Theater-Bund Deutschlands. Wolfs Credo: »Der Dichter des Heute, der die Not, die Kämpfe, den Glauben, den Untergang der Menschen der Straße, der Hinterhäuser, Fabriken und Bergwerke auf die Bretter stellt, er kann nicht mit süßen Jenseitsverheißungen und mit Samtpfötchen kommen; seine Gedanken, seine Worte werden notwendig Angriff und Waffe sein.«

Die politischen Anschauungen des Vaters prägen Markus und Konrad. Die beiden Brüder treten den kommunistischen Jungpionieren bei, sie fahren ins Pionierlager nach Botnang. »Wir wohnten in einer Gegend, wo wir als Rote ganz alleine standen«, berichtet Konrad Wolf später über die Lage in der Zeppelinstraße. »Die Nachbarskinder waren keinesfalls auf unserer Seite, obwohl es auch Freundschaften gab. Aber als sich Anfang der dreißiger Jahre die Situation zuspitzte, war es für uns keine Frage, tauchten auch keine inneren Probleme auf, wohin wir gehören.« Wie ihre Eltern beteiligen sich Markus und Konrad am – wie sie es formulieren – »politischen Kampf der Arbeiterklasse«.

Dunkle Wolken ziehen über Deutschland auf. Der greise Reichspräsident von Hindenburg ernennt am 30. Januar 1933 Adolf Hitler zum Reichskanzler. Vier Wochen später, in der Nacht vom 27. zum 28. Februar, brennt in Berlin das Reichstagsgebäude. Am nächsten Morgen, es ist Dienstag, klingelt mehrfach das Telefon bei Friedrich Wolf. Es sind Kollegen. Sie wollen mit dem Kommunisten nichts mehr zu tun haben. »Vergessen Sie bitte meine Telefonnummer, Herr Kollege!« fordert ihn einer der Anrufer auf: »Ihre Freunde haben den Reichstag angezündet!« Wolf erwidert, daß die Kommunisten schon lange vor einer »Naziprovokation« gewarnt hätten. Ob er denn wirklich diesen »plumpen Nazischwindel« glaube, will Wolf wissen. »Ein Schwindel?« entgegnet ihm ungläubig der Anrufer. »Es ist doch eine amtliche Meldung der Regierung!« Und damit legt er auf.

Friedrich Wolf weiß, daß er höchst gefährdet ist. Über die Jahre wurde er zu einem bekannten Mann in der Republik. Seine sozialkritischen Stücke zogen in den vergangenen zwölf Jahren viel Aufmerksamkeit auf sich: »Der Unbedingte« (1919), »Die schwarze Sonne« (1920), »Fegefeuer, Flut und Äther« (1921), »Der arme Konrad« (1923), »Die Matrosen von Cattaro« (1930). Für das größte Aufsehen aber hatte sein Drama »Cyankali« gesorgt, geschrieben 1929. Es ist ein Plädoyer gegen den Abtreibungsparagraphen 218. Wolf fordert die »soziale Indikation«. »Allein in Deutschland sterben jährlich 10 000 meist unerfahrene Mütter an den Folgen des § 218«, erklärt Friedrich Wolf zu dem Stück. »Hilflos landen sie meist bei der weisen Frau oder in den dunklen Stuben der Abtreiber. Auch die ›50 000 Erkrankungsfälle nach Fehlgeburten‹, die nach den Statistiken des preußischen Landes-

*Im Pionierlager Botnang: Markus (2. v. r.) und Konrad Wolf (4. v. r.).
Ganz rechts Lotte Rayß, die Pionierleiterin*

*Die »Gruppe junger Schauspieler«: Szene aus »Cyankali«-
Aufführung im Berliner Lessingtheater am 6. September 1929*

Gesundheits-Amtes für Deutschland jährlich gezählt werden, sind
die Folgen solcher Eingriffe. Das Gesetz, auch in seiner neuen
Fassung, erkennt die ›soziale Indikation‹ nicht an. Eine Frau,
deren Mann ein monatliches Einkommen von 150,– RM hat, muß
nach dem Gesetz auch ihr siebentes Kind austragen. Kein Arzt darf
ihr helfen. Was soll sie tun? Es gibt bei keiner Krankheit solch
große Angst, Not und Verzweiflung wie bei der Zwangsmutter-
schaft.«

»Cyankali« ist die Geschichte der zwanzigjährigen Hedwig Fent,
genannt Hete, die schwanger ist – von Paul, einem fünf Jahre
älteren, kräftigen Heizer. Hintergrund des Schauspiels: Woh-
nungsnot, Aussperrung, Unruhen, Hunger, das bescheiden-karge
Leben im Hinterhaus. Paul wird von der Polizei gesucht, weil er in
eine Kantine einbrach – die Beute schleppte er zu einer Freßorgie
ins Hinterhaus. Außerdem soll er in einen Polizistenmord verwik-
kelt sein. Hete weiß weder ein noch aus. Sie sucht die Praxis von
Dr. Moeller auf, der gerade einer feinen Dame ein Attest für den
Schwangerschaftsabbruch gibt, die sich durch die Schwangerschaft
nicht »den ganzen Winter verderben lassen will«, ihr Hockeyteam
erwarte sie dringend in Davos – so sagt sie dem Doktor, der das als
Begründung akzeptiert. Nach ihr kommt Hete ins Sprechzimmer.
Bei ihr lehnt Dr. Moeller eine Abtreibung ab. Als sie ihn trotzdem
weiter darum bittet, zieht er ein Strafgesetz aus der Schublade und
erklärt ihr:

»Hier, hier, im Strafgesetzbuch des Deutschen Reiches der
§ 218, bitte: ›Eine Schwangere, welche ihre Frucht vorsätzlich
abtreibt oder im Mutterleib tötet, wird mit Zuchthaus bis zu fünf
Jahren bestraft. Dieselben Strafvorschriften finden auf denjenigen
Anwendung, welcher die Mittel zur Abtreibung bei ihr angewendet
oder ihr beigebracht hat.‹ – Bitte!«

Eifernd, fast begeistert fährt der Arzt fort: »Nicht wahr, das
klingt anders! Und dann: Der 45. Deutsche Ärztetag in Eisenach
und der Reichstagsausschuß haben bekundet, daß in Deutschland
dennoch jedes Jahr mindestens achthunderttausend verbotene
Abtreibungen stattfinden; über zehntausend deutsche Mütter sterben jährlich an solch unsachgemäßer Behandlung durch Nicht-

ärzte! Gegen fünfzigtausend schwere Erkrankungsfälle kommen nach solchen schwarzen ›Fehlgeburten‹ in Deutschland jährlich zu unsrer Kenntnis!«

Hete ist verzweifelt.

Im Hinterzimmer eines Zeitungskiosks trifft sie sich mit Paul, der vor der Polizei auf der Flucht ist. »Keiner hat mir geholfen, keiner!«, klagt sie ihm ihr Leid. »Aber du mußt mir helfen, jetzt sind wir noch beisammen. Paul, ich kann's nicht allein, ich tu mir was ... (leise, heftig) Du mußt's tun, gleich hier ...« Paul versucht die Abtreibung mit einem Instrument. Doch er schafft es nicht, schimpft: »Verfluchter Dreck, wenn man's nicht versteht.« Hete blutet. Hetes Verzweiflung wächst und wächst. So sucht sie die Engelmacherin »Madame Heye« auf.

Diese erkennt rasch den erfolglosen Abtreibungsversuch. Angesichts dessen erscheint ihr eine Abtreibung zu riskant. Sie lehnt den Eingriff ab. Statt dessen überläßt sie Hete ein Fläschchen Zyankali für zehn Mark und rät ihr: »Davon nur fünf Tropfen einmal am Tag, nicht mehr!«

Hete nimmt das Zyankali, ihre Mutter träufelt ihr einige Tropfen mehr als von Madame Heye »verordnet« in das Wasserglas – mit den Worten: »Daß es auch ja hilft.« Der Embryo stirbt ab, Hete bekommt Kindbettfieber. Bald darauf erscheinen Kriminalbeamte bei Hete am Krankenbett, das in der Küche der Wohnung ihrer Mutter steht – im Hausflur sind Blutspuren entdeckt worden. Jemand hat der Polizei einen Tip gegeben. Dr. Moeller ist als »Gutachter« mit dabei, in Sträflingskleidung und Handschellen wird Paul zum Verhör ans Bett in der Küche geführt. »Vielleicht müssen noch 'n paar Jahre lang Tausende Frauen am Fieber verrecken«, erklärt er aufgebracht – daraufhin kommt es zwischen ihm und Dr. Moeller zu einem Disput – die zentrale Aussage dieses Stücks:

»DR. MOELLER: Wie wollen Sie das ändern?

PAUL *vor ihm:* Geburtenregelung.

DR. MOELLER: Geburtenregelung! Und die unerwünschten Kinder werden, wie in Rußland, von Ärzten in Kliniken beseitigt!!

PAUL: Jawoll!! In Kliniken!! Aber nicht heimlich!!

KRIMINALKOMMISSAR: Das ist der Geist, der in jedem Jahr

achthunderttausend deutsche Mütter gegen das Gesetz sich vergehen läßt!!

PAUL *empört:* Ein Gesetz, das in jedem Jahr achthunderttausend
Mütter zu Verbrechern macht, das Gesetz ist kein Gesetz mehr!!

KRIMINALKOMMISSAR *zu Kriminalwachtmeister:* Abführen!!

PAUL: Wird dadurch etwas anders, Herr Kommissar?! Wird
dadurch etwas anders?! *Wird vom Kriminalwachtmeister abgeführt.*

DR. MOELLER: Moskau in Reinkultur!«

Auch Hetes Mutter, die sie betreute, wird von der Polizei verhaftet wegen »Verdunkelungsgefahr« – zurück bleibt allein die ster-
bende Hete. Sie richtet sich auf, spricht stockend die Worte: »Tausende ... müssen ... so sterben (in Todesangst) hilft ... uns ...
denn niemand.« Sie sinkt nieder. Damit endet das Stück.

Die Uraufführung erfolgt am 6. September 1929 im Berliner Lessingtheater durch die »Gruppe Junger Schauspieler«. Ein Zusammenschluß politisch linksorientierter Akteure, die sich mit dem
»kritischen Zeitstück« befassen. Es wird ein großer Erfolg – obwohl
eine Vielzahl »aktueller Stücke« zu Beginn der Spielzeit 1929/30 in
Berlin zu sehen sind: Im Deutschen Künstlertheater läuft »Die
andere Seite«, ein Kriegsstück von Robert Cedric Sheriff in der
Regie von Heinz Hilpert, im Theater am Schiffbauerdamm gibt es
das Brecht-Weill-Stück »Happy End«, auf der Aktuellen Bühne im
Lessingtheater wird Ödön von Horváths »Sladek, der schwarze
Reichswehrmann« aufgeführt, im Studio der Volksbühne »Die
Unüberwindlichen« von Karl Kraus.

»Ein Riesenerfolg!« schreibt Rolf Nürnberg in der Berliner
»Neue 12 Uhr Mittagszeitung« über die »Cyankali«-Premiere im
Lessingtheater: »Am Schluß tosender, minutenlanger und, was
besonders wesentlich ist, völlig ehrlicher Beifall. In die Szene hin-
ein donnern dauernd Applaussalven, nach dem letzten Fallen des
Vorhangs verläßt kein Mensch das Theater, alles bleibt stehen,
hingerissen erregt oder doch wenigstens interessiert.«

Erich Kästner, damals gerade dreißig Jahre alt, schreibt über die
Berliner Aufführung in der »Neuen Leipziger Zeitung«: »Der
größte Theatererfolg der vorigen Saison war Lampels ›Revolte im
Erziehungsheim‹. Der größte Erfolg der gegenwärtigen Spielzeit ist

Friedrich Wolfs ›Cyankali. § 218‹. Das Stück von der Fürsorge-Erziehung schrieb ein ehemaliger Fürsorge-Lehrer; das Stück gegen den Abtreibungsparagraphen schrieb ein Kassenarzt. Daß Lampel und Wolf Schriftsteller sind, ist im Hinblick auf ihre erfolgreichen Tendenzstücke unwichtig. Denn sie schrieben ›Revolte‹ und ›Cyankali‹ nicht als Schriftsteller, sondern als sozial fühlende Fachleute. Beide Dramen sind kunstlose Arbeiten. Ihre Wirkung hat mit Ästhetik nichts zu tun. Durchschlagend macht sie einzig die Echtheit des sozialen Gefühls der stofflichen Darstellung. Lampel und Wolf lieferten, aus Erfahrung und Anteilnahme heraus, exemplarische Tendenzstücke.« – »Ein Erfolg von ungewöhnlichem Ausmaß!« urteilt Lutz Weltmann in der »Berliner Volkszeitung«. »Die Schlagworte Zeittheater und Gemeinschaftstheater, die so lange als wesenlose Schemen in der Luft geschwebt haben, bekommen plötzlich einen Sinn: durch Aufbauarbeit junger Menschen, deren Wirken praktische Kritik an den Berliner Theaterzuständen ist, und durch das Werk eines Dichters, dessen Kunst Waffe, dessen Waffe aber auch Kunst ist.«

Über einhundert Aufführungen erlebt das Stück in Berlin. Stets vor ausverkauftem Haus. Anschließend, Mitte Januar 1930, geht die Gruppe auf Tournee durch das Deutsche Reich, spielt unter anderem in der Volksoper Hamburg, im Schauspielhaus Bremen, im Stuttgarter Schauspielhaus, im Deutschen Theater Hannover, im Stadttheater Bonn, im Alten Theater Leipzig, im Centraltheater Chemnitz, im Alberttheater in Dresden, im Nationaltheater Mannheim, im Stadttheater Danzig, im Reichshallentheater in Köln, in Halle, in Magdeburg, in Breslau, in Königsberg.

Das Stück ist Zündstoff für politische Auseinandersetzungen. Es kommt zu Störungen während der Aufführungen, in Danzig werfen Gegner des Werks Stinkbomben im Zuschauerraum. Vor allem aus Kreisen des Zentrums, der Deutsch-Nationalen und der NSDAP gibt es Kritik. »Dies Tendenzstück, eine primitive und einseitige Beweisführung gegen die Berechtigung des § 218, bringt nichts, was man von der moskowitischen Volksverdummungszentrale nicht schon in ähnlicher Form vorgesetzt bekommen hätte«, kritisiert beispielsweise die »Niederdeutsche Zeitung« in Hannover

am 29. Januar 1930: »Wohl aber werden die zahlreichen offensicht-
lichen Mängel am logischen Aufbau und in der Charakterisierung
der einzelnen Typen nahezu unsichtbar durch die fabelhafte Dar-
stellungskunst der ›Gruppe Junger Schauspieler‹. Diese jungen
Menschen sind keine Schauspieler, sie sind fanatische Hetzapostel
für die Idee des Bolschewismus, sie spielen keine Rollen auf der
Bühne, sie geben sich so, wie sie selber sind; sie reden die ordinäre
Sprache ihrer Herkunft und unterstreichen sie mit entsprechenden
unmißverständlichen Gesten.«

Am 19. Februar 1930 wird Friedrich Wolf von zwei Kriminalbe-
amten in seiner Wohnung in der Stuttgarter Zeppelinstraße verhaftet, »wegen gewerbsmäßiger gemeinschaftlicher Abtreibung«. Er
habe, so lautet der Vorwurf, Abtreibungszeugnisse für Patientin-
nen ausgestellt und sie zu der ebenfalls verhafteten Stuttgarter
Ärztin Dr. Else Kienle geschickt, die dann die Abtreibungen vor-
genommen habe. Das haben damals auch andere Ärzte getan.
Warum jedoch ausgerechnet nur die beiden verhaftet wurden, ist
für Friedrich Wolf eindeutig: »Wir waren tatsächlich die einzigen
Stuttgarter Ärzte, die sich offen und exponiert gegen den Paragraphen bekannten.« Die Haft ist für den gutbürgerlich lebenden
Friedrich Wolf ein Schock. Er berichtet: »Zuerst splitternackt aus-
ziehen: Leibesvisitation! Dann ab in die Einzelzelle: Pritsche,
Wasserkrug, Brotrinde, hohes Gitterfenster mit Blenden; widerlich
bloß der Abortkübel in der Zelle mit seinem penetranten Gestank
von Exkrementen und Chlorkalk. Ich haue mich auf die Pritsche.
Aber mein sonst so bombiger Schlaf wird dauernd unterbrochen
durch das piepsende Gezänk von Mäusen, die sich um die Brotrinde balgen und schließlich auch völlig ungeniert über mein
Gesicht springen.« Seine Genossen organisieren Protestveranstal-
tungen, landauf, landab. Insgesamt 1500. Nach anderthalb
Wochen, am 28. Februar 1930, wird Wolf gegen eine Kaution von
10 000 Reichsmark aus dem Gefängnis entlassen.

Der Name Friedrich Wolf ist damit republikweit bekannt. Sein
nächstes Stück, »Die Matrosen von Cattaro«, übernehmen die
öffentlichen Bühnen nicht. Einige, weil sie Konflikte wie bei der
»Cyankali«-Aufführung fürchten, andere, weil sie von ebendiesem

Paragraph-218-Wolf nichts zeigen wollen, andere, weil die NSDAP durch ihre Wahlerfolge in die Kommunalparlamente eingezogen ist und die braunen Abgeordneten alles daransetzen, ein weiteres Wolf-Stück zu verhindern.

Zu dieser Zeit, nach dem »Cyankali«-Erfolg und der darauf folgenden Haft, also Anfang 1930, ist Markus sieben und sein Vater zweiundvierzig. Dieser Friedrich Wolf ist der Schlüssel zum Verständnis des Markus Wolf. Damals, Anfang der dreißiger Jahre, hatte Friedrich Wolf schon ein bewegtes und abwechslungsreiches Leben hinter sich: Am 29. Dezember 1888 war er in Neuwied am Rhein auf die Welt gekommen – als Sohn eines Kaufmanns und Juden. Von 1907 bis 1912 studiert er Medizin in Tübingen, Berlin und Bonn. Nebenfächer: Philosophie und Kunstgeschichte. Zu Fuß wandert er durch Italien, die Ardennen, die Eifel. Gedichte erscheinen von ihm in den Zeitschriften »Jugend« und »Simplicissimus«. Während seiner Studienzeit in Tübingen bekommt er zwei Strafzettel. Den einen, weil er in der Nacht vom 1. zum 2. August 1908 gegen halb zwei »durch lautes Jauchzen die Nachtruhe gestört« hatte. Den anderen wegen »Nacktbadens«. Mit seinem durchtrainierten Körper – auf den er sehr stolz ist – steht er Aktmodell. Sein Körper dient unter anderem als Vorbild für eine später vor der Großen Mensa in Tübingen aufgestellte antike Plastik. Ebenso für die »Anatomischen Wandtafeln für den Aktsaal – Darstellung der Muskulatur im bewegten Körper« des Tübinger Professors August von Froriep: Die Abbildungen dienen Generationen von Kunststudenten als Vorlage für ihre Zeichnungen. Mit dreiundzwanzig besteht Friedrich Wolf 1912 das Medizinexamen. Für das Praktikantenjahr geht er an das »Ländliche Krankenhaus Meißen«. Dann wird er Schiffsarzt, kommt auf diese Weise nach Kanada.

Der Erste Weltkrieg bricht aus. Rasch, bevor er als Truppenarzt abkommandiert wird, heiratet Friedrich am 30. November 1914 Kaethe Gumpold, eine Innenarchitektin, die er vier Jahre zuvor auf einer Lesung Richard Dehmels kennengelernt hatte. Zwei Kinder gehen aus der Ehe hervor: Johanna kommt 1915 auf die Welt (wan-

*Friedrich Wolf
als Aktmodell, 1909*

*Im Schützengraben:
Friedrich Wolf als Oberarzt an
der Westfront*

dert später nach England aus), Lukas 1919 (wandert später in die Vereinigten Staaten aus) – Markus' Halbgeschwister.

Als Oberarzt kommt Friedrich Wolf an die Westfront und untersucht Soldaten im Schützengraben. »Auch ich war bis 1917 ein wilder Hurrakrieger und habe dann unter schweren Krisen mein Damaskus erlebt«, beschreibt Wolf seinen Fronteinsatz. Der Tod seines besten Freundes Paul Bender, im Zivilberuf Architekt in Dresden, wird für Wolf zum Schlüsselerlebnis. Es passiert in der Nähe von Langemarck, im August 1917. Nachdem eine Granate in der Nähe eingeschlagen ist, kommt Friedrich Wolf aus dem Bunker, sieht vor sich zwei Tote liegen: einen »Spähoffizier« und »Paulus« Bender. »Dieser Augenblick ist unauslöschlich«, schreibt Friedrich Wolf später: »Ich trug den schweren Mann auf den Knien rutschend in den Bunker. Den Waffenrock brauchte man nicht zu öffnen. Über die Herzspitze und etwas tiefer war ein großer Splitter eingedrungen und hatte Muskel und Rippenbogen weggefegt. Das Herz lag frei. Die Spitze zerrissen. Ich sah und vermochte nichts zu begreifen. Eine Täuschung schien mir Anblick und Geschehen. Eine Welt war aus ihrer Angel gerissen. Unter mir bäumte sich noch einmal der mächtige Körper. Ich hatte seinen Kopf auf meinem rechten Knie, die Wunde klaffte, das Herz lag bloß, eine fibrilläre Welle zuckte noch über den Muskel. Doch war eine Schlagfolge bei dem Ausfall der vorderen Kammer unmöglich. Es blutete weder aus der Wunde noch aus dem Herzen. Der Schock war zu gewaltig. Dennoch schien dies Sterben wie ein Fehler der Natur. Ich brachte den Kiefer vor, suchte den Rachenreflex auszulösen, durch künstliche Atmung behutsam einen Reiz zu erzeugen, griff nach Koffein; umsonst! Ein Blick auf die Wunde sagte es ja längst. Ich kniete mich hinter den Gefallenen, richtete den Oberkörper umklammernd auf und versuchte, durch gelinde Reibung das Herz zu reizen. Sinnlos! Ich schrie seinen Namen und hob die erstarrten Lider; er sank schwer in meine Arme. Da legte ich ihn auf eine Decke, drückte ihm die Augen zu und breitete seinen Mantel über ihn.«

Friedrich Wolf ist schockiert. Er ändert sein Leben: »Ich lese Tolstoi, Kropotkin, Sinclair; ich beginne mit der Mannschaft zu

leben, wohne mit meinem Sanitätsgefreiten, esse nur Mannschafts-
küche, Konflikte mit Vorgesetzten.« Schließlich wird er auf seinen
Nervenzustand hin untersucht. Er beteuert, ganz gesund zu sein,
fügt hinzu, »der Krieg sei ein Verbrechen, ich halte Reden in tol-
stoiischem Sinne. Man betrachtet höheren Orts meinen ›Nerven-
zusammenbruch‹ für besonders schwer. Es heißt, ich stelle mich
gesund! Ich simuliere keine Krankheit, ich ›dissimuliere‹ Gesundheit! Ein schwerer Fall.«

Im Herbst 1918 kommt er nach Dresden zu einem »Genesungs-
urlaub«. Dort wird er im Oktober zum Vertrauensobmann der
Garnisonslazarette Dresden-Neustadt gewählt, schließlich kommt
er als Delegierter aller Dresdener Lazarette in den Zentralen Ar-
beiter- und Soldatenrat von Sachsen. In Deutschland bricht die Revolution aus. Arbeiter- und Soldatenräte übernehmen die Macht.
Vom Fenster des Reichstagsgebäudes in Berlin ruft der SPD-Abge-
ordnete Philipp Scheidemann die Republik aus.

Friedrich Wolf tritt in die USPD ein. Die Unabhängige Sozial-
demokratische Partei Deutschlands war ein Jahr zuvor gegründet
worden, 1917, als Reaktion darauf, daß die SPD im Reichstag
einstimmig für die Kriegskredite votiert hatte. Die USPD setzt sich
für ein Ende des Krieges ein, will eine soziale und politische Revolution. Aus dem linken Flügel der USPD, dem Spartakusbund,
entsteht Ende 1918 die Kommunistische Partei. An ihre Spitze
treten Karl Liebknecht und Rosa Luxemburg. Wenige Wochen
später, am 15. Januar 1919, werden Liebknecht und Luxemburg in
Berlin von Offizieren der Reichswehr ermordet. Es kommt zu großen Demonstrationen. Friedrich Wolf beteiligt sich daran in Dresden, er wird verhaftet und auf dem Sonnenstein bei Pirna inhaf-
tiert.

Anschließend arbeitet er weiter als Arzt in einem Militärlazarett
in der Nähe von Dresden. »Er liebt es nicht, Festlichkeiten beizu-
wohnen oder größeren Bekanntenkreis zu schließen; denn er lebt
nur zu seinem Berufe als Arzt und Schriftsteller«, heißt es über
diese Zeit in einem »Leumundszeugnis« des Gemeindevorstandes
von Langebrück bei Dresden, ausgestellt am 16. Dezember 1919.
»Sein Leumund ist ein vorzüglicher. Soviel man in Erfahrung

gebracht hat, wird er von seinen Lazarettkranken als tüchtiger Arzt außerordentlich geschätzt. Seine Kranken soll er mit besonderer Liebe und Hingebung behandeln.«

Mit einunddreißig, am 1. Februar 1920, wird Wolf in Remscheid Stadtarzt. In der Arbeiterstadt. Er ist für das »gesamte Fürsorge- wesen« zuständig, für die Säuglings- und Mütterberatung, Schul- und Gewerbehygiene. Er untersucht Schüler. »Wie schön und stolz so ein junger Knabenkörper ist, und wie schnell er am Schraub- stock oder als Schleifer vor dem Schleifstein krumm gezogen und verstümmelt wird!« schreibt er seiner Mutter nach zwei Wochen Dienst als Stadtarzt, am 17. Februar 1920. »Du solltest nur den Fabrikbetrieb hier sehen, auf den Remscheid so stolz ist. Marter- häuser! Nur geheime, unauffällige; Knaben und junge Mädels am Bleiofen zum Härten und Sägen! Diese Jungen dazu mustern, das ist fast dasselbe, wie Soldaten für die nächste Schlacht heilen!«

Noch keine sechs Wochen ist Friedrich Wolf in Remscheid, da beteiligt er sich am Ruhrkampf, widersetzt sich dem Kapp-Putsch, dem Umsturzversuch gegen die junge Weimarer Republik von rechts. Als politischer und militärischer Führer macht er sich einen Namen. Bald nennt man ihn den »Roten General von Remscheid«.

Nach eineinviertel Jahren in Remscheid gibt er die gutbezahlte Stelle auf und zieht nach Worpswede bei Bremen, um sich dort an dem »kommunistischen Siedlungsexperiment« der »Gemeinschafts- siedlung Barkenhoff« des Jugendstilmalers Heinrich Vogler zu beteiligen. »Eine kommunistische Insel im kapitalistischen Staat ist als Kampfmittel zu betrachten«, hatte Vogler über die Bedeutung des Projekts erklärt: »Sie wird durch die Tat mit dem bürgerlichen Märchen aufzuräumen haben, daß das Proletariat nicht gestalten kann.« Friedrich Wolf färbt seine Sachen grün, schneidet seine Hosen ab und zieht mit seiner Frau Kaethe und den beiden Kin- dern Johanna und Lukas in das Zimmer, in dem zwanzig Jahre zuvor Rainer Maria Rilke gelebt hatte. Wolf arbeitet hart, sticht Torf, bohrt mit anderen Siedlern nach Wasser. Doch das Experi- ment schlägt fehl, die Siedler isolieren sich immer mehr von ihrer Umwelt, finden nicht den erhofften Kontakt zu Bauern und Arbei- tern. Am 6. Dezember 1921 wird die Ehe zwischen Kaethe und

Friedrich Wolf geschieden, die beiden hatten – wie Friedrich nun meint – zu Beginn des Ersten Weltkriegs überstürzt geheiratet.

Kein halbes Jahr später, am 15. April 1922, heiratet Friedrich Wolf, mittlerweile dreiunddreißig, ein zweites Mal: die zehn Jahre jüngere Else Dreibholz aus Remscheid. Die beiden waren sich in Worpswede nähergekommen, hatten zusammen die Kommune und Wolfs Familie verlassen. Neun Monate später kommt Markus in Hechingen auf die Welt, er entwickelt eine Reihe von Eigenschaften, die auch sein Vater besitzt: Beide sind rastlos und umtriebig, hochintelligent, harte und effiziente Arbeiter, voller Ideen und Phantasie, besitzen eine eiserne Disziplin, einen Hang zur Schriftstellerei und ein nicht unerhebliches Maß an Eitelkeit. Und: sie haben sich der kommunistischen Idee verschrieben.

Darüber hinaus wird aber auch das politische Schicksal des Vaters für Markus' Entwicklung bestimmend: Als Markus zehn Jahre alt ist, aus der Reichstagsruine an dem besagten Dienstagmorgen Ende Februar 1933 noch Rauchschwaden aufsteigen und Anrufer Markus' Vater Friedrich erklären, seine kommunistischen Freunde hätten den Reichstag angezündet, ist Friedrich Wolf angesichts seiner Vita klar: Die Familie ist gefährdet, sie muß sich so schnell wie möglich in Sicherheit bringen. Friedrich flüchtet nach Österreich. Am 3. März 1933 trifft er in Bödele in der Nähe von Bregenz-Dornbirn ein, am nächsten Tag zieht er in eine Skihütte bei Bludenz. Mit nacktem Oberkörper wäscht er sich draußen im Schnee. Er atmet auf. Die Hauptsache sei für ihn, schreibt er seiner Frau, »einmal jetzt nicht diesen Naziirrsinn minütlich vor der Nase haben und 10 Tage ausruhen für die neue Arbeit, die hart werden wird. Eben lese ich, daß Thälmann verhaftet wurde, 2000 Funktionäre allein im Rheinland, etwa 5000 (!) in Deutschland ... als Geiseln, Göring hat das in seiner Funkrede klar bekannt. Hodann, v. Ossietzky, sogar Äpfelchen* haben sie in ›Schutzhaft‹ genommen; seit 4 Tagen, keine Sprecherlaubnis, kein Verteidiger darf gestellt werden. Was mir blüht, nach dem 5.**, ist klar.«

---

* Rechtsanwalt Apfel hatte dem Kampfausschuß gegen den § 218 angehört und den Kommunisten Max Hölz verteidigt.
** Am 5. März 1933 fanden die Reichstagswahlen statt.

Friedrich Wolf zieht weiter, nach Mattschwitz im Montafon. Er macht sich Sorgen um die Familie und die Zukunft, kann nachts nicht schlafen. »Wir müssen über das sprechen, sehen, wo die Kinder am besten bleiben«, schreibt er am 8. März seiner Frau Else, »an sich schon in Stuttgart; aber wenn die braune Kohorte jetzt ihren Spuk wie im Reich auch in Schwaben beginnt; ich möchte den 2 Kerlen Nächte ersparen, die sie nicht vergessen. Und was kann man noch arbeiten, schreiben? Und doch muß man weiterarbeiten, gerade jetzt!« Wolf prognostiziert, daß spätestens in vier Jahren die braune Herrschaft zusammenbricht – und »was kann dann anderes kommen, als unsere Sache!« – frohlockt er. »Unsere Sache« heißt für ihn: der Kommunismus. Er irrt sich: Erstens regieren die Nazis dreimal so lange; erst nach zwölf Jahren ist der Spuk vorbei und kann er wieder in seine Heimat zurückkehren. Zum zweiten »kommt seine Sache« nur im Osten Deutschlands; zu einem der Vorkämpfer dieser »Sache« wird sein Sohn Markus.

Mutter Else soll, so haben es die beiden Eltern besprochen, mit Markus und Konrad Deutschland verlassen, sobald Friedrich ein Quartier für längere Zeit gefunden hat. Die Mutter regelt die letzten Dinge im Haus in der Zeppelinstraße, die Haushaltshilfe geht ihr zur Hand, sie hat für den nächsten Ersten schon eine neue Stelle. Else warnt Friedrich mit Nachdruck davor, nach Stuttgart zurückzukommen: »Die Stimmung ist sehr gefährlich«, schreibt sie ihm drei Wochen nach seiner Flucht, am 24. März 1933: »Die ruhigsten und vernünftigsten Leute warnen. Es wäre ja ein Jammer für die kostbarsten Jahre. Du kannst bestimmt so ungeheuer viel positive Arbeit leisten.« Friedrich Wolf reist zu Genossen nach Zürich, nach Basel, nach Metz, nach Paris, verfaßt Schriften gegen die Nazis. Zeitweise begleitet ihn Lotte Rayß, seine Freundin – einst betreute sie als Leiterin bei den Jungen Pionieren Wolfs Söhne Markus und Konrad. In diesen Tagen im Exil zeugen die beiden Lena, am 21. Februar 1934 bringt Lotte Rayß das Kind zur Welt – die zweite Halbschwester von Markus.

Auf der Île de Bréhat, einer Insel vor der bretonischen Atlantikküste, erhält Friedrich Wolf im Sommer 1933 ein Steinhaus zur

Verfügung gestellt, von Paul Vaillant-Courturier, dem Chefredakteur der »Humanité«. Else kommt mit den Kindern nach, KPDler schleusen sie im »kleinen Grenzverkehr« nach Basel.

Die Familie lebt dort ohne Aufenthaltserlaubnis, läßt aus Stuttgart die Paddelboote »Knorke« und »Arbus« nachkommen. Markus und Konrad klettern auf den hohen Felsen der Île de Bréhat herum, der Vater vollendet sein Schauspiel »Professor Mamlock«.

Im Oktober 1933 reist Friedrich in die Sowjetunion, um das Exil für die Familie zu organisieren. Die Wogen um sein »Cyankali«-Stück hatten ihm bereits zwei Jahre zuvor eine Einladung in die Sowjetunion eingebracht. Das Leben dort hatte ihn damals stark beeindruckt. Es war ihm vieles besser als in Deutschland vorgekommen: »keine Bettler, keine Arbeitslosen, Zuversicht, der Glaube an die Zukunft, kein Abtreibungsparagraph wie in Deutschland ...«

Im Dezember 1933 bekommt Friedrich Wolf in Moskau Post: Der zehnjährige Markus schreibt ihm aus Basel:

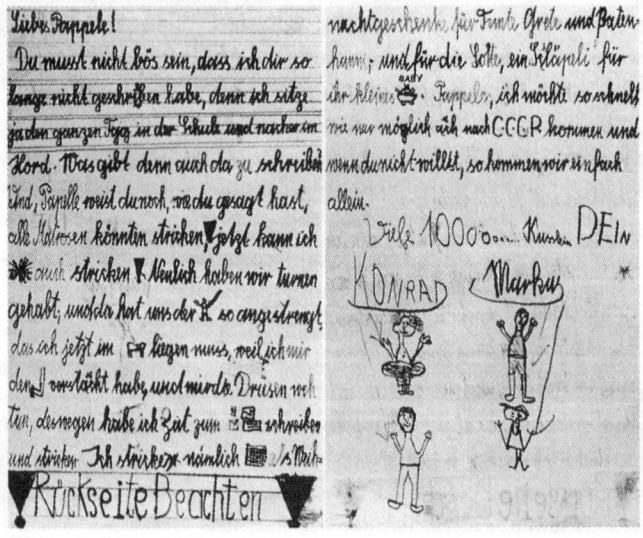

Wie dieser Brief belegt, ist es für den zehnjährigen Markus nicht einfach, mit den Familienverhältnissen klarzukommen: Der Vater ist schon seit Monaten weg, Markus hat Sehnsucht nach ihm, will nach Moskau kommen, wäre offensichtlich auch bereit, zusammen mit seinem Bruder, ohne die Mutter zu kommen. Die Freundin des Vaters ist schwanger, was die Dinge weiter kompliziert. Der Vater hingegen hat Sehnsucht nach Deutschland: »Was ich möchte, das ist, bald wieder in Germania zu arbeiten«, schreibt er seiner Frau Else am 6. Februar 1934.

Im April 1934 trifft Markus mit seiner Mutter und seinem Bruder in Moskau ein – die Familie ist wieder vereint. Zweitausend Kilometer von der Heimat entfernt.

Jugend in der Sowjetunion

»Nemez, perez, kolbassa, kislaja kapusta« spotten die jungen Russen über Markus (11) und Konrad (9) – Deutscher, Pfeffer, Wurst und Sauerkraut. Die Kinder in Moskau amüsieren sich über die kurzen Hosen der beiden Neuen. Damals, Mitte der dreißiger Jahre, tragen alle Jungen in Moskau lange Hosen. Alle. Selbst die Kleinsten.

Die erste Zeit in dem fremden Land ist für die Wolf-Brüder nicht leicht. Doch rasch stellen sie sich um, tragen lange Hosen. Dazu ein Turnhemd. Das gilt als todschick – Mitte der dreißiger Jahre in Moskau. Auch ihre Namen passen die beiden den Verhältnissen an: Markus heißt jetzt allgemein »Mischa«, aus Konrad wird »Kolja«.

Die Familie erhält eine Zwei-Zimmer-Wohnung – Küche, Bad, sogar Telefon. Für Moskauer Verhältnisse ein unglaublicher Luxus! Kurze Zeit später zieht auch noch Lotte Rayß mit der drei Monate alten Friedrich-Wolf-Tochter Lena* ein, sie kommt aus der Schweiz. Die Wohnung in der Nishni-Kislowski-Gasse Nummer 8 liegt in der Nähe des Arbat, des Platzes im Herzen Moskaus, den winkelige Gassen mit Häusern aus vergangenen Jahrhunderten umgeben. Ein Stadtteil, in dem Literaten und Intellektuelle leben. Moskau, Mitte der dreißiger Jahre: Auf den Straßen fahren noch Bauern mit Pferdefuhrwerken, die Metro wird gebaut, riesige

---

* Lena bleibt später in Moskau und heiratet dort. Heute arbeitet Lena Simonowa in Moskau als Übersetzerin für englische und amerikanische Literatur.

unterirdische Stationen entstehen. Es ist gang und gäbe, die Schalen von Sonnenblumenkernen auf den Bürgersteig zu spucken.

Markus und Konrad besuchen die Karl-Liebknecht-Schule. Kinder von Emigranten aus verschiedenen Ländern werden hier unterrichtet. Es herrscht eine internationale Atmosphäre. Von der Wohnung am Arbat ist der Weg dorthin weit, die Wolf-Jungen müssen quer durch die Stadt. Die Straßenbahnen sind überfüllt. Und so kommt Markus in der ersten Zeit der Schulweg wie eine »waghalsige Härteprüfung« vor: »Die Technik des Sitzens auf den Kupplungen oder das Klammern an die Außenseite der Trambahnwagen beherrschten wir noch nicht«, erinnert er sich. »So mußten unsere Lehrer diese Eingewöhnungsschwierigkeiten als Entschuldigung für manches Zuspätkommen gelten lassen.«

Diese Moskauer Jahre prägen Markus für sein späteres Leben nachhaltig: Er bewundert Stalin. Dessen Säuberungen, bei denen Zehntausende Menschen ermordet werden, entgehen dem Jungen nicht. Doch das kann seinen Glauben an Stalin nicht erschüttern. »Er blieb die Verkörperung unserer Sache, einer guten und edlen Sache«, blickt Markus Wolf zurück. Für den jungen Wolf herrscht Aufbruchsstimmung: »Es war nach so vielen Jahren der Not und Entbehrung ein Anfang, der Start eines Riesenlandes auf dem Weg aus der Finsternis und der wirtschaftlichen Rückständigkeit in eine neue Zeit des Sozialismus.«

Zu einem der Helden dieser Zeit wird für Markus Wolf Georgi Dimitroff, den man ihm auch in der Schule nahebringt. Der Bulgare Dimitroff war Leiter des westeuropäischen Büros der Komintern. Die »Komintern« – Kürzel für Kommunistische Internationale – war 1919 in Moskau als Zusammenschluß der Kommunistischen Parteien gegründet worden, um dem Kommunismus weltweit zum Sieg zu verhelfen. Neun Tage nach dem Reichstagsbrand verhaftet die Polizei Dimitroff in Berlin. Zusammen mit zwei Landsleuten, Blagoj Popoff und Wassil Taneff. Dimitroff hatte unter falschem Namen in Deutschland gelebt. Die Nazis behaupten, daß er an der Reichstags-Brandstiftung beteiligt gewesen sei. Ihm wird der Prozeß gemacht. So landet er auf der Anklagebank vor dem IV. Strafsenat des Reichsgerichts in Leipzig. Zusammen

mit seinen beiden Begleitern und Ernst Torgler, dem ehemaligen
Vorsitzenden der KPD-Fraktion im Reichstag, sowie Marinus van
der Lubbe, einem 24jährigen Kommunisten aus den Niederlanden.
In dem Verfahren verteidigt sich Dimitroff rhetorisch ausgespro-
chen geschickt. Aber nicht nur das, er klagt zudem das Hitler-
Regime auch noch indirekt an.

Zu einem der Höhepunkte dieses Verfahrens wird das Wort-
gefecht zwischen Dimitroff und Göring. Hermann Göring, Reichs-
tagspräsident und preußischer Ministerpräsident, war als Zeuge ge-
laden worden. Er hatte die NS-Version des Reichstagsbrandes
geschildert, die Brandstiftung sei ein Werk der Bolschewiken gewesen. Er redet sich in Rage, wettert gegen die verbrecherische
Weltanschauung des Kommunismus. »Ist dem Herrn Ministerpräsidenten bekannt, daß diese verbrecherische Weltanschauung den
sechsten Teil der Erde regiert, nämlich die Sowjetunion?« fragt ihn
daraufhin der Angeklagte Dimitroff. Göring wird wütend – breit-
beinig steht er da in seinen braunen Schaftstiefeln und der neuen
Uniform, die er sich eigens für seinen Auftritt als Zeuge an diesem
Tag hatte schneidern lassen. Schweißperlen rinnen über seine
Stirn, mit dem Taschentuch wischt er sie weg, seine Stimme über-
schlägt sich: »Ich will Ihnen sagen, was dem deutschen Volk
bekannt ist«, tobt Göring. »Bekannt ist dem deutschen Volke, daß
Sie sich hier unverschämt benehmen, daß Sie hierhergelaufen sind,
um den Reichstag anzustecken. Sie sind in meinen Augen ein Gauner, der direkt an den Galgen gehört.«

Der betagte Gerichtsvorsitzende Wilhelm Bünger schaltet sich
ein: »Dimitroff, ich habe Ihnen bereits gesagt, daß Sie hier keine
kommunistische Propaganda zu treiben haben«, belehrt der Jurist
den Angeklagten. »Sie dürfen sich dann nicht wundern, wenn der
Zeuge derartig aufbraust. Ich untersage Ihnen diese Propaganda
auf das strengste. Sie haben rein sachliche Fragen zu stellen.«

»Dimitroff: ›Ich bin sehr zufrieden mit der Antwort des Herrn
Ministerpräsidenten.‹

Vorsitzender: ›Ob Sie zufrieden sind, ist mir gleichgültig. Ich
entziehe Ihnen jetzt das Wort!‹

Dimitroff: ›Ich habe noch eine sachliche Frage zu stellen.‹

Vorsitzender: ›Ich entziehe Ihnen das Wort!‹

Dimitroff: ›Sie haben wohl Angst vor meinen Fragen, Herr Ministerpräsident?‹

Göring: ›Was fällt Ihnen ein, Sie Gauner, Sie Strolch!‹

Vorsitzender: ›Hinaus mit Ihnen!‹

Göring: ›Hinaus, Sie Strolch! Hinaus!‹

Dimitroff: ›Sie haben wohl Angst vor meinen Fragen, Herr Ministerpräsident?‹«

Wachtmeister zerren Georgi Dimitroff aus dem Gerichtssaal. Ein Tumult entsteht. Unablässig fährt Dimitroff fort – ruft, während die Wachtmeister ihn zur Tür schleifen: »Sie haben wohl Angst, Herr Ministerpräsident? Sie haben wohl Angst? Haben Sie Angst, Herr Ministerpräsident ...?«

Aus »Mangel an Beweisen« wird Dimitroff nach drei Monaten freigesprochen, zusammen mit den beiden anderen Bulgaren und dem ehemaligen KPD-Fraktionsvorsitzenden Ernst Torgler. Als einzigen verurteilt das Reichsgericht den Niederländer Marinus van der Lubbe, und zwar zum Tode – aufgrund der Verordnung »zum Schutz von Volk und Staat«, die erst nach der Tat erlassen wurde. Das war eindeutig rechtsstaatswidrig. Van der Lubbe wird zum Schafott geführt und hingerichtet.

Dimitroff reist in die Sowjetunion, und so gerät Moskau damals in eine Art Dimitroff-Rausch: Wenige Tage bevor die Wolf-Brüder im Frühjahr 1934 eintreffen, war dort Dimitroff stürmisch empfangen worden. Was für ein Kämpfer! dachten die Jungen: »Er hatte den selbstherrlichen Potentaten Hermann Göring während des Prozesses völlig aus der Fassung gebracht, als er mit seinen Fragen das Lügengebilde von einer angeblich kommunistischen Brandstiftung entlarvte«, zeigte sich Markus Wolf schwer beeindruckt. »Nun war er freigekämpft.«

Markus ist stolz darauf, Junger Pionier zu sein. »Wir lernten die Kampflieder jener Jahre und sangen sie begeistert am Lagerfeuer.« Das »Pionierleben« findet er »interessant«. Begeistert wandert er durch den Wald, sammelt große Becher voller Waldbeeren, badet im Fluß, spielt mit den anderen Volleyball. Das Gefühl, zu einer großen Gemeinschaft zu gehören, dort seinen Platz zu haben, sich auf

*Friedrich Wolf mit seinen Söhnen Markus (Mitte)
und Konrad, 1935*

Else Wolf mit Markus (rechts), Konrad und der kleinen Lena

andere verlassen zu können, diese Eigenschaften gewinnen für ihn in diesen Tagen Bedeutung: »Das Wort Solidarität wurde zu einem unverlierbaren Begriff und bekam einen festen Sinn und Inhalt für uns alle«, resümiert Markus Wolf. Die Lebensbedingungen in der Sowjetunion sind freilich wesentlich einfacher als in Deutschland. Lebensmittel sind beispielsweise rationiert, Industrieprodukte knapp. Markus Wolf hat oft Heimweh nach Deutschland, gewöhnt sich mit der Zeit aber an die neue Umgebung. Auch an das eintönige Essen: Buchweizenkascha und Milchkissel.

Während die Wolfs in Moskau noch dabei sind, sich einzurichten, zieht der deutsche Staat gleich im Jahr 1934 Friedrich Wolfs zurückgebliebenes Vermögen ein. 1935 wird ihm die deutsche Staatsbürgerschaft aberkannt, nach dem im Juli 1933 erlassenen »Gesetz über den Widerruf von Einbürgerungen und die Aberkennung der deutschen Staatsbürgerschaft«.

Mit sechzehn bekommt Markus Wolf einen Sowjetpaß. Sein Vater, mittlerweile in Paris, gratuliert ihm von dort dazu, daß er nun »ein richtiger Bürger des Sowjetvolkes« wird: »Und damit Du noch besser verstehst, was das bedeutet, will ich Dir ein bißchen erzählen, wie es hier im Westen aussieht und wie es mit jenen merkwürdigen Lebewesen steht, die – obwohl sie da sind – doch nicht da sind. Das sind zum Beispiel die Hunderttausende und bald Millionen Emigranten ohne Papiere.« Er wolle ihm nichts vorjammern, fährt der Vater in diesem Brief vom 21. Januar 1939 fort, aber: »Du wirst daran sehen, wieviel sinnvoller Dein Leben ist als das der Hunderttausende Jungens Deines Alters, die nunmehr jahrelang zwischen den Grenzen pendeln, nichts Rechtes lernen können, überall nur lästige Niemands sind. Morgen bin ich zum Beispiel mit einer Anzahl jüdischer Flüchtlinge zusammen, die sechs Wochen im Freien, jetzt im Winter, wie die wilden Tiere an der deutschen Westgrenze im Hitlerland herumstrichen und nur von den milden Gaben der Bauern lebten. Ein kleines Kind, das starb, mußten sie nachts im Feld irgendwo vergraben. Jetzt sind sie hier, haben aber nur vier Wochen Aufenthaltsgenehmigung, dann beginnt das Hinundhergeschiebe, werden sie nach England gelassen? Nein. Nach Honduras? Nach Madagaskar? In irgendein Pest-

oder Wüstengebiet? Wenn einige etwas Geld haben, so nehmen die
kleinen Raubstaaten oder Agenten es ihnen ab, und wenn sie dann
glücklich in Uruguay oder Chile sind, dann heißt es, das alles stimmt
ja gar nicht, sie sind einem Schwindelkonsul in die Hände gefallen,
also wieder zurück! Aber Europa gibt ihnen keine Einreise mehr! So
liegen sie in Quarantänestationen der ganzen Welt herum.« Angesichts dieser Situation ist es kein Wunder, daß Markus Wolf zufrieden und dankbar ist, in der Sowjetunion leben zu können.

Mit siebzehn beginnt er an der Hochschule für Flugzeugbau in
Moskau zu studieren. Sein Berufsziel: Flugzeugingenieur. Nach
einem Jahr, im November 1941, werden die Studenten evakuiert –
die Deutsche Wehrmacht rückt auf Moskau vor. Die Hochschule
zieht nach Alma Ata, der Hauptstadt Kasachstans, über 3000 Kilometer südöstlich von Moskau. Nach zwei Jahren, mit neunzehn,
tritt Markus Wolf 1942 in die KPD ein und bricht sein Studium ab.
Angesichts der augenblicklichen politischen Situation scheinen ihm
andere Aufgaben wichtiger: Er geht auf Weisung der Partei an die
Kominternschule nach Kuschnarenkowo, 60 Kilometer von Ufa
entfernt. Mitte 1942.

In dem ehemaligen Gutshof, mittlerweile leicht verwahrlost,
werden Kader aus verschiedenen Ländern ausgebildet, für die Zeit
nach dem Krieg: ausschließlich Menschen aus Ländern, die sich
mit der Sowjetunion im Krieg befinden oder von der Deutschen
Wehrmacht besetzt sind. Aus den intelligenten jungen Menschen
sollen kommunistische Parteifunktionäre geschliffen werden. Die
größte Gruppe stellen die Spanier: 40 Studenten. Zwölf weitere
Gruppen gibt es, unter anderem Tschechen, Slowaken, Polen,
Ungarn, Rumänen, Franzosen und Österreicher. Die deutsche
Gruppe besteht aus rund zwanzig Personen. Einer von ihnen ist
Wolfgang Leonhard. Wolf und er kennen sich aus Moskau, schon
seit acht Jahren. Doch dies lassen die beiden nicht erkennen –
»Konspiration« wird in der Kaderschmiede großgeschrieben. Alle
»Kursanten« – wie sie offiziell heißen – tragen Decknamen. Der
tatsächliche Name der Komintern-Azubis ist Geheimsache.

»Förster«, stellte sich Markus Wolf betont gleichgültig vor, als er
zum ersten Mal Leonhard im Schlafsaal begegnet, einem Raum mit

fünfzehn primitiven Holzbetten. »Linden«, erwidert Wolfgang Leonhard und reicht ihm die Hand. »Schön, daß du da bist, du wirst dich bestimmt bald hier einleben«, sagt Wolf. »Ja, ich bin sehr froh, auf der Schule zu sein«, entgegnet Leonhard. Das ist alles. Die beiden halten sich an die Komintern-Regel, ihre Bekanntschaft tritt dahinter wie selbstverständlich zurück.

Auf dem Lehrplan der deutschen Gruppe stehen Themen wie »Geschichte der KPdSU«, »Die Weimarer Republik«, »Geschichte der KPD« und »Der Faschismus«. Ebenso Waffenkunde, Exerzierübungen und eine praktische militärische Ausbildung. Zu ihr gehört das Werfen von Handgranaten, das Schießen mit Pistolen, Gewehren und Maschinengewehren. Das Interessanteste von alledem sei für die Kursanten die »Geschichte der Kommunistischen Internationale« gewesen, berichtet der Wolf-Weggefährte Wolfgang Leonhard: »Die Entwicklung der kommunistischen Parteien in den einzelnen Ländern, die Kämpfe und revolutionären Ereignisse von 1919 an wurden uns so eindrucksvoll geschildert, daß wir fast glaubten, wir hätten sie selbst miterlebt. Der Spartakus-Aufstand, die Kämpfe im Ruhrgebiet und in Mitteldeutschland, die revolutionären Ereignisse in Polen, die riesige Streikwelle des Jahres 1920 in Italien, der Machtantritt Mussolinis, die Kämpfe in Bulgarien 1923, die Periode der sogenannten ›relativen Stabilisierung‹ von 1924–1929, die Weltwirtschaftskrise, der Machtantritt Hitlers – diese historischen Geschehnisse wurden uns in Vorlesungen ausführlich geschildert, allerdings – wie ich später feststellen mußte – in stalinistisch verfälschter Darstellung.«

In der Komintern-Schule kann Markus Wolf, seit jeher ein scharfer Denker, seine Fähigkeit zu argumentieren verfeinern. »Häufig wurde einer von uns beauftragt, vor der Gruppe bestimmte Themen der Naziideologie vorzutragen«, erinnert sich Wolfgang Leonhard, »während die anderen die Aufgabe hatten, dagegen zu polemisieren und die Naziargumente zu entkräften. Der betreffende Kursant, der die Naziargumente vorzutragen hatte, wurde angewiesen, sie gut, klar und überzeugend darzustellen, ja sein Auftreten wurde um so positiver bewertet, je besser er die Naziideologie vertrat.« Bei diesen Übungen zeigt sich, daß Wolf der

Intelligenteste in der deutschen Gruppe ist, neben Wolfgang Leonhard und Jan Vogler, dem Sohn des Jugendstil-Malers Heinrich, der allerdings etwas hinter den beiden zurücksteht, weil er immer sehr aufgeregt ist. Markus Wolf überzeugt durch seine ruhige und sachliche Art. Allen ist klar: Sollten die Kommunisten in Deutschland etwas zu sagen haben, wird dieser Markus Wolf dabei eine große Rolle spielen – etwa, so scheint es, in Sachen Bildung, Kultur oder Kunst.

Wie ein Blitz aus heiterem Himmel trifft Markus Wolf und die anderen Schüler an der Kominternschule am 16. Mai 1943 die Mitteilung, daß die Komintern beschlossen habe, sich aufzulösen. Am Schwarzen Brett im Vorraum des Schulgebäudes hängt der Beschluß über die Auflösung. Völlig überrascht stehen Dutzende Kursanten vor dem Zettel, auf dem unter anderem als Begründung für diesen überraschenden Schritt zu lesen ist: »Der von den Nazis entfesselte Weltkrieg verschärft die Unterschiede in den Verhältnissen der verschiedenen Länder noch weiter, indem er eine tiefe Trennungslinie zwischen den Ländern, die Träger der Nazityrannei wurden, und den freiheitsliebenden Völkern aufzeigt, die in der starken Anti-Hitler-Koalition zusammengefaßt sind.« Angesichts dessen und weil die kommunistischen Parteien gewachsen und gereift seien, weil sich verschiedene Sektionen für eine Auflösung der Komintern ausgesprochen hätten, werde die Kommunistische Internationale »als führendes Zentrum der internationalen Arbeiterbewegung aufgelöst«: »Das Präsidium des Exekutivkomitees der Kommunistischen Internationale ruft alle Anhänger der Kommunistischen Internationale auf, ihre Kräfte auf eine allseitige Unterstützung und aktive Mitwirkung im Befreiungskrieg der Völker und Staaten der Anti-Hitler-Koalition zu konzentrieren, um die Zerstörung des Todfeindes des werktätigen Volkes, des deutschen Faschismus und seiner Verbündeten und Vasallen, zu beschleunigen.«

Die Komintern-Schüler diskutieren vor diesem Aushang. Die meisten sind ratlos, war doch die Komintern für sie die höchste Instanz auf der Welt. Es gab nichts darüber! Nicht wenigen klingen noch die seinerzeit vielbeachteten Worte Dimitroffs im Reichstagsbrandprozeß in den Ohren. Damals, zehn Jahre zuvor, hatte er erklärt, daß für jeden Kommunisten »das höchste Gesetz das Programm der Kommunistischen Internationale ist und das höchste Gericht die Kontrollkommission der Kommunistischen Internationale«. Nun löste sich diese Komintern auf. Knall auf Fall. In erster Linie – auch wenn dies damals nicht so deutlich gesagt wurde –, um den mit der Sowjetunion im Kampf gegen Nazi-Deutschland verbündeten Mächten eine Konzession zu machen.

Nach wenigen Wochen wird auch die Schule aufgelöst. Die Kursanten verteilen sich in alle Richtungen. Ein Jahr hat Markus Wolf in der Schule verbracht, nun packt er, wie die meisten aus der deutschen Gruppe, seine Sachen und fährt nach Moskau. Dort fängt er beim »Deutschen Volkssender« an zu arbeiten, dem Emigrantensender der KPD. Der Sender trägt auch die Bezeichnung »Institut 205«. Alle möglichen Einrichtungen haben in diesen Tagen irgendwelche nichtssagenden Nummern, eine Tarnung in der Kriegszeit; 205 steht für Nachfolgeorganisation der Komintern. Dieser »Deutsche Volkssender« der KPD ist eines von drei Programmen, die damals in Moskau auf deutsch ausgestrahlt werden. Der Sender »Freies Deutschland« (»Institut 99«) ist das Programm des Nationalkomitees Freies Deutschland – und Radio Moskau der offizielle sowjetische Sender. Beim »Deutschen Volkssender«, der »Stimme der nationalen Friedensbewegung«, lernt Markus Wolf, wie beim Funk gearbeitet wird, er ist als Redakteur, Sprecher und Kommentator tätig.

Währenddessen kämpft Markus' Bruder Konrad in der Roten Armee gegen Deutschland, brennt darauf, an die deutsche Front zu kommen. So schreibt er am 15. April 1944 seinen Eltern voller Hoffnung: »Man hat mir versprochen, daß auch ich bald weiter nach vorn fahren kann.« Konrad nimmt am »Kampf um Berlin« teil, erhält sechs sowjetische Tapferkeitsauszeichnungen, unter anderem den »Orden des Roten Sterns«.

Elf Jahre, von 1934 bis 1945, verbrachten die Wolf-Brüder in der Sowjetunion, praktisch ihre gesamte Jugend. »Die Sowjetunion wurde zu unserer zweiten Heimat«, faßt Markus Wolf die Bedeutung dieser Jahre für sich zusammen. Dabei sei er »ein halber Russe« geworden.

Der Rundfunkredakteur

Die Motoren dröhnen. Der 22jährige Markus Wolf blickt aus dem Fenster der sowjetischen Militärmaschine, die aus Moskau kommt – Ende Mai 1945: Unten, hinter der Oder, sieht er einen Streifen verwüsteter Erde. Zerstörte Befestigungsanlagen. Kurz darauf erblickt er unversehrte Dörfer und kleinere Städte, Wälder, Seen und sich dahinschlängelnde Autobahnen, die ihm »prachtvoll« erscheinen. Dann liegt ihm Berlin zu Füßen. Die Vororte kommen ihm von oben so gut wie unbeschädigt vor. Als die Maschine über die Stadt schwebt, kann er kaum glauben, was seine Augen erblicken: »Von oben sieht das alles ganz unnatürlich aus«, stellt er fest: »Ein Straßenzug nach dem anderen, ein Bezirk folgt dem anderen, völlig zerstört, nichts als leere Schachteln, und nur der Verkehr auf den gesäuberten Straßen läßt erkennen, daß das da unten wirklich Berlin und nicht eine von der Hand eines übertriebenen Dekorateurs aufgestellte Makette ist.« Noch keine drei Wochen ist es her, daß die deutsche Wehrmacht bedingungslos kapitulierte. Rund 55 Millionen Menschen aus aller Herren Länder bezahlten den Krieg mit ihrem Leben – fast so viele Menschen, wie vor der deutschen Einheit in der Bundesrepublik lebten.

Die sowjetische Militärmaschine landet auf dem Flughafen Tempelhof, neben zerbombten Ruinen. Die Flughafengebäude sind zum großen Teil ausgebrannt. An Bord sind eine Reihe von Kommunisten, die beim Wiederaufbau Deutschlands wichtige Funktionen übernehmen sollen, unter anderen Heinz Keßler, der spätere Verteidigungsminister der DDR. Auch Wolf folgt einem Auftrag der Partei, der Kommunistischen Partei Deutschlands: den deutschen Rundfunk in ihrem Sinne als Teil des neuen Deutschland zu errichten.

Er wird in einem »Offiziershotel«, einem beschlagnahmten Haus, in Friedrichsfelde einquartiert, hat einige Tage Zeit, sich umzuschauen: Ruine an Ruine sieht er im Stadtinneren, Schutt und Trümmer sind schon weitgehend von den Fahrbahnen geräumt. Fußgänger, Fahrräder, Kinderwagen und einige dahinratternde Lastwagen bestimmen das Bild. Schon fahren die ersten Straßenbahnen und Omnibusse wieder. An vielen Ecken wird gefeiert. Diejenigen, die das Fiasko überlebt haben, meinen, einiges nachholen zu müssen. Endlich, der Krieg ist aus! Kabaretts, Varietés, Tanz, Sportfeste. In den Wirtshäusern fließt das Bier. Schon wieder mit neun Prozent Alkohol. Das Glas kostet fünfzig Pfennig.

Wolf gefällt nicht, was er sieht – die Deutschen widern ihn in diesen Tagen an: Die Bevölkerung habe überhaupt nicht begriffen, schildert Wolf seine Berliner Eindrücke in einem Brief an seine Eltern Anfang Juni 1945, daß Deutschland ein besiegtes Land sei und sie »alle Mitschuld für den Raubkrieg und die Verbrechen« trage: »Die Großzügigkeit der Roten Armee wird, nachdem der erste Schrecken und die Angst in Tagen überwunden waren, als Selbstverständlichkeit hingenommen, und die Meckerei beginnt. Die Leute begreifen nicht, in welche Katastrophe Hitler Deutschland gestürzt hat, daß sie jetzt alle vor Hunger krepieren würden ohne Hilfe der Roten Armee. Sie verstehen nicht, was es bedeutet, daß hier und nur hier dem deutschen Volk die Möglichkeit eines Neuaufstieges gegeben wird. Wir sind der einzige deutsche Sender (zum großen Unbehagen von Reuter etc.), der jetzt auch westlich der Elbe am meisten gehört wird. Die Leute meckern, daß es oft grünen und keinen gerösteten Bohnenkaffee gibt. Sie meckern ja noch mehr (siehe SPD), daß Menschen abtransportiert werden. Und wie menschlich und uns nahe sind dagegen die Rotarmisten, die russischen und ukrainischen Mädels, die jetzt hier arbeiten. Ich könnte ganze Seiten darüber schreiben.«

Kein Wort darüber, daß sich so mancher Rotarmist wie die Axt

im Walde aufführt, Frauen vergewaltigt und sich auch ansonsten
nimmt, was ihm gefällt. Ganz besonders mokiert sich Wolf über die
»deutsche Überheblichkeit«: »Da stehen beim Fußballspiel die
feingekleideten jungen Herren und machen ihre dreckigen Bemer-
kungen. Oder die ›unschuldigen‹ Deutschen zum Beispiel von
unserem Hinterhof. Arbeiterfamilie. Schon große Diskussion, in
welche Naziwohnung im Vorderhaus sie einziehen wollen. In
Gesprächen mit Nachbarn stellt sich dann heraus, daß ihr Vater
(jetzt in Gefangenschaft) 5 Kommunisten der Gestapo ausgeliefert
hat und so weiter. Selten hat man eine Freude.«

Am 4. Juni 1945 betritt er zum ersten Mal das Funkhaus des
(kommunistischen) Berliner Rundfunks in der Masurenallee im
Stadtteil Charlottenburg. Wie durch ein Wunder ist das Gebäude
unzerstört geblieben. »Wir sind hier 6 Mann Deutsche und 1 Major
mit 600 Mann der ›Alten‹ zusammen«, notiert Markus Wolf an
diesem Abend: »Das Ausmisten ist leider nur zu einem kleinen Teil
möglich, da viele, ja die meisten gebraucht werden. Ich denke, mit
der Zeit wird es schon wieder werden.«

Markus Wolf macht rasch Karriere beim Berliner Rundfunk. Er
wird »außenpolitischer Kommentator«. Er spricht unter dem Pseud-
onym »Michael Storm« und steigt nicht nur zum bedeutendsten
Kommentator auf, sondern auch zum Kontrolleur für die wichtigsten politischen Sendungen.

Journalistischer Höhepunkt seiner Zeit beim Rundfunk ist der
Nürnberger Kriegsverbrecher-Prozeß, an dem Markus Wolf als
Berichterstatter teilnimmt. »Eine unwahrscheinliche Herausforde-
rung«, sagt Wolf rückblickend. Zehn Monate dauert das Verfahren, Markus Wolf wird von den Amerikanern in dem für die internationale Presse beschlagnahmten Schloß des Bleistiftfabrikanten
Faber in Stein bei Nürnberg untergebracht. Am 20. November
1945 beginnt das Verfahren im Justizpalast von Nürnberg. Helle
Scheinwerfer leuchten auf den Richtertisch und die beiden langen
Holzbänke, auf denen die 19 als Hauptkriegsverbrecher Angeklagten Platz genommen haben. Von Karl Dönitz über Hermann
Göring und Rudolf Heß bis hin zu Albert Speer und Julius Strei-
cher. Auf der Pressetribüne nehmen 250 Journalisten Platz, nur

»Mark F. Wolf«:
Markus Wolfs Presseausweis beim Nürnberger Prozeß

fünf deutsche wurden zugelassen. Markus Wolf sitzt in der neunten
Reihe, das volle dunkle Haar »stürmisch« von rechts nach links
gekämmt. Wie fast alle in dem Saal trägt er klobige schwarze Kopf-
hörer. »Attention! The Court!« ruft an diesem Morgen drei Minuten nach zehn der US-Oberst Charles W. Mays, der Gerichts-
marschall. »Achtung, das Gericht«, übersetzt der deutsche Dolmet-
scher. Alle Anwesenden stehen auf. Für Markus Wolf ein großer
Augenblick. Er hatte auf die »Sühne für all die schrecklichen Verbrechen gewartet«, erinnert er sich an die Tage in Nürnberg: »Nun
saß ich in einem Raum mit ihren Urhebern, für die wir uns so oft
ein besonders schlimmes Ende ausgemalt hatten. Doch was war
noch vorhanden von ihrem selbstherrlichen Größenwahn, dem
aufgeblasenen Pomp und protzigen Getue früherer Jahre? Es
wirkte fast enttäuschend zu sehen, welch unscheinbare, in sich
zusammengesunkene, um das verwirkte Leben bangende Figuren
von der Hitlerherrlichkeit übriggeblieben waren, die für die Ideen
und Taten der Nazipartei und des Hitlerreiches einstehen sollten.
Der erste Eindruck solcher Erbärmlichkeit verstärkte sich im Verlauf der späteren Verhandlungen immer mehr: feige Kreaturen,
keiner wollte es gewesen sein.« Wohl im Prinzip kaum anders als
die Verantwortlichen 45 Jahre später nach dem Ende der SED-
Diktatur.

Wolf jedoch kommen andere Gedanken bei der Erinnerung an
den Nürnberger Gerichtssaal im Jahre 1945, nämlich an die Zeit
vor 1945: »Wie anders sind da unsere Genossen vor ihren Richtern
erschienen, die antifaschistischen Kämpfer so vieler Länder – erho-
benen Hauptes, wissend um die Gerechtigkeit der Sache, für die sie
kämpften und ihr Leben gaben.«

Nach 218 Verhandlungstagen verkündet das Internationale Mili-
tär-Tribunal am 1. Oktober 1946 sein Urteil: Die Richter verhän-
gen zwölf Todesurteile (»Tod durch den Strang«), sieben Freiheits-
strafen und erkennen auf drei Freisprüche. Markus Wolf kommentiert die Entscheidung, der Kommentar wird nicht nur in ganz
Deutschland im Radio, sondern auch in Österreich ausgestrahlt.*

---

* So erklärte der Sprecher nach dem »Kommentar von Herrn Markus Wolf
vom Berliner Rundfunk«: »Hier ist der Süddeutsche Rundfunk mit Radio Mün-

Damit erreicht sein Kommentar – damals, als es noch kein Fernsehen gab – mehr Menschen als heute der Kommentator in den »Tagesthemen«. »Das Weltgericht hat sein Urteil gefällt«, beginnt Wolf den Acht-Minuten-Beitrag – ein zeitgeschichtlich aufschlußreiches Dokument, in dem Wolf auch deutlich Position für das Minderheitsvotum des sowjetischen Richters bezieht:

»Gegen 24 Männer, Vertreter der Staatsführung, Politiker, Militärs, Vertreter der Wirtschaft, die mehr als ein Jahrzehnt Deutschland beherrschten, war vor einem Jahr Anklage erhoben worden. Nicht nur sie, ihr Regime, ein ganzes System, das die Welt mit Schrecken und Unheil überzogen hatte und alle Errungenschaften der Menschheit, die gesamte Zivilisation zu vernichten drohte, war angeklagt. Das Schuldkonto dieses Systems und seiner Repräsentanten wird eröffnet durch schwere Vergehen gegen ihr eigenes Volk. Doch hatte das deutsche Volk nicht die Einsicht und später auch nicht die Kraft, sich selbst von seinem Übel zu befreien. Daher fällte dieses Gericht nach internationalem Recht sein Urteil für gegenüber den anderen Völkern begangene Verbrechen, den Völkern, die erst zu den Waffen greifen mußten, um ihr Leben, ihre Existenz zu verteidigen und das braune Ungeheuer, das im Namen Deutschlands wütete, unschädlich zu machen. Mit vorbildlicher und durch kein Rachegefühl getrübter Gewissenhaftigkeit unter gewaltigem Aufwand von Zeit und Arbeit erfüllte der Gerichtshof seine Aufgabe. Heute haben wir sein Urteil vernommen. Zwölf Todesurteile, sieben Gefängnisstrafen und drei Freisprechungen. Ein Angeklagter war selbst in den Tod geflohen. Der Fall des Angeklagten Krupp von Bohlen und Halbach wurde unter Berücksichtigung seines Gesundheitszustandes für einen späteren

chen, Nürnberg, Stuttgart und Frankfurt. Angeschlossen sind die Sender Berlin, Leipzig, Dresden, Weimar, Magdeburg, Schwerin, Potsdam, Freiburg, Saarbrücken, Koblenz, Kaiserslautern, Hamburg, Köln, Flensburg, Hannover, Drahtfunk Schleswig-Holstein, Bremen. Ferner der Rundfunk im amerikanischen Sektor Berlin. Diese Sendung kann auch in Österreich gehört werden über die Sendergruppe Rot-Weiß-Rot mit Wien, Linz und Salzburg, angeschlossen die Sendergruppe West mit Innsbruck und Dornbirn, die Sendergruppe Alpenland mit Klagenfurt und Graz und die RAWAG Wien. Wir schalten jetzt von Nürnberg auf die einzelnen angeschlossenen Sender zurück.«

Prozeß zurückgestellt. Die wichtigsten Stützen des Nazi-Regimes
sind zu verbrecherischen Organisationen gestempelt worden. Darüber hinaus hat dieser Prozeß jedoch, und darin sehe ich die Erfüllung einer seiner wichtigsten Aufgaben, dazu geführt, daß es auf
der ganzen Welt keinen ehrlichen und anständigen Menschen mehr
geben kann, der das von den hier schuldig gesprochenen Männern
vertretene System mit all seinen abscheulichen Methoden, men-
schenfeindlichen Prinzipien und sogenannten Ideen nicht verdammen, tausendfach verdammen würde. Nicht die Auswirkungen des
Nationalsozialismus, sondern der Nationalsozialismus selbst als
Ganzes ist verurteilt worden. Es ist zu hoffen, daß, nachdem dieser
Prozeß in unabweisbarer, überzeugender Klarheit auch dem letzten Irregeführten die Verwerflichkeit dieses Systems vor Augen
geführt hat, es den fortschrittlichen Kräften gelingen wird, sein
Wiederaufkommen, in welcher Abart und wo es auch sein mag, ein
für allemal zu verhindern. Wenn die Welt nicht in ein neues Chaos
versinken will, muß dies verhindert werden. Über die völkerrecht-
liche Bedeutung dieses Prozesses, des Statuts des Gerichtshofes,
vor allem der Verurteilung des Angriffskrieges als des größten
internationalen Verbrechens und der hier zum ersten Mal in der
Geschichte verwirklichten strafrechtlichen Haftbarmachung und
Verurteilung der Schuldigen an der Entfesselung eines solchen
Krieges ist schon viel gesagt worden und wird noch vieles zu sagen
sein. Ein bisher nur auf Überlieferungen, einzelnen Abkommen
und Verträgen beruhendes internationales Recht wurde zum Gesetz
erhoben. Die Feinde eines friedlichen Zusammenlebens der Völker
müssen jetzt wissen, daß sie sich nicht mehr der Verantwortung
entziehen werden können, unabhängig, ob sie Staatsoberhäupter,
führende Beamte, Militärs oder sonst etwas waren. Ich möchte
heute, da das Urteil nicht nur über die Führer Hitler-Deutschlands
verkündet ist, sondern damit auch über die Feinde eines anderen,
freiheitsliebenden Deutschlands, das sich zu schwach erwies und
von ihnen zwölf Jahre lang geknechtet und verfolgt wurde, ein paar
Worte über seine besondere Bedeutung für das deutsche Volk
sagen. Das Urteil des Internationalen Militärtribunals bildet den
Abschluß des dunkelsten und schmachvollsten Kapitels in der

Geschichte Deutschlands. Wenn jedoch ein anderes Deutschland, sein Neuaufstieg zu den Höhen des Geistes, der Humanität und der Freiheit, zur Anerkennung und Achtung durch die anderen Völker folgen soll, dann dürfen wir noch nicht ruhen. Dann gilt es, die Lehren aus diesem Prozeß zu ziehen, die Ursachen und Wurzeln des Unheils zu erkennen und unschädlich zu machen. Es kann für Deutschland kein Aufwärts geben, solange noch Urhebern und Trägern des hier verurteilten Regimes die Betätigungsmöglichkeiten nicht entzogen und sie nicht der verdienten Strafe zugeführt sind. Der Nürnberger Prozeß hat alle Voraussetzungen geschaffen, um eine gerechte und schnelle Bestrafung aller bisher noch nicht zur Verantwortung gezogenen Hauptschuldigen und ihrer Helfershelfer herbeizuführen, die eine Bedrohung für die Entfaltung der Demokratie in Deutschland darstellen. Die Protokolle und Dokumente des Nürnberger Prozesses geben den Organen, alliierten oder deutschen, die dieses Werk der Gerechtigkeit zu Ende zu führen haben werden, ein gewaltiges Material in die Hand. Auch eine Reihe wichtiger Prinzipien wie zum Beispiel, daß die Berufung auf einen Befehl von oben nicht als Rechtfertigung gelten kann. Das Material enthält weiter Anhaltspunkte, die noch erweitert und bis zu Ende verfolgt werden müssen. So wurde zum Beispiel bei der Untersuchung der Machtergreifung Hitlers, der Vorbereitung des Krieges, der Ausplünderung der besetzten Länder und bei der Untersuchung des Falles Schacht ein Licht auf die verhängnisvolle Rolle der deutschen Großindustriellen und Bankiers geworfen. Für Schacht selbst hielt das Gericht zwar keinen ausreichenden Beweis für erbracht, um ihn nach dem Statut und im Sinne der Anklageschrift nach internationalem Recht zu verurteilen, das ändert jedoch nichts an der Tatsache, daß der Nazismus nur mit Hilfe dieser Kreise groß werden und später die schlimmsten Verbrechen begehen konnte. Hier möchte ich bemerken, daß der Freispruch Schachts und auch der beiden anderen Angeklagten bei vielen Anwesenden Verwunderung hervorgerufen hat. Es war daher auch kaum eine Überraschung, als der Vorsitzende nach der Urteilsverkündung mitteilte, daß das russische Mitglied des Internationalen Militärtribunals im Falle dieser Angeklagten wie auch von Heß, des

OKW des Generalstabes und der Reichsregierung, eine abwei-
chende Meinung von der Entscheidung des Gerichts vertrat. In
diesem Zusammenhang entsteht auch die Frage, ob man nicht auch
dem deutschen Volk, einem deutschen Gericht oder mehreren
Gerichten die Möglichkeit geben wird, an der Säuberung seines
Landes von den Hauptschuldigen teilzunehmen und damit auch
für Verbrechen gegen das deutsche Volk teilzunehmen. In vielen
Fällen würde dies zweifellos im Interesse der Gerechtigkeit liegen,
und gleichzeitig könnte Deutschland damit die Verantwortlichkeit
für seine Demokratisierung übernehmen, die von den Alliierten als
Voraussetzung für seine Rückkehr in die Familie der friedliebenden Völker festgelegt wurde. Neben dieser notwendigen Sühne-
aktion müssen die in Nürnberg an den Tag gekommenen abgrund-
tiefen Verbrechen als Folgen der Nazi-Ideologie zur Wiedererwek-
kung der Achtung der großen Menschheitsideale in Deutschland
beitragen. Wer kann es heute noch wagen, über einen Menschen
einer anderen Nation oder Hautfarbe verächtlich zu sprechen,
nachdem er gesehen hat, daß solche Gedankengänge zu der Ermor-
dung von Millionen Menschen geführt haben? Wer kann sich noch
einmal bereitfinden, seine Freiheit aufzugeben und blind ohne
Überlegung Befehlen irgendwelchen Abenteurern zu folgen, nur
weil sie sich als Führer bezeichnen? Wer kann sich nach diesem
Prozeß noch dafür hergeben, die Freiheit anderer Menschen und
anderer Völker zu rauben? Wenn unser Volk aus dem Prozeß diese
Schlußfolgerungen zieht, dann kann das heute verkündete Urteil
auch als Anfang in die Geschichte eines neu zu schaffenden freiheitlichen und friedliebenden Deutschland eingehen.«

Welche Worte! Wie eine Verhöhnung der Geschichte präsentiert
sich dieser Kommentar, wenn man sich vor Augen hält, welchem
Unrechtsregime dieser Mann dann selbst an führender Stelle dient.
»Wer kann sich nach diesem Prozeß noch dafür hergeben, die Frei-
heit anderer Menschen ... zu rauben?« fragt ausgerechnet der
Mann, der Jahre später an der Spitze jenes Ministeriums steht, das
Millionen Menschen in der DDR die Freiheit raubt – nicht nur die
Bewegungsfreiheit, sondern auch die geistige Freiheit. Wolf jeden-
falls, der in dem Kommentar für den »Anfang ... eines neu zu

schaffenden freiheitlichen … Deutschland« plädierte, sucht sich einen Platz an vorderster Front des Apparates, der alles daransetzte, gerade ebendieses hehre Ziel zu vereiteln.

Markus Wolf steht im Ruf, daß er beste Kontakte zu den sowjetischen Stellen besitzt. Grund dafür sind nicht nur sein entschiedenes Eintreten für die sowjetische Position und seine Vita, sondern auch der Umstand, daß er fließend Russisch spricht. Die Sowjets revanchieren sich. So lebt er im zerbombten Berlin in einer luxuriösen 5-Zimmer-Wohnung in der zweiten Etage der Bayernallee 44, zwischen Funkhaus und Olympiastadion. Und das alles im Alter von fünfundzwanzig.

Dort wohnt er mit seiner Frau Emmi, geborene Stenzer, Tochter des ehemaligen KPD-Reichstagsabgeordneten Franz Stenzer, der 1933 im KZ Dachau ums Leben gekommen war. Emmi und Markus hatten sich in der Kominternschule kennengelernt und 1944 geheiratet. Emmi hatte sich in Kuschnarenkowo die Wut anderer Kursanten zugezogen, weil sie Äußerungen von Kommilitonen der Leitung hinterbrachte. »Das war fast eine Vernunftehe«, sagt Markus Wolf, »aber auch eine Liebesheirat.« In Kuschnarenkowo war Emmi zunächst mit einem Spanier befreundet, mochte aber auch Wolf, und dann kam der Auftrag der Partei, wieder nach Deutschland zu gehen. »Und so fiel dann beides zusammen«, konstatiert Wolf.

Die Wochenenden verbringen die Wolfs in der Nachkriegszeit in einem Landhaus in der Nähe des Glienicker Sees, eine Autostunde von der Wohnung in der Bayernallee entfernt. An einem Wochenende schlendert Markus Wolf dort mit Wolfgang Leonhard am Ufer entlang, dem Bekannten aus den Moskauer Tagen und der Kominternschule. »Eigentlich wird es Zeit, daß ihr mit eurer Theorie vom besonderen deutschen Weg zum Sozialismus Schluß macht«, erklärt er Leonhard im Gehen leichthin: »Die Linie wird bald anders.« Leonhard ist verdutzt, immerhin sitzt er – wie er meint – an der Quelle, nämlich im Zentralsekretariat der Partei, wo er die Schulungshefte für die Funktionäre schreibt. Und Leonhards große Hoffnung besteht in diesen Tagen gerade darin, daß sich die SED* von der KPdSU absetzt und einen eigenen Weg einschlägt. Wolf steckt sich eine Zigarette an, lächelt ironisch und sagt: »Es gibt höhere Instanzen als euer Zentralsekretariat.« Das Wörtchen »euer« ist dabei ein deutlicher Seitenhieb – denn immerhin gehört auch Wolf dieser Partei an. »Aber Mischa«, entgegnet ihm Leonhard, »die These vom besonderen deutschen Weg zum Sozialismus ist doch in den Grundsätzen und Zielen der SED ausdrücklich enthalten!« Dieser Hinweis auf die Ziele der Partei vermag jedoch bei Wolf nicht viel auszurichten. Im Gegenteil. »Dann muß man sie eben umschreiben«, erklärt er kurz und bündig.

Wolfgang Leonhard ist nun noch erstaunter, er blickt Wolf entgeistert an. »Wolfgang, ich sage ja nicht, daß das morgen geschieht«, fährt Wolf fort. »Ich möchte dich nur rechtzeitig auf gewisse Veränderungen hinweisen. Wir haben kürzlich mit Tulpanow** darüber gesprochen. Er sagte – natürlich im engsten Kreise –, daß man mit der Theorie vom besonderen deutschen Weg bald Schluß machen sollte. An deiner Stelle würde ich nicht mehr allzuviel davon sprechen und schreiben, die zukünftige Umstellung wird dir dann leichter fallen.«

Für Leonhard ist dies wie ein Schlag auf den Kopf. Eine große Hoffnung stürzt in Sekundenschnelle für ihn zusammen. Ein Schock – doch schon wenige Wochen später muß Leonhard erkennen, daß Wolf recht hat, daß er weiß, wohin der Hase läuft. »Er war der Typ des sehr klugen, ruhigen, im Hintergrund stehenden Funktionärs«, charakterisiert Leonhard den Mittzwanziger Markus Wolf, »der alles, was die anderen Genossen ernst nehmen, wofür sie kämpfen, wovon sie begeistert sind, nur als eine große Schachpartie ansieht.« Leonhard bezeichnet Wolf als »Hintergrund-Funktionär«, der sich für nichts zu begeistern und sich nicht aus der Ruhe bringen zu lassen scheint. »Diese Hintergrund-Funktionäre«, fährt Leonhard fort, »beschränken sich darauf, vorsichtig und behutsam

* Die Sozialistische Einheitspartei Deutschlands – SED – hatte sich am 21. April 1946 aus KPD und SPD als kommunistische Staatspartei in der sowjetischen Besatzungszone gebildet.
** Oberst Tulpanow war der politische Berater der sowjetischen Militärverwaltung.

den neuen taktischen Schritt auszuarbeiten, um dann ihre Weisungen den Spitzenfunktionären zu übergeben, die sie auf riesigen Versammlungen in die Welt hinausposaunen, die Menschen dafür zu begeistern suchen und enthusiastische Leitartikel schreiben.«

Dieser »Hintergrund-Funktionär« mit den glänzenden Verbindungen zu den Sowjets ist für die sich bald konstituierende DDR unverzichtbar. Im Oktober 1949 wird in Ostberlin die DDR proklamiert, Wilhelm Pieck zum Präsidenten und Otto Grotewohl zum Ministerpräsidenten gewählt. Die osteuropäischen Staaten erkennen die Republik an. Nur Jugoslawien zunächst noch nicht. Markus Wolf wird in das Außenministerium in der Luisenstraße gerufen, dort tritt er umgehend in den diplomatischen Dienst ein. Als »Erster Rat« wird er an die DDR-Vertretung nach Moskau geschickt – zunächst heißt die Einrichtung noch »diplomatische Mission«. Damit ist nach vier Jahren Wolfs Zeit beim Rundfunk zu Ende.

Wenn der Botschafter in Moskau nicht da ist, führt Markus Wolf mitunter die Geschäfte. Erst nach einigen Monaten gibt er seinen sowjetischen Paß zurück. Er kann nicht als Diplomat eines anderen Staates in einem Land akkreditiert sein, dessen Staatsbürgerschaft er ebenfalls trägt.

Anfang 1950 erlebt er bei dem sowjetisch-chinesischen Treffen Stalin: Während des Empfangs im Anschluß an die Verhandlungen betritt Stalin den Saal. Alle verstummen schlagartig. Es ist plötzlich mucksmäuschenstill. Stalin kommt schlicht gekleidet daher, trägt keine Orden. Es folgen Trinksprüche, bis endlich auch Stalin sein Glas erhebt. »Er sagte dem Sinne nach«, erinnert sich Wolf an die Worte des Diktators, »daß Führer stets bescheiden sein und nicht vergessen sollten, daß sie ihre Wurzeln im Volk haben.« Wolf wertet diesen Auftritt Stalins als Beleg dafür, daß der »Personenkult von anderen in Szene gesetzt worden« sei »und keineswegs Stalins Billigung gefunden« habe.

Nach zwei Jahren, 1951, ereilt ihn ein neuer Auftrag der Partei: Er soll sich um den Aufbau der »Aufklärung« des »jungen Staates« kümmern, also um die Spionage. So kehrt er 1951 nach Ostberlin zurück.

ZWEITER TEIL

Der Spionagechef

Wie alles begann

1951: Vor dem Reichstagsgebäude in Berlin demonstrieren 600000 Menschen aus Ost und West für Frieden, Freiheit und ein geeinigtes Deutschland. Die Volkskammer der DDR fordert einstimmig den Bundestag auf, Wahlen zu einer deutschen Nationalversammlung zuzustimmen. Die DDR und die Bundesrepublik unterzeichnen ein neues »Interzonenhandelsabkommen«. Für alle Fahrzeuge im Transitverkehr nach Westberlin erheben die DDR-Behörden eine Straßengebühr. In Bonn beschließt die Bundesregierung, beim Bundesverfassungsgericht das Verbot der Kommunistischen Partei zu beantragen. Vor dem Flughafen Tempelhof enthüllt Westberlins Regierender Bürgermeister Ernst Reuter das Luftbrückendenkmal. In Ostberlin werden die dritten Weltjugendfestspiele eröffnet, mit über einer Million Teilnehmer.

Als Markus Wolf – mittlerweile achtundzwanzig – in diesem Jahr in Ostberlin eintrifft, ist das Ministerium für Staatssicherheit gerade ein Jahr alt. Das MfS kümmert sich ums Inland, führt – wie es Innenminister Carl Steinhoff formuliert – »einen entschiedenen Kampf gegen die Tätigkeit feindlicher Agenturen, Diversanten, Saboteure und Spione«. Parallel dazu entsteht ein Auslandsaufklärungsdienst in der Ostberliner Klosterstraße unter der harmlosen Bezeichnung »Institut für Wirtschaftswissenschaftliche Forschung« – IWF. Diese Organisation untersteht nicht dem Ministerium für Staatssicherheit, sondern dem Ministerium für Auswärtige Angelegenheiten, und zwar dort dem Staatssekretär Anton Ackermann. In diesem »Institut« beginnt Markus Wolf seine nachrichtendienstliche Karriere. Er wird rasch zu einer der zentralen Figuren, neben Gerhard Heidenreich und Richard Stahlmann: Heidenreich, Jahrgang 1916, einst Ofenbauer, steigt später zum Ersten Sekretär der SED-Kreisleitung im MfS auf. Stahlmann, Jahrgang 1891, in jungen Jahren als Sekretär für Komintern-Chef Dimitroff in Berlin aktiv, wird später Oberst im Ministerium für Staatssicherheit. Die steilste Karriere aber hat der junge Wolf, Jahrgang 1923, vor sich.

Eines der ersten Dokumente, das das IWF nach Ostberlin schafft, noch bevor es im Westen bekannt wird, ist der Generalvertrag der Europäischen Verteidigungsgemeinschaft. Am 27. Mai 1952 unterschreiben die Außenminister Belgiens, Frankreichs, Italiens, Luxemburgs, der Niederlande und der Bundesrepublik den Vertrag. Um an Informationen aus erster Hand zu gelangen, knüpft das IWF Kontakte zu Industrie und Wirtschaft in der Bundesrepublik, vor allem über den Ost-West-Handel. Dazu gründet das Institut Handelsfirmen.

Schon nach einem Jahr wird Markus Wolf stellvertretender Abteilungsleiter. Im Dezember 1952 läßt ihn Walter Ulbricht zu sich rufen. Ulbricht teilt Wolf mit, es sei beschlossen worden, ihn zum Leiter der Aufklärung zu machen – er sei Ulbricht direkt unterstellt. So wird Markus Wolf mit dreißig Jahren Chef der DDR-Aufklärung. »Ich stieg unaufhaltsam auf«, sagt Wolf über diese Zeit, »ich war immer der Jüngste.« Eine atemberaubende Karriere. »Meine Unabhängigkeit war, gelinde gesagt, riesengroß.« Ein Mann von »klarer Konzeption« und »skrupelloser Entschlossenheit«, urteilt Stasi-Experte Karl Wilhelm Fricke über ihn in diesen Jahren. Der entscheidende Grund für diesen atemberaubenden Aufstieg ist, daß ihn die Sowjets mögen, ihn als Vertrauensperson betrachten, fast als jemand von ihnen. »Zwei sowjetische Berater standen mir zur Seite«, erinnert sich Markus Wolf an diese Zeit als Aufklärungs-Chef, »und wie oft waren wir drei vor lauter Eifer und Philosophieren besoffen.«

Der Dreißigjährige steht damit in etwa auf einer Stufe mit dem Staatssekretär im Ministerium für Staatssicherheit. Der ist vierzehn Jahre älter und heißt Erich Mielke. Wolf stellt sich bei Mielke vor –

doch der behandelt ihn ausgesprochen abweisend. Zum einen paßt
Mielke nicht, daß außerhalb seines Ministeriums ein anderer Nachrichtendienst aktiv ist und »Aufklärung« betreibt. Zum anderen ist
Mielke auf das Inland fixiert, vor allem auf die, wie er sagt, »ideologische Diversion«. Mielke meint, es komme darauf an, Spione
und andere Schädlinge der Gemeinschaft zu schnappen. Die »Aufklärer« hingegen verursachten nur Spesen, Papier und »Informationen«, auf die man auch getrost verzichten könne.

Markus Wolfs Eltern kehren ebenfalls bald nach Kriegsende nach
Deutschland zurück: Sein Vater Friedrich trifft im September 1945
in Berlin ein und stürzt sich in die Arbeit: im Rundfunk, im Theater
und beim Kulturbund. So inszeniert er beispielsweise sein Theaterstück »Der arme Konrad« als Hörspiel beim Berliner Rundfunk. In
der Nachkriegszeit wird Friedrich Wolf zu einem der meistgespiel-
ten Zeitgenossen in den wiedereröffneten Theatern.

Als Wilhelm Pieck gerade seit einer Woche Präsident der DDR
ist, bittet er am 18. Oktober 1949 Friedrich Wolf darum, Leiter der
Diplomatischen Vertretung der DDR in Polen zu werden. Wolf
folgt dem Ruf und geht nach Warschau. So sind Vater und Sohn ab
Oktober 1949 im Diplomatischen Dienst der DDR: Friedrich als
Leiter der Vertretung in Warschau, Markus als »Erster Rat« in
Moskau.

Aber schon eineinviertel Jahre später bittet Friedrich Wolf Wilhelm Pieck, ihn von seinem Posten in Warschau abzulösen. »Ich
möchte wieder in meine schriftstellerische Tätigkeit zurück«,
schreibt Wolf an Pieck am 26. Januar 1951, »gerade heute, da der
stürmische Aufbau in unserer DDR auch uns Schriftsteller vor
solch neue und großartige Aufgaben stellt. Hier habe ich nichts
schreiben können, einmal weil der Aufbau unserer Mission sowie
die vielen laufenden Geschäfte mich voll beanspruchen; auch weil
meine schöpferische Methode verlangt, daß ich mitten im Land
und im Leben unseres Volkes stehe.« Zudem ist Wolf gesundheit-
lich angeschlagen, er leidet an schwerem Ischias (»Radicultitis«). So
zieht er mit seiner Frau Else wieder nach Lehnitz vor den Toren
Berlins, wo sie seit 1948 ein Haus besitzen.

*Familientreffen: (hinten v. l. n. r.) Emmi Wolfs Schwester,
Tatjana auf dem Arm von Emmi Wolf, Markus Wolf.
(Vorne) Friedrich und Else Wolf mit Enkel Michael*

*Markus Wolf (vorne links) neben Else Wolf bei der Trauerfeier
für Friedrich Wolf. Im Hintergrund die Mitglieder der DDR-Regierung*

Im Alter von fünfundsechzig Jahren wird er noch einmal Vater: Am 15. Juni 1953 bringt die Tanzpädagogin Irmgard Schaaf, seine Freundin in den letzten Lebensjahren, Sohn Thomas zur Welt, der zweite Halbbruder von Markus. Keine vier Monate nach der Geburt ist Friedrich Wolf tot: Er stirbt am 5. Oktober 1953 in Lehnitz an einem Herzinfarkt. »Ich bin mit meinem Vater bekannt geworden durch zwei schöne Fotoalben, die mir meine Mutter irgendwann gezeigt hat«, erklärt sein Sohn Thomas Neumann Mitte der achtziger Jahre. Er wurde Physiker und arbeitet in Berlin.

In der DDR wird Friedrich Wolf zu einem Nationalhelden und seine Werke zur Pflichtlektüre in der Schule. Zu seinem hundertsten Geburtstag im Jahr 1988 reiht sich in der DDR eine Jubiläumsveranstaltung an die andere. Sogar der Ministerrat tritt zu einer Friedrich-Wolf-Festveranstaltung zusammen. Über 140 Einrichtungen tragen in der DDR Friedrich Wolfs Namen, unter anderem Oberschulen und NVA-Regimenter.

Markus Wolfs Bruder Konrad studiert Anfang der fünfziger Jahre, als Markus bei der »Aufklärung« einsteigt, in Moskau, an der Filmhochschule »WGJK«. Nach dem Krieg hatte er zunächst als Offizier der Roten Armee bei der »Berliner Zeitung« gearbeitet und bei der sowjetischen Kommandantur in Wittenberg und Halle. Als Oberstleutnant schied er im Dezember 1946 aus der Sowjetarmee aus. Drei Jahre später ging er dann an die Filmhochschule in Moskau. Mitte der fünfziger Jahre kehrt er als Filmregisseur in die DDR zurück, arbeitet bei der staatlichen DDR-Filmgesellschaft DEFA, avanciert zum wichtigsten Regisseur der DDR. Über die Grenzen der DDR hinaus bekannt wird er 1959 durch sein Meisterwerk »Sterne«, bei den Filmfestspielen in Cannes erhält er dafür einen Sonderpreis. »Sterne« ist die Geschichte eines deutschen Soldaten, der 1943 in Bulgarien versucht, ein jüdisches Mädchen aus einem Transport nach Auschwitz zu befreien. Das Vorhaben mißlingt. Daraufhin desertiert der Soldat und schließt sich dem Widerstand an. 1961 dreht Konrad Wolf »Professor Mamlock«, nach dem Theaterstück seines Vaters; 1964 »Der geteilte Himmel«, nach der

Erzählung von Christa Wolf; 1968 »Ich war neunzehn«, ein Werk mit autobiographischem Einschlag; 1979 »Solo Sunny«, einen Film über die Probleme einer DDR-Schlagersängerin. »Solo Sunny« erhält eine Auszeichnung auf der Berlinale und läuft auch in bundesdeutschen Kinos.

1965 wird Konrad Wolf Präsident der Akademie der Künste in der DDR. Zeit seines Lebens gibt er sich als überzeugter Kommunist, zeigt aber nicht selten kritische Distanz zur gesellschaftlichen Realität in der DDR und zur staatlich verordneten Kulturpolitik. 1982 stirbt Konrad Wolf an Krebs – im Alter von sechsundfünfzig Jahren.

Zurück zu Markus Wolf, Mitte der fünfziger Jahre: Das »Institut für Wirtschaftswissenschaftliche Forschung« wird in das Ministerium für Staatssicherheit eingegliedert. Im wesentlichen aus drei Gründen: Durch die Flucht des IWF-Abteilungsleiters Johann Krauss am 9. April 1953 flog das geheime Netz des IWF auf. Zweitens wird eine neben dem MfS eigenständige Aufklärung als Fremdkörper empfunden, vor allem deshalb, weil sich die DDR-Staatssicherheit an der UdSSR orientiert – und weil auch in Moskau die Aufklärung nicht eigenständig arbeitet. Und schließlich war der Stern Anton Ackermanns gesunken. Der Staatssekretär hatte an politischer Bedeutung verloren, jener Mann, dem im Außenministerium die Aufklärung unterstand.

Zunächst wird diese Spionageabteilung innerhalb des Ministeriums für Staatssicherheit als Hauptabteilung XV geführt; 1956 erhält sie den Namen »Hauptverwaltung Aufklärung« (HVA). Im Alter von fünfunddreißig Jahren wird Markus Wolf Chef der HVA. Man schreibt das Jahr 1958. Achtundzwanzig Jahre lang leitet er von nun an die DDR-Spionage.

Markus Wolf, die Legende

Was Wolf in diesen achtundzwanzig Jahren alles tat, wird mit Sicherheit nie umfassend geklärt werden können. Das liegt zum einen daran, daß es während der Auflösung des MfS Mitarbeitern der Hauptabteilung Aufklärung gelang, bei den Bürgerkomitees den Eindruck zu erwecken, daß die HVA ein Nachrichtendienst wie jeder andere gewesen sei – so wie ihn praktisch jeder Staat auf der Welt hat. »Der Erfolg ihrer Bemühungen war«, berichten die beiden Stasi-Auflöser David Gill und Ulrich Schröter, »daß sich diese Abteilung größtenteils selbst auflösen und damit die Spuren ihrer jahrzehntelangen Tätigkeit weitgehend verwischen konnte.« Mit anderen Worten: Nahezu alle Akten wurden vernichtet. Zum anderen schweigt Markus Wolf eisern, »gewaltige Enthüllungen« kämen von ihm »mit Sicherheit nicht«, sagt er. Ebenso stumm geben sich die meisten seiner ehemaligen Untergebenen. Korpsgeist nennt man das. Einzelne ehemalige HVA-Mitarbeiter, die auspacken, können immer nur Bruchstücke liefern, nicht mehr als winzige Teile zu einem riesigen Puzzle, weil »Abschottung« bei der Hauptverwaltung Aufklärung großgeschrieben wurde. Jeder erfuhr nur soviel, wie er für seine eigene Arbeit zu wissen brauchte.

Fest steht indes: An seinem Schreibtisch in dem Stasi-Komplex an der Normannenstraße im Ostberliner Stadtteil Lichtenberg liefen bei Markus Wolf die Fäden zu den Agenten zusammen – über 5000 waren es, als Wolf seinen Schreibtisch 1986 räumte, schätzt der Verfassungsschutz. Zu Wolfs Hauptverwaltung Aufklärung zählten rund 4000 hauptamtliche Mitarbeiter. Die meisten von ihnen saßen in den hohen grauen Betonklötzen, die in Lichtenberg an der Frankfurter Allee/Ecke Ruschestraße bis zu dreizehn Stockwerke hoch in den Himmel ragen.

Wolf selbst saß zuletzt in einem Seitenflügel des Gebäudes in der Ruschestraße in der neunten Etage. Wer in diesem Stockwerk aus dem Fahrstuhl stieg und nach rechts ging, stieß in dem Gang auf eine »Sicherheitstür«, an der er klingeln und sich über eine Gegensprechanlage melden mußte. Der Flur war mit einem dicken beigebraunen Teppichboden ausgelegt – Zeichen in der DDR dafür, daß hier jemand Wichtiges residiert. Von dort gingen links und rechts mehrere Zimmer ab, unter anderem das von Wolfs Sekretärin und das seines Referenten. In seinem großen Arbeitszimmer saß Markus Wolf hinter einem breiten Schreibtisch. Durch das Fenster blickte er in den riesigen grauen Innenhof des Stasi-Komplexes, in dem MfS-Einsatzfahrzeuge standen. Schräg rechts lag das Haus I, in dem Mielke seine Räume hatte. In Wolfs abgeschottetem Trakt in der neunten Etage befanden sich ferner ein großes Besprechungszimmer, ein Ruheraum mit Pritsche, ein Bad und eine Küche. Alles für den HVA-Chef.

Von Anfang an war Markus Wolf im MfS eine Ausnahmeerscheinung, berichten HVA-Leute übereinstimmend, die schon in den fünfziger und sechziger Jahren unter ihm arbeiteten. Alle akzeptierten ihn als »klugen Kopf«, er war ausgeglichen, sprach ruhig. Er besaß Autorität, er legte die Dinge für jeden plausibel dar, seine Analysen überzeugten alle. Bei Besprechungen referierte er die internationale Politik und leitete daraus die Aufgaben für die Aufklärung her. »Kommt der Krieg, brauchen wir über den Frieden nicht mehr zu reden«, sei eine wichtige Erkenntnis für ihn aus dem gewesen, was Wolf erläutert habe, berichtet ein ehemaliger HVA-Offizier, der 1961 in die Hauptverwaltung Aufklärung eintrat. Dies habe ihn für seine Arbeit angespornt, so sagt er, ebenso wie der Satz, den er aus Wolfs Darlegungen gewonnen habe: »Lieber tausend Tropfen Schweiß als einen Tropfen Blut.« So motivierte Wolf seine Mitarbeiter. Für die meisten war der Begriff »Feierabend« ein Fremdwort. Oft arbeiteten sie bis 21 oder 22 Uhr. Das war für sie selbstverständlich.

Berlin-Lichtenberg, Ruschestraße/Ecke Frankfurter Allee:
In diesem Gebäudetrakt des MfS war Wolfs HVA untergebracht

Dieser Intellektuelle, der einen breiten Horizont hatte, der ebenso wie im Nachrichtengeschäft auch in der Kunst, Kultur und der Weltpolitik zu Hause war und der auch über diese Dinge gerne und ausführlich sprach, unterschied sich von den meisten anderen Führungspersonen der HVA in den ersten Jahren: Diese Männer kamen aus dem alten KPD-Apparat oder waren in sowjetischer Kriegsgefangenschaft von den Sicherheitskräften der UdSSR geworben worden. Viele von ihnen waren kleinkariert und verbohrt, hatten nur ein Ziel im Kopf: den Aufbau des Sozialismus in der DDR. Mit allen Mitteln. Gemeinsam war Wolf und seiner Führungscrew hingegen, daß sie sich an der Sowjetunion orientierten, im KGB das »tschekistische Vorbild« erblickten. Und Markus Wolf versuchte den Gedanken des »tschekistischen Kampfbündnisses« durch enge Zusammenarbeit mit den Sowjets in der täglichen Arbeit durchzusetzen.

Politik, Militär und Wirtschaft, diese drei Bereiche standen für Markus Wolf über all die Jahre im Mittelpunkt der »Aufklärung«. Im Laufe der Zeit gewann die Wirtschaftsspionage immer mehr an Bedeutung. Eine Reaktion auf den Mangel an technischem Know-how und Devisen in der DDR. Für seine Erfolge erntete Markus Wolf Anerkennung bei Freund und Feind. Ohne Frage: Er war einer der erfolgreichsten Geheimdienstchefs der Welt. Sein Erfolgsrezept? »Bei allen Erfolgen haben wir uns wirklich darum bemüht, noch mehr zu erfahren«, sagt der Spionagechef im Ruhestand.

Wolfs Perle in Pullach – Der Fall Dr. Gabriele Gast

Ein besonderes Ziel der Begierde besteht für jeden Nachrichtendienst darin, die gegnerischen Dienste auszuforschen. Das allerhöchste: eine »Quelle im Objekt«. So bestimmt die für Wolfs Arbeit grundlegende Richtlinie*, daß als »Hauptaufgaben« unter

---

* Die zuletzt gültige Vorschrift trug den Titel »Richtlinie Nr. 2/79 für die Arbeit mit Inoffiziellen Mitarbeitern im Operationsgebiet« (Geheime Verschlußsache des Ministeriums für Staatssicherheit 0008-2/79).

anderem »zu bearbeiten« seien: »Zentren, Dienststellen und Mitarbeiter der imperialistischen Geheimdienste ..., insbesondere ... des BND, des BfV, des MAD«. Also die drei bundesdeutschen Nachrichtendienste: Bundesnachrichtendienst (Sitz: Pullach bei München), Bundesamt für Verfassungsschutz (Sitz: Köln) und Militärischer Abschirmdienst (Sitz: ebenfalls Köln).

Überall dort gelang es der DDR-Spionage auch tatsächlich einzudringen, Mitarbeiter umzudrehen, die die Geheimnisse der Behörde offenbarten: Aus dem Bundesamt für Verfassungsschutz berichtete Regierungsoberamtsrat Klaus Kuron, beim MAD war es gleich der stellvertretende Leiter der Behörde und Chef der Spionageabwehr Joachim Krase.*

Vom Bundesnachrichtendienst in Pullach berichtete die Regierungsdirektorin Dr. Gabriele Gast an die Hauptverwaltung Aufklärung, mitunter auch an Markus Wolf persönlich. Über zwanzig Jahre spionierte die Frau für die DDR. Ein Fall, der zeigt, mit welchem Weitblick und mit welcher Raffinesse Markus Wolf seine Geschäfte organisierte.

Gabriele Gast, Jahrgang 1943, war eine konservative Studentin – eingeschrieben für Politische Wissenschaften an der Technischen Hochschule in Aachen. Sie gehörte dem Ring Christlich-Demokratischer Studenen (RCDS) an – in einer Zeit, in der die CDU-Studentenvereinigung alles andere als en vogue war: 1968, dem Jahr der Studentenbewegung. Sie wird Assistentin bei Professor Klaus Mehnert, dem bekannten »Ostexperten«, von dem so vielbeachtete Bücher wie »Der Sowjetmensch«, »Der deutsche Standort« und »China nach dem Sturm« stammen. Der Professor und seine Studentin kommen auf die Idee, daß Gabriele Gast eine Doktorarbeit über die politische Rolle der Frau in der DDR schreiben könnte. Damals, in der zweiten Hälfte der sechziger Jahre, ist das ein interessantes Thema, da sich die bundesdeutsche »DDR-For-

* Krase wurde zwar nicht unmittelbar von der HVA geführt, sondern von der Hauptabteilung II des Ministeriums für Staatssicherheit (»Spionageabwehr«), jedoch gingen seine Angaben gegenüber der anderen MfS-Abteilung postwendend der HVA zu. Krase starb 1988 an Krebs, erst im Oktober 1990 wurde bekannt, daß er für die HVA arbeitete. Siehe dazu ausführlich S. 150f.

schung« mit diesem Aspekt noch nicht weiter beschäftigt hat. Mehnert schlägt seiner Assistentin vor, daß sie »Feldarbeit« in der DDR leisten, das heißt vor Ort recherchieren soll. Gabriele Gast sagt begeistert zu, packt ihre Koffer und reist zu Bekannten nach Karl-Marx-Stadt (früher und heute wieder: Chemnitz), die ihr eine Besuchserlaubnis besorgt hatten. So durchforstet die Fünfundzwanzigjährige im Frühjahr 1968 Büchereien, spricht mit Frauen, die in Parlamenten sitzen oder im FDGB aktiv sind. Dabei kommt sie auch in Kontakt mit einem Mann Marke »freundlicher Onkel« – Bürstenhaarschnitt, Bierbauch, amüsanter Unterhalter, gemütlicher sächsischer Dialekt. Er sagt, daß er Karl-Heinz Schmidt heiße und Kfz-Schlosser sei. Die beiden unternehmen einen Ausflug nach Dresden und verbringen einen Abend in der »Kosmos-Bar« in Karl-Marx-Stadt. Sie nennt ihn liebevoll »Karliczek«.

Bei ihrem zweiten DDR-Studien-Aufenthalt sehen sie sich wieder. Karliczek bittet sie in – wie er sagt – seine Wohnung im zehnten Stock eines Hochhauses in Karl-Marx-Stadt. In Wahrheit handelt es sich um eine konspirative Wohnung des Ministeriums für Staatssicherheit. Beim nächsten, dem dritten Besuch, stellt Karliczek ihr seinen »väterlichen« Freund vor. Es ist sein Vorgesetzter »Gotthard Schiefer« – sein tatsächlicher Name, den Gabriele Gast freilich nicht erfährt: Gotthard Schramm. Er ist der zweite Mann im Bereich »Aufklärung« des Ministeriums für Staatssicherheit in der Bezirksverwaltung Karl-Marx-Stadt, der Abteilung XV. Diese Abteilung XV ist der lange Arm der HVA in den Bezirksverwaltungen der Staatssicherheit: Was in der Berliner Zentrale HVA heißt, läuft in den Bezirken unter der Bezeichnung Abteilung XV.

Von Karliczek und seinem Begleiter Gotthard vernimmt Gabriele Gast, daß Karliczek in Wahrheit zum Ministerium für Staatssicherheit gehöre und man dort die Befürchtung habe, daß Gabriele Gast von einem westlichen Nachrichtendienst auf ihn angesetzt worden sei. Schluß. Aus. Die Affäre sei vorbei, bedeuten ihr die beiden Männer – es sei denn ... Es sei denn, daß sie »ein wenig mitmache«, nur ein »klein« wenig. Ein bißchen von ihrem Studium erzähle. Mehr nicht. »Man ist hilflos in solch einer Situation«, sagt Gast später. »Da sind sehr viele Gefühle im Spiel.«

Gabriele Gast überlegt, denkt an die schönen Stunden mit Karliczek. Und macht mit. Ein wenig. Damit sind – wie ihr freilich erst später dämmert – die Würfel gefallen: Sie ist in die Fänge des Ministeriums für Staatssicherheit geraten. Auch wenn sie keine Verpflichtungserklärung unterschrieben hat. Schon kurz darauf erhält sie einen Agenten-Einführungskurs in Karl-Marx-Stadt, lernt mit Geheimschreibmitteln zu arbeiten, Dokumente zu fotografieren, Agentenfunk zu hören.

In Aachen schaltet sie von nun an jeden Dienstagabend in ihrem Studentenzimmer das Radio ein. Auf Kurzwelle. Sie entschlüsselt Zahlenkolonnen, die eine Sprecherin mit monotoner Stimme verliest – Grüße des geliebten Karliczek. Ende April 1970 feiern die beiden Verlobung, in einem Gästehaus des Ministeriums für Staatssicherheit im Vogtland, in der Nähe von Plauen. Die Verlobung muß allerdings streng geheim bleiben, wie ihr Karliczek sagt, niemand dürfe davon etwas erfahren. Von nun an sehen sich die beiden regelmäßig. Zwanzig Jahre lang.

Durch die Besuche in der DDR, vor allem durch die Gespräche mit Karliczek, beginnt bei dem CDU-Mitglied Gast ein Gesinnungswandel: »Die Deutschlandpolitik der CDU nahm immer unglaubwürdigere Züge an«, berichtete sie im »Stern«: »Jedem Potentaten, gleichgültig welch korruptes Regime er vertrat, wurden an der Berliner Mauer abgequetschte Tränen mit ›Entwicklungshilfe‹ großzügig vergoldet«, denkt sie Anfang der siebziger Jahre. »Durch den Vietnamkrieg und den Versuch von Strauß, deutsche Mitsprache bei einem Atomwaffeneinsatz zu erlangen, kamen mir Zweifel an der westlichen Verteidigungspolitik als rein defensiver Strategie. Der Rüstungswettlauf schien mir nicht mehr ausschließlich vom Osten verschuldet.«

Sie schließt ihre Dissertation ab, promoviert im Mai 1972 bei Professor Mehnert zum »Dr. phil.«. Ihre Dissertation »Die politische Rolle der Frau in der DDR«, 306 Seiten dick, erscheint im Bertelsmann Universitätsverlag. »Die politische Emanzipation der Frau befindet sich in der DDR noch in einem Anfangsstadium«, lautet das Ergebnis, zu dem Gabriele Gast kommt: »Trotz relativ hohem weiblichen Anteil in der SED und den Parlamenten sind

Frauen nur in jenen Funktionen zahlreich vertreten, die lediglich repräsentativen oder beratenden Charakter haben; mit zunehmendem Kompetenzbereich und sich ausweitenden Machtbefugnissen sinkt der Frauenanteil in den Partei- und Staatsorganen hingegen rapide ab. Die Funktionärinnen sind überwiegend in pädagogisch determinierten Ressorts tätig, die den Frauen traditionell am ehesten zugestanden werden und für die sie bislang noch in größerem Umfang die fachliche Qualifikation mitbringen. Insgesamt ist eine unzureichende Mitwirkung der Frauen an den politischen Entscheidungsprozessen in der DDR festzustellen.«

Mit Hilfe ihres Doktorvaters findet sie in München eine Stelle beim »Forschungsinstitut für Sicherheit und internationale Fragen«, einer der CSU nahestehenden Einrichtung. Alles, was ihr für die DDR-Aufklärer wichtig erscheint, fotografiert sie. Ein Kurier bringt das Material in den Osten. Auf eine Anzeige hin bewirbt sich Gabriele Gast beim Auswärtigen Amt in Bonn. Daraufhin ruft sie ein »Herr Meier« an, besucht sie in ihrer Wohnung und stellt sich als »Meier vom Bundesnachrichtendienst« vor. Er läßt ihr Bewerbungsunterlagen für den BND da. »BND hat mir Stelle angeboten«, schreibt sie stolz mit einer Geheimtinte in einem Brief an Karliczek. »Habe mich beworben.«

Es klappt. Mit dreißig fängt sie am 1. November 1973 dort an, zieht in ein kleines Büro auf dem großen, streng abgeschirmten Gelände des Bundesnachrichtendienstes in Pullach bei München. Nun heißt sie »Frau Dr. Leinfelder« – Wolfs HVA führt sie unter dem Decknamen »Gisela«. Beim BND arbeitet sie in der Abteilung III, dem »Sowjetunion-Referat«. Ihre Aufgabe: Analysen über die Lage in der UdSSR zu erstellen. Sie schreibt sie aus Berichten von Agenten und Diplomaten sowie aus Zeitungsartikeln zusammen. Nach Feierabend nimmt sie an dem geselligen Leben in Pullach teil, im Alpenverein und im Reitklub trifft sie BND-Kollegen. »Privat mußte man nun plötzlich die richtigen Namen der Leute verwenden, die man im Dienst ja nur mit ihrem Decknamen kennengelernt hatte«, stellt Gabriele Gast fest – und gewöhnt sich daran. Bald trifft sie sich mehrmals im Jahr mit Karliczek und anderen MfS-Mitarbeitern und berichtet ausgiebig, zumeist in Österreich.

Gabriele Gast

Die politische Rolle der Frau in der DDR

Studien zur Sozialwissenschaft

Bertelsmann Universitätsverlag

Typ »freundlicher Onkel«:
»Karliczek« Karl-Heinz Schneider
alias »Karl-Heinz Schmidt«

»Karliczek«-Freundin
Gabriele Gast alias »Gisela« (HVA)
alias »Frau Dr. Leinfelder« (BND),
beide während ihres Strafverfahrens
vor dem Bayerischen
Obersten Landesgericht am
25. November 1991

Gabriele Gasts Dissertation
erschien 1973

Da die DDR-Spionage weiß, welche sprudelnde Quelle sie nun im Bundesnachrichtendienst besitzt, richtet die HVA 1974 »eine nur für sie zuständige Residentur in Hagen/Westfalen ein«, findet Generalbundesanwalt Alexander von Stahl heraus. Dort läßt sich ein Agentenehepaar der HVA unter dem Namen »Heinz und Cordula Naumann« nieder. Die beiden reisen aus Großbritannien ein. Alle paar Wochen trifft sich Gabriele Gast nun mit der angeblichen Cordula Naumann im Restaurant des Kaufhofs am Münchner Marienplatz oder im Ratskeller in Wuppertal-Elberfeld. Vor dem Spiegel im Damen-WC tauschen die Frauen ihre Deo-Sprays. Die Dosen sind Spezialanfertigungen der HVA: sogenannte Container mit Filmen. Später übernimmt »Haflinger« die Rolle des Kuriers: Lothar M., Angestellter aus München. Er schiebt Dosen, gefüllt mit Filmen, unter Waschbecken in Intercity-Zügen. Beim Stopp in Magdeburg holt ein Wolf-Agent die Dosen heraus.

Markus Wolf ist von Gabriele Gasts Arbeit begeistert. Er will seine Top-Agentin persönlich treffen. Er entscheidet sich für Jugoslawien. Dort, auf der jugoslawischen Insel Čiovo, einer kleinen Insel vor dem Festland, zwanzig Kilometer nördlich von Split, treffen sie sich im Juli 1976 in einem Bungalow an der Küste. Karliczek empfängt Gabriele Gast am Flughafen in Rom. Mit einer Fähre setzen sie von Ancona nach Split über. Auf Čiovo beziehen sie den von der HVA gemieteten Bungalow, nur wenige Schritte vom Meer entfernt.

Markus Wolf trifft dort mit einem Mietwagen ein, in Begleitung von Egon Lorenz, der sich Hans Fritsch nennt. Er ist Leiter der Abteilung XV in der MfS-Bezirksverwaltung Karl-Marx-Stadt. Wolf kommt zu dem Bungalow geschlendert, schlank, in einer hellen Hose, leger gekleidet. Gabriele Gast ist überrascht, angenehm überrascht: »Ich hatte einen Mann erwartet, dem man militärische Disziplin schon von weitem ansieht, gesteigert noch durch ideologische und hierarchisch ausgeprägte Mentalität. Nichts, gar nichts an Wolf erinnerte an einen kommunistischen Staatsfunktionär oder gar an einen Geheimdienstchef«, faßt Gabriele Gast ihre Überraschung zusammen: »Hätte er sich als Vorstandsvorsitzender einer Aktiengesellschaft oder als Chefarzt vorgestellt, ich hätte es

sofort geglaubt . . .« Sie ist begeistert, findet ihn »jungenhaft-char-
mant«. Markus Wolf, Mitte Fünfzig: ein Mann, der reife Frauen
fesselt. Zusammen gehen sie schwimmen, der Geheimdienstchef
und seine Perle aus München – strahlend blauer Himmel, blau-
grünes Wasser. Hochsommer. Wer wäre auf die Idee gekommen,
daß es sich nicht um zwei ganz gewöhnliche Urlauber handelt?

Wolf schwimmt weit ins offene Meer hinaus, die beiden HVA-
Offiziere folgen ihm – sprechen dabei ihren Chef im Wasser brav
als »Genosse Minister« an. Sei's drum, die nächsten Badegäste sind
weit . . .

Zwischen Gabriele Gast und Markus Wolf entwickelt sich rasch
ein Vertrauensverhältnis, eine Art geistige Zuneigung. Auch Wolf
ist von der Frau beeindruckt: »Sie war für mich eine ganz unge-
wöhnliche Agentin, weil sie große analytische Fähigkeiten hatte«,
berichtet er später, »weil sie Informationen und Nachrichten in
Zusammenhänge stellen konnte.« Ein Thema verbindet die beiden
ganz besonders: die Stadt Remscheid. Gabriele Gast wurde dort
geboren, als Tochter eines Fahrlehrers. Ihre Familie lebt noch
dort. Markus Wolfs Eltern hatten sich dort Anfang der zwanziger
Jahre kennengelernt. Sein Vater Friedrich war 1920/21 Stadtarzt in
Remscheid.

Lange sprechen die beiden unter vier Augen auf der Terrasse:
eine Tour d'horizon durch die Politik der Bundesrepublik, der
DDR und der Sowjetunion. So geht es, Sommer 1976, unter anderem um den Fall Solschenizyn – die Sowjetunion hatte den Schriftsteller gerade ausgebürgert – und das atomare Wettrüsten. Wolf
äußert große Befürchtungen wegen der Cruise-Missile. Eine »neue
operativ-strategische Dimension«, wie er erklärt. Ebenso ist Guillaume ein Thema, vor zwei Jahren flog er in Bonn auf und löste
einen Schock bei den bundesdeutschen Nachrichtendiensten aus.
Man muß sich vorstellen: Während alle westlichen Nachrichtendienste fieberhaft dahinter her sind, überhaupt nur ein Bild von
dem mysteriösen HVA-Chef zu bekommen – das letzte Bild von
Wolf ist über fünfzehn Jahre alt, zeigt noch einen jungen Mann –,
sitzen der HVA-Chef und die BND-Frau vergnügt plaudernd bei
einem Glas Wein auf der Terrasse und blicken auf die weite Adria.

Im Laufe der Jahre treffen sich die beiden insgesamt siebenmal. Einmal reist die Mitarbeiterin des Bundesnachrichtendienstes als Diplomatin der DDR (!) nach Ostdeutschland ein, von Schweden über Rügen – sie hat einen entsprechenden Ausweis von der HVA auf den Namen Angelika Weiser erhalten. Am Müggelsee, im Osten Berlins, empfängt sie Markus Wolf in seiner Datsche, zusammen gehen sie segeln. Dort lernt Gabriele Gast auch Konrad Wolf kennen, den berühmten DEFA-Regisseur. Abends bereitet Markus Wolf, wie er es ihr bereits in Jugoslawien versprochen hat, für sie seine geliebten Pelmeni zu, russische Teigtaschen, so, wie er sie in seiner Jugend in der Sowjetunion gegessen hat.* Dazu gibt es Wodka und jede Menge Trinksprüche – die Stimmung ist wieder einmal bombig.

Wie diese Treffen zeigen, lag eine besondere Stärke von Markus Wolf darin, seinen Spitzeninformanten das Gefühl besonderer Wertschätzung für ihre Leistungen zu vermitteln und das Risiko zu würdigen, das sie eingegangen sind.

Deshalb, aber auch um sich persönlich von ihnen ein Bild zu machen, traf er sich häufiger mit Top-Agenten: unter anderem mit Alfred Spuhler, einem BND-Hauptmann (HVA-Agent von Anfang 1972 bis 1989), dem Diplomaten Klaus von Raussendorff (HVA-Agent von 1960 bis 1989), dem bereits erwähnten Dr. Friedrich Cremer, bayerischer SPD-Landtagsabgeordneter, Johanna Olbrich, Sekretärin von Martin Bangemann (HVA-Agentin von 1967

---

* Markus Wolfs Pelmeni-Rezept: »Mein Pelmeni-Rezept ist eigentlich ganz orthodox. Es ist ja das sibirische, mit halb Schweine-, halb Rindgehacktem, wenn man will, auch ein Drittel vom Hammel, das hängt von den Gästen ab. Dazu viel Knoblauch, Pfeffer, Salz, Zwiebeln. Das ist alles. Und dann ein ganz simpler Nudelteig, nur mit Wasser, vielleicht ein klein wenig Milch, keine Butter. Das ist wichtig. Der Teig wird möglichst dünn ausgerollt, und dann werden die Pelmeni in der Größe zwei bis zweieinhalb Zentimeter mit einem scharfen Glas ausgestochen, gefüllt, und der Rand wird mit der Hand zusammengedrückt. Wie viele Orthodoxe auch bin ich aber nicht mehr ganz so streng. Jetzt gibt es Hilfsmittel zum schnellen Ausrollen und richtige Ausstecher, die man auch nehmen kann. Die Pelmeni werden in Wasser gekocht und schließlich mit Essig, brauner Butter oder saurer Sahne gegessen. Bei uns ist das Familientradition, und es kommt auch noch frischer schwarzer Pfeffer drüber.«

bis 1985), Dr. Hagen Blau, Diplomat des Auswärtigen Amtes (HVA-Agent von 1960 bis 1990).

Für die Agenten bedeutete dies stets eine besondere Auszeichnung, nicht selten hängte ihnen Markus Wolf dabei auch den »Vaterländischen Verdienstorden« um den Hals – in Gold, Silber oder Bronze. Vor der Abreise mußten sie den Orden freilich wieder zurückgeben.

»Wir konnten feststellen, daß solche Treffen die Agenten für die weitere Arbeit sehr motivierten«, sagt ein Beamter des Bundesamtes für Verfassungsschutz: »Der Spion lebt einsam im Feindesland, kann mit niemandem über seine Tätigkeit sprechen, muß sich Tag für Tag verstellen.« Unter diesen Umständen bewirkte ein Rendezvous mit dem sagenumwobenen Spionagechef einen Motivationsschub sondergleichen. »Alle waren immer begeistert von der Figur Wolf«, stellte der Verfassungsschützer fest.

Gabriele Gast macht Karriere in der Bundesrepublik: Für ein Jahr wird sie ins Bundeskanzleramt nach Bonn abgeordnet (für diese Zeit stellt die HVA »vorsichtshalber« den Kontakt zu ihr ein), erhält im Bereich »Gesamtlage« die Erkenntnisse des BND aus aller Welt auf den Tisch, steigt zur stellvertretenden Leiterin des Sowjetunion-Referats auf, reist zu sogenannten Partnerdiensten wie dem CIA in die Vereinigten Staaten und dem MI6 nach Großbritannien. Sie diktiert auch die »BK-Berichte«, Zusammenstellungen von BND-Erkenntnissen für Bundeskanzler Helmut Kohl. Auf diese Weise erfährt Markus Wolf in seinem Amtszimmer in Berlin-Lichtenberg, was Helmut Kohl im Bonner Kanzleramt als »Verschlußsache« zu lesen bekommt. Die HVA-Quelle in Pullach sprudelt und sprudelt: Gabriele Gast berichtet ohne Unterlaß – von Rüstungskontrollverhandlungen und Abrüstung in den Warschauer-Pakt-Staaten, über die Wirtschaftslage in den RWG-Staaten bis hin zu den BND-Erkenntnissen über Gorbatschows Reformkurs. Alles, was die bundesdeutschen Aufklärer über die großen und kleinen Geheimnisse des Ostblocks herausgefunden zu haben glauben, kann Markus Wolf auf seinem Schreibtisch in der HVA-Zentrale von ihr lesen. Zudem erfährt er von Gabriele Gast

eine Menge über die BND-Organisation: die Klar- und Decknamen von Mitarbeitern, die Adressen von Residanturen sowie die
diversen Codes. Auch war sie es, die 1986 den BND-Bericht über
eine mögliche Beteiligung deutscher Firmen beim Bau einer chemi-
schen Fabrik im libyschen Rabta verfaßte. In all den Jahren im
Dienste Ostberlins kassiert Gabriele Gast keinen Pfennig Geld. Sie
tut es aus Liebe zu Karliczek – und aus Überzeugung.

Das Ende der Gabriele Gast in Pullach kommt mit dem Ende der
DDR: Am 27. März 1990 trifft sie sich in einem Restaurant in der
Nähe von Salzburg mit Karliczek und HVA-Oberst Karlheinz Stephan, ihrem letzten Führungsoffizier. Stephan dankt ihr zum
Abschied mit großen Worten – das Ministerium für Staatssicherheit arbeitet längst nicht mehr, wird »abgewickelt« wie so viele
Einrichtungen der untergehenden DDR. Als »Kundschafterin an
der unsichtbaren Front« habe sie mitgeholfen, den Frieden zu
sichern, erklärt der HVA-Oberst mit getragener Stimme. Dann
beruhigt er sie. »Alle Akten, alle Belege, alle Filme, alle Fotos,
kurzum alles Material, das Rückschlüsse auf Ihre Kundschaftertätigkeit zuläßt«, fährt der Fünfzigjährige fort, »ist vernichtet
worden.«

In der Tat, die Mitarbeiter der Hauptverwaltung Aufklärung
haben ganze Arbeit geleistet. Doch sie haben die Rechnung ohne
einen ihrer Kollegen gemacht. Karl-Christoph Großmann, Ex-Aus-
werter in der HVA, packt beim Verfassungsschutz aus. Am
29. September 1990, dem Sonnabend vier Tage vor der deutschen
Einheit, steigt Gabriele Gast nichtsahnend in ihren Wagen und
fährt Richtung Österreich. In Innsbruck erwartet sie Karliczek um
9 Uhr. Doch sie kommt nicht bis dorthin: Am Grenzübergang
Scharnitz bei Mittenwald nehmen sie Beamte des Bayerischen Lan-
deskriminalamtes in Empfang. Die Polizisten verhaften sie »wegen
des Verdachts geheimdienstlicher Agententätigkeit für die DDR
und Landesverrats«.

Karliczek bleibt nach einem Verhör auf freiem Fuß. Ebenso ihr
Führungsoffizier Stephan. Erst jetzt, nach mehr als zwanzig Jahren, erfährt sie den richtigen Nachnamen ihres Geliebten: Schneider heißt er, nicht Schmidt. Vierzehn Monate lang sitzt die Regie-

rungsdirektorin in Untersuchungshaft: in einer Einzelzelle in
München-Neudeck, acht Quadratmeter groß. Dorthin läßt sie sich
auch ein Buch bringen. Sein Titel: »Im eigenen Auftrag«. Autor ist
Markus Wolf.*

Wie Wolf die bundesdeutsche Abwehr narrte – Der Fall Kuron

Fälle wie jener der Gabriele Gast, bei denen ein Bundesbürger von
der HVA mit einer Perspektive geworben wurde, kosteten Wolf
und seine Aufklärer viel Zeit. Jahre vergingen meist, bis der Betreffende auf dem Posten saß, der für Ostberlin interessant war.
Wesentlich einfacher hatten es da die DDR-Aufklärer mit den
sogenannten »Selbstanbietern«. Darunter werden Personen verstanden, die von sich aus auf die HVA zukamen und anboten, für
sie zu arbeiten. In der Regel war Geld das ausschlaggebende Motiv.
Den größten Erfolg bei den »Selbstanbietern« konnte – jedenfalls
soweit bis heute bekannt – Markus Wolf mit Klaus Kuron erzielen,
einem Regierungsoberamtsrat aus dem Kölner Bundesamt für Verfassungsschutz.

Wie platt! würde man sagen, wenn sich diese Geschichte der
Autor eines Spionagethrillers ausgedacht hätte. Aber so und nicht
anders verhielt es sich tatsächlich nach den Erkenntnissen der
Ermittler: Im September 1981 taucht ein Mann mit Schlapphut
und Sonnenbrille am Eingang der Godesberger Allee 18 auf, der
Ständigen Vertretung der DDR in Bonn. Die gedrungene Gestalt
wirft einen Brief in den Postkasten und verschwindet. Er biete an,
so steht darin zu lesen, für die DDR zu spionieren – gegen entsprechende Bezahlung. Der Mann mit Schlapphut und dunkler Brille
heißt Klaus Kuron. Im Kölner Bundesamt für Verfassungsschutz
sitzt er an einer Schaltstelle der Spionageabwehr.

---

* Gabriele Gast wurde am 19. Dezember 1991 vom Bayerischen Obersten Landesgericht zu einer Freiheitsstrafe von sechs Jahren und neun Monaten verurteilt. Karl-Heinz Schneider (»Karliczek«) erhielt eineinhalb Jahre Gefängnis auf
Bewährung, Karlheinz Stephan ein Jahr auf Bewährung und der Kurier Lothar
M. zwei Jahre auf Bewährung.

Verfassungsschützer und »Selbstanbieter«:
Klaus Kuron kassierte 692 000 Mark von der HVA

Als Markus Wolf in Ostberlin davon erfährt, ist er zunächst
skeptisch. Sollte das eine Falle des Verfassungsschutzes sein?, rät-
seln er und seine Männer. Sie beschließen, dem »Selbstanbieter«
zunächst vorsichtig und in aller Ruhe auf den Zahn zu fühlen. Der
Mann meint er ernst, lautet das Ergebnis der Überprüfung durch
die HVA-Leute. So wird Kurons Forderung erfüllt: ein Treffen
mit Markus Wolf, der Legende aus Ostberlin.

Die HVA fädelt alles ein: Zusammen mit seiner Frau reist
Kuron im Oktober 1982 nach Wien. Dort erhält der Kölner
Oberamtsrat einen DDR-Diplomatenpaß, ausgestellt auf »Ger-
hard Häusler, 2. Botschaftssekretär«. Am Wiener Kurzentrum
holt ihn ein schwarzer Volvo der DDR-Botschaft mit »CD«-
Schild ab und fährt ihn nach Bratislawa in der ČSSR. Dort steigt
er in eine Stasi-Sondermaschine der »Interflug«, die ihn nach
Dresden bringt.

In einer Stasi-Villa in Dresden empfängt ihn Markus Wolf in
Gegenwart einiger HVA-Männer, die vor Wolf regelrecht stramm
stehen: unter anderem Wolfs Stellvertreter Werner Großmann
und Major Dr. Stefan Engelmann, der später Kurons Führungs-
offizier wird. »Freunde nennen mich Mischa«, begrüßt Wolf den
Gast. Schon bald sind die beiden beim »Du«. In der Kellerbar
zeigt Wolf Kuron Dias von den »Schönheiten der Deutschen
Demokratischen Republik«. Dieser Abend wird für Wolf zur
Stunde des Triumphes: Beim Verfassungsschutz in Köln ist
Klaus Kuron für die von jedem Nachrichtendienst gefürchteten
»Countermen« zuständig, für die »CM«, wie die Insider sagen.
Ein Counterman ist der Agent eines Nachrichtendienstes, der
von einem gegnerischen Nachrichtendienst umgedreht wurde
und für seine alten Auftraggeber so weiterarbeitet, als ob nichts
geschehen sei. Er spioniert also für eine Seite nur zum Schein.
Die andere benutzt ihn, um die Angriffe des anderen Dienstes zu
erkennen, zu steuern und um diesen Dienst auszuforschen. Für
die Führung dieser CM ist beim Kölner Verfassungsschutz Klaus
Kuron verantwortlich. Und der nun eben ist von sich aus nach
Dresden gekommen, um zu plaudern – was hätte sich Wolf noch
Schöneres wünschen können?

Wolf und Kuron unterhalten sich lange: Kuron packt aus, nennt Namen von Countermen. So auch den Namen Horst Garau. Garau ist DDR-Bürger und für Wolfs HVA als Inoffizieller Mitarbeiter tätig, vor allem fährt er in den Westen und hält dort Kontakt zu Wolfs Spionen. Dieser Garau war von Kuron umgedreht worden und arbeitete als CM für das Kölner Bundesamt. Für Wolf gibt es in dieser langen Nacht keinen Zweifel, daß er einen »dicken Fisch« vor sich sitzen hat. So akzeptiert er dessen happige Forderung: eine »Einstiegssumme« in Höhe von drei Jahresnettogehältern, 150 000 Mark. Und monatlich ein »zweites Gehalt« in Höhe seiner Verfassungsschutzbezüge. Zunächst 4000 Mark, später 4500 Mark.

Von Stund an weiß Markus Wolf, auf welche seiner Agenten kein Verlaß ist – Kuron verpfeift sie alle. Und dazu über 50 »Operationen« des Kölner Verfassungsschutzamts. Zudem unterrichtet er die HVA über alles, was er im Dienst erfährt und für wichtig hält. Mit großer Umsicht achten Wolf und seine Männer darauf, keinen Fehler zu machen, also sich angesichts ihres nun umfassenden Wissens nicht dazu verleiten zu lassen, etwas zu unternehmen, wodurch bei ihren Kollegen in Köln ein Verdacht aufkommen könnte. So ist es für sie eine Selbstverständlichkeit, der Bitte von Kuron zu entsprechen: Daß keiner der von ihm verratenen Verräter verhaftet wird – bei Nachprüfungen könnte Kuron ins Zwielicht geraten.

Doch drei Jahre nach dem Treffen in Dresden kommt die große Chance für Wolf: Am 19. August 1985 reist Hansjoachim Tiedge in die DDR und bittet um »politisches Asyl«. Tiedge war als Gruppenleiter im Kölner Bundesamt für Verfassungsschutz für die Spionageabwehr zuständig. Alkohol- und persönliche Probleme veranlaßten ihn zur Flucht in die DDR – offensichtlich eine Kurzschlußhandlung. Fast zwanzig Jahre hatte Tiedge beim Verfassungsschutz gearbeitet. Er verfügte, so formuliert es der Verfassungsschutz nach Tiedges Flucht zu Markus Wolf, »über umfassende und detaillierte Kenntnisse der personellen und technischen Ausstattung, der Infrastruktur sowie der Abwehrmethoden der Spionageabwehr«. Es sei davon auszugehen, folgert man im Bun-

desamt für Verfassungsschutz, daß Tiedge »sein gesamtes Wissen
preisgegeben hat«.*

Und genau in diesem Sinne handelt Wolfs Hauptverwaltung: Die
Aufklärer tun so, als ob sie die Dinge, die sie schon längst von
Kuron wußten, erst frisch von Tiedge erfahren hätten. Sie verhaf-
ten mehrere umgedrehte HVA-Agenten, die im Gefängnis landen.

Wie für Gabriele Gast kommt auch für Klaus Kuron das Ende
seiner Tätigkeit im Dienste der HVA und des Verfassungsschutzes
mit dem Ende der DDR: Ein schwerer Schock sind für ihn
zunächst die Bilder in den Fernsehnachrichten am 19. Januar 1990,
die zeigen, wie Tausende die Stasi-Zentrale in der Normannenstraße stürmen und dort über Stunden in den Akten herumwühlen.
Umgehend vernichtet Kuron in Köln seine Kamera und die übrigen Spionageutensilien. In den folgenden Monaten trifft er sich
noch mehrmals mit ehemaligen HVA-Leuten, kassiert insgesamt
45 000 Mark. Elektrisiert ist er, als er hört, daß ein ehemaliger
HVA-Mann bald nach der deutschen Einheit im Kölner Bundesamt umfassend auspacken will. Kuron weiß, was die Stunde
geschlagen hat. Er meldet sich umgehend zu einer Dienstreise nach
Berlin ab. Dort – also auf Kosten des Verfassungsschutzes – trifft er
sich am 6. Oktober 1990 mit seinem einstigen HVA-Führungsoffizier Stefan Engelmann am U-Bahnhof Neu-Westend, berichtet ihm

---

* Drei Jahre nach seinem Übertritt promoviert der West-Jurist Tiedge 1988 an
der Ostberliner Humboldt-Universität zum Dr. jur. Thema seiner Dissertation:
»Die Abwehrarbeit der Ämter für Verfassungsschutz in der Bundesrepublik
Deutschland.« Später nennt er sich Professor Fischer und lebt im Ostberliner
Stadtteil Köpenick, im Haus Karolinenhofweg 10. Das Kölner Bundesamt verlangt von Tiedge 874 715 Mark Schadenersatz, weil dem Amt diese Kosten
durch die nach Tiedges Flucht notwendig gewordene Umorganisation der Spionageabwehr entstanden seien. Dieser Vorstoß des Verfassungsschutzes erfolgt
insbesondere im Hinblick auf Tiedges Pension, mit einem Teil von ihr sollte
dieser Betrag verrechnet werden. Dagegen wehrt sich Tiedge mit Erfolg. Das
Verwaltungsgericht Köln gibt im August 1990 seiner Klage statt, mit der
Begründung, daß es das Bundesamt abgelehnt habe, die Kosten im einzelnen
aufzuschlüsseln. Das Bundesamt für Verfassungsschutz hatte während des Verfahrens erklärt, daß dies aus »Gründen der Geheimhaltung« nicht möglich sei –
die Richter akzeptierten dies nicht. Kurz vor der deutschen Einheit flüchtete
Tiedge. Heute soll er in der Sowjetunion leben.

von seinen Sorgen, erhält 10 000 Mark von Engelmann – am Sonnabend, drei Tage nach der deutschen Einheit! – und das Angebot, in der Sowjetunion unterzutauchen. Zwei KGB-Männer sind zur Stelle und bringen ihn in das militärische Sperrgebiet von Berlin-Karlshorst. In zwei Tagen könne er mit einer sowjetischen Maschine ausgeflogen werden, erklärt ihm ein KGB-Offizier. Noch an diesem Tag fahren ihn die KGB-Männer in das Hauptquartier der sowjetischen Luftwaffe nach Zossen. Von hier aus soll die Maschine starten.

Kuron bekommt Angst. Er fürchtet, daß er auch gegen seinen Willen und mit Gewalt in die UdSSR geflogen werden könnte. Seine Rettung erblickt er darin, sich dem KGB als Agent anzudienen. So erklärt er den KGB-Männern, als Quelle des KGB im Bundesamt für Verfassungsschutz weiterzuarbeiten. Die Russen sind von der Idee angetan – und lassen ihn ziehen. Von Berlin aus fährt er mit seinem Wagen über die Autobahn Richtung Westen, nach Königslutter, in der Nähe von Braunschweig. Ihm wird klar: Das Spiel ist aus. Es scheint nur noch eine Frage der Zeit, bis ihn der HVA-Überläufer im Kölner Amt enttarnt, denkt er. Zu einer Flucht sieht er keine Chance. Wo soll er denn auch in dem veränderten Europa noch untertauchen? In die Sowjetunion will er nicht, weil er fürchtet, irgendwo zwischen Taiga und Tundra zu versauern. So ruft er am Sonntag abend in Köln bei einem Bekannten vom Sicherheitsreferat des Bundesamtes an und sagt, daß es da ein Problem gebe. Verfassungsschützer machen sich auf den Weg zu ihm: Am Montag morgen verhaften Beamte Kuron in dem Hotel in Königslutter.

Kurz darauf werden acht DDR-Spione in der Bundesrepublik festgenommen, von denen Kuron aufgrund seiner Arbeit beim Verfassungsschutz wußte. Unter ihnen: Karlheinz S. (52) aus Konstanz, Diplom-Ingenieur in der Forschungsabteilung der Maschinen- und Turbinenunion (MTU), er spionierte seit 1972 für die HVA. Er beschaffte der DDR-Spionage unter anderem Mikrofiches über Hochleistungsdieselmotoren für einen wüstentauglichen Panzer. Franz M. (54), Ingenieur bei MBB in Ottobrunn, stand seit 1961 im Dienst der HVA und verschaffte Ostberlin Mate-

rial aus seiner Firma MBB, unter anderem Unterlagen über Mili-
tärhubschrauber. Dieter F. (35) hatte auf Weisung von Wolfs HVA
1984 ebenfalls bei MBB angefangen, er trug unter anderem Verschlußsachen über das Tornado-Kampfflugzeug in der Mittags-
pause nach Hause und nahm sie dort auf Mikrofilm auf. Zum Teil
gelangte das Material in den Toiletten von Eisenbahnwaggons in
die DDR, zum Teil übergab es Dieter F. einem HVA-Mann in
Italien und Österreich. Seine Ehefrau Kerstin (31) hielt den Funk-
kontakt mit der Normannenstraße in Ostberlin.

Am Beispiel der Eheleute Dieter und Kerstin F. konnten die
Verfassungsschützer – so sagen sie – beobachten, wie es der sowjetische Geheimdienst KGB vorbereitete, die einstigen HVA-Agenten zu übernehmen: Bei der letzten Übergabe von Material hatte
Dieter F. seinem HVA-Gesprächspartner erklärt, daß er sich überlege, nach dem Untergang des MfS für das KGB zu arbeiten. Daraufhin wird er über Funk zu einem Treffen nach Ostberlin beor-
dert. Am 26. Mai 1990, also zu einem Zeitpunkt, an dem das MfS-
Nachfolge-»Amt für Nationale Sicherheit« bereits seit fast zwei
Monaten aufgelöst ist, treffen sich ehemalige MfS-Angehörige mit
ihm. Sie teilen ihm mit, daß er nach einer Pause von einem halben
Jahr seine Tätigkeit für das KGB fortsetzen könne. Doch zwei
Monate bevor es soweit war, verhaften ihn Staatsschutzbeamte –
angesichts des Falls Kuron wollten sie nicht länger damit warten.
Ähnlich lief es auch bei MTU-Ingenieur Karlheinz S.: Sein einstiger HVA-Führungsoffizier hatte ihm schöne Grüße vom KGB aus-
gerichtet und mitgeteilt, daß man dort daran interessiert sei, ihn zu
übernehmen. Im September 1990 sagte S. seinem Führungsoffizier
zu, künftig für das KGB arbeiten zu wollen. Nach seiner Verhaftung verdächtigt ihn die Bundesanwaltschaft, bereits Unterlagen
über die Entwicklung eines neuen Kampfpanzers an die sowjetische Spionage geliefert zu haben.

Die Kölner Verfassungsschützer können zunächst kaum glauben, was Klaus Kuron getan hat. Vieles hätten sie sich vorstellen
können. Aber Klaus Kuron – ausgerechnet der? »Es gab nicht das
geringste Anzeichen in all den Jahren, nicht den leisesten Zweifel
an seiner Person, an seiner Lebensführung«, erklärt der damalige

Das Bundesamt für Verfassungsschutz in Köln-Chorweiler.
Hier arbeitete Klaus Kuron für West und Ost

Verfassungsschutzpräsident Gerhard Boeden. »Er hat zurückhaltend gelebt, war ein familiärer Typ, es gab keine finanziellen Auffälligkeiten, er fuhr keinen teuren Wagen, hatte keine Neigung zum Alkohol ...« Ein Beamter wie aus dem Bilderbuch: Er wirkte bieder, kümmerte sich um seine Familie, seine Frau und die vier Söhne. Die Kollegen schätzten ihn. Seit achtzehn Jahren war er im Amt und aufgestiegen: 1962 hatte er dort angefangen, seit 1969 war er in der Abteilung IV für die Aufdeckung der sogenannten »politischen Spionage« der HVA zuständig – also die gegen die obersten Bundesbehörden, Parteien und Gewerkschaften gerichtete Spionage. Seit elf Jahren, seit 1979, erhielt er in seinen dienstlichen Beurteilungen stets »sehr gut« – wie in der Schule: die beste Note. »Eigeninitiative und Pflichtgefühl« attestierte ihm sein Vorgesetzter, und – wenn er nur geahnt hätte! – sogar »vorbildliches und beispielhaftes Verhalten«. Er lebte bieder in einem Reihenhaus in der Kurfürstenstraße 21 in Köln-Brauweiler. Alles schien mit seinem Gehalt von A13 bezahlbar – zuletzt rund 4500 Mark netto. Was offensichtlich keiner seiner Kollegen ahnte: Kuron war hochgradig unzufrieden. Er fühlte sich unterbezahlt; als Beamter des gehobenen Dienstes war für ihn Endstation bei A13, und er war frustriert, weil er meinte, unfähige Vorgesetzte vor der Nase zu haben. Zudem plagten ihn finanzielle Sorgen: Ein Hausbau überforderte ihn, hinzu kam die Ausbildung seiner vier Kinder. »Ich bin völlig verarmt«, meinte er damals, Anfang der achtziger Jahre, »jeder Pförtner lebt besser.« Und so entschloß er sich, besser zu leben – aus der HVA-Kasse des Markus Wolf.

»Durch die Verratstätigkeit des Angeschuldigten wurde ein wesentlicher Teil des Bundesamtes für Verfassungsschutz für einen Zeitraum von acht Jahren lahmgelegt«, lautet das Fazit über das Wirken Klaus Kurons von Generalbundesanwalt Alexander von Stahl. Nach einer Aufstellung des Bundesamtes für Verfassungsschutz kannte er 270 Fälle von Personen, die beim Bundesamt oder bei Landesämtern für Verfassungsschutz im Verdacht standen, Ost-Agenten zu sein. »Vermutlich hat er alle Fälle verraten«, sagt ein leitender Verfassungsschützer, »definitiv 125.« Zudem berichtete Kuron Ostberlin über achtzehn CM des Verfassungsschutzes –

sechs von ihnen wurden verhaftet – und über fünfzig »Operationen« des Verfassungsschutzes.

692 000 Mark kassierte Kuron in dieser Zeit. Steuerfrei. Soviel
hat, soweit bis heute bekannt ist, kein anderer Spion von der HVA
erhalten. Außerdem erhielt er mehrere Auszeichnungen, wobei
freilich die Orden selbst, also die »Dokumentation der Auszeichnung«, stets in der DDR bleiben mußten. Von Wolf bekam Kuron
1985 persönlich den »Vaterländischen Verdienstorden in Bronze«,
später verlieh man ihm den »Kampforden« der Staatssicherheit in
Silber.

Das Oberlandesgericht Düsseldorf verurteilte Klaus Kuron am
7. Februar 1992 zu zwölf Jahren Freiheitsstrafe wegen »Landesverrats« und »Bestechlichkeit«. Außerdem zogen die Richter Kurons
Spionagelohn ein. Das einzige, was ihm wohl bleiben wird, sind
seine Stasi-Auszeichnungen.

Tod in Bautzen II – Der Fall Garau

Garau. Diesen Namen nannte Klaus Kuron bei seinem Treffen mit
Markus Wolf im Oktober 1982 in Dresden. Die Garaus: ein Ehepaar, das als Inoffizielle Mitarbeiter für Wolfs HVA arbeitete – und
auch für Verfassungsschutzmann Kuron als Countermen. »Wir
waren Kurons Morgengabe für Wolf«, sagt heute Gerlinde Garau,
»wir waren ein Ehepaar, also gleich zwei auf einen Schlag – und
wurden direkt von der Zentrale in Berlin geführt.« Kuron kassierte
dafür bei dem Treffen mit Markus Wolf in Dresden von den als
»Einstiegsbetrag« geforderten 150 000 Mark 30 000 auf die Hand,
120 000 Mark folgten später nach. Horst Garau kostete dieses
»Geschäft« zwischen dem Ost- und dem West-Nachrichtendienstler
sein Leben, seine Ehefrau Gerlinde acht Monate Haft.

Begonnen hatte alles damit, daß Horst Garau für die HVA
geworben wurde. Das war 1963. Im Hauptberuf war er Schulrat,
später Kreisschulrat in Cottbus. Nunmehr arbeitete er »nebenberuflich« in geheimer Mission für die HVA als »Instrukteur«. Das
heißt: Er reiste in den Westen und leitete Agenten auf Weisung der

Zentrale an, brachte Spionagematerial mit zurück in den Osten.
Instrukteure »haben zu sichern« – heißt es über ihre Aufgabe in der
HVA-»Richtlinie über die Arbeit mit Inoffiziellen Mitarbeitern im
Operationsgebiet« –, daß »die von der Zentrale festgelegten Aufga-
benstellungen durch die IM im Operationsgebiet erfüllt, die dafür
erforderlichen Entscheidungen an Ort und Stelle getroffen und die
Zentrale umfassend und real über die Situation der im Operations-
gebiet tätigen IM informiert wird.

Sie sind in die Vorbereitung von Entscheidungen über die Entwicklung der IM-Vorgänge einzubeziehen.

Instrukteure müssen
– aus ihrer beruflichen Tätigkeit konspirativ herauszulösen sein;
– sich durch ihre tatsächliche oder vorgetäuschte Identität im Operationsgebiet aufhalten und bewegen können;
– die betreffenden IM-Vorgänge kennen und die Fähigkeit besitzen, die operative Aufgabenstellung in konkrete Maßnahmen zur
  politischen und fachlichen Erziehung der IM umzusetzen;
– aufgaben- und vorgangsbezogene Regimekenntnisse besitzen.«

»Konspirativ herausgelöst«, wie in der Richtlinie verlangt, wurde
Garau, indem die SED-Bezirksleitung an Garaus Arbeitsstelle mitteilte, daß er »für einen Parteiauftrag freizustellen« sei – man habe
etwas Wichtiges in Sachen Volksbildung zu besprechen. Und so
verschwand Garau für einige Tage aus dem Schuldienst, reiste mit
einem gefälschten bundesdeutschen Ausweis durch die Bundesrepublik und besuchte Wolfs Agenten vier- bis fünfmal pro Jahr.
Zuständig war er in erster Linie für vier Spione: Für die Frau, die
unter dem Namen »Ursula Richter« beim »Bund der Vertriebenen« als Sachbearbeiterin beschäftigt war, jener Vereinigung von
»Landsmannschaften und Landesverbänden«, der Herbert Czaja
als Präsident vorstand. Dort arbeitete sie eng mit dem General-
sekretär zusammen, führte für den Vertriebenenbund die Kasse und
die Konten. »Ursula Richter« hatte dort »Zugang zu fast allen Vorgängen, auch außerhalb ihres Tätigkeitsbereichs«, stellte der Verfassungsschutz später fest: »Dabei handelte es sich insbesondere
um Material über die Landsmannschaften und die politische Mei-
nungsbildung der Vertriebenen. Ferner konnte sie sich aus Gesprä-

chen bzw. Protokollen über politische Entscheidungen informieren.« Im Dezember 1964 war »Ursula Richter« mit einem total gefälschten, angeblich vom Generalkonsulat der Bundesrepublik Deutschland im kanadischen Toronto ausgestellten Reisepaß eingereist. Einundzwanzig Jahre später, nach Tiedges Übertritt, flüchtete sie Hals über Kopf zurück in die DDR.

Ebenso betreute Horst Garau den Lebensgefährten dieser Frau, Lorenz Betzing. Zuletzt war er als Bote beim Amt für Datenverarbeitung der Bundeswehr (ADvBw) in Bonn-Beuel beschäftigt. »Zu seinem Aufgabenbereich gehörte« – so die Feststellungen des Verfassungsschutzes – »neben dem Transport und dem Verteilen offener Postsachen auch das Einsammeln und Zwischenlagern von ›VS – Nur für den Dienstgebrauch‹ eingestuftem EDV-Material, das zur Vernichtung bestimmt war.« Betzing hatte freilich Interessanteres im Sinn, als das Material gleich zu vernichten: Nach seiner überstürzten Flucht in den Osten am 17. August 1985 fanden die Ermittler in seiner Wohnung drei Kartons voll mit EDV-Material aus dem Bundeswehr-Gebäude. Zwei weitere Kartons entdeckten die Beamten im Amt – Betzing hatte die Papiere dort versteckt, anstatt sie in den Reißwolf zu werfen. Unter anderem enthielten die Unterlagen Angaben über Stärke und Ausrüstung der Bundeswehr. Aber noch mehr konnte Wolfs HVA von Lorenz Betzing via Horst Garau erfahren: Zuvor war er als Techniker bei einer Lüftungs- und Aufzugfirma beschäftigt, die Arbeiten im sogenannten »Ausweichsitz der Bundesregierung« ausführte, einer unterirdischen Bunkeranlage im Ahrtal.

Daneben kümmerte sich Horst Garau noch um zwei weitere Agenten. Einer hieß »Martin« und war von der HVA über England, Argentinien und Brasilien in die Bundesrepublik eingeschleust worden.

1966 fing auch Horst Garaus Frau Gerlinde als Inoffizielle Mitarbeiterin bei der Hauptverwaltung Aufklärung an. »Wir haben es damals aus Überzeugung getan«, sagt Gerlinde Garau in der Rückschau. »Es ging darum, dem Klassenfeind eins auszuwischen und ihm keine Möglichkeit zu geben, bei uns einzudringen.«

Im Laufe der Jahre wurden die Garaus unzufrieden bei ihrer

Arbeit für die HVA. Horst hatte sich mehr davon für seine Karriere
im Schuldienst versprochen. Ebenso ging es seiner Frau, von Beruf
Studienrätin. Noch mehr aber hätten zur Abkehr von der SED-
Linie die Erfahrungen in der Bundesrepublik geführt, sagt heute
Gerlinde Garau: »Wenn man ständig in den Westen fährt, kriegt
man eine andere Einstellung. Die äußert man. Dann ist man nicht
mehr fügsam.« So hätten sie auch gemerkt, daß es – anders als von
der DDR-Propaganda stets verbreitet – im Westen nicht nur
Kriegstreiber gegeben hätte.

Angesichts dieser Erkenntnisse sucht Horst Garau auf einer West-
Reise 1976 den Kontakt zum Verfassungsschutz. Der schickt Klaus
Kuron. Er nennt sich Kurt Kluge und verpaßt Garau den Namen
»Schneider«. Zwischen dem HVA-Mann und dem Verfassungsschützer entwickelt sich ein Verhältnis, das Garau als »echt freundschaft-
lich« bezeichnet. Daheim spricht er vom »Kumpel Kuron«. Und
diesem »Kumpel« erzählt er alles, was er über die HVA weiß. Vor
allem über die vier Agenten, für die er zuständig ist. Fortan treffen
sich Kuron und Garau bei jeder West-Reise des HVA-Instrukteurs.
Das Material, das Garau in der Bundesrepublik abholt, nehmen
Kuron und seine Kollegen genau unter die Lupe. So wissen sie, was
die HVA interessiert – und was sie tatsächlich erfährt.

Nachdem Kuron 1982 die von ihm umgedrehten und betreuten
Agenten Garau an Markus Wolf verraten hat, macht Wolfs HVA
noch drei Jahre lang das Spiel mit. Tut so, als ob sie nicht wisse, daß
die Garaus für die Gegenseite arbeiten. Bis der Überläufer Tiedge
kommt. Die Garaus drängen bei Kuron darauf, sich in den Westen
absetzen zu können. »Schleusen geht nicht«, erinnert sich Gerlinde
Garau an Kurons Worte. Deshalb sollten die beiden im Herbst 1985
flüchten, als für sie zur selben Zeit Reisen in den Westen angesetzt
worden seien: Horst Garau sollte nach Spanien fahren, seine Frau
unterdessen in die Bundesrepublik, zur Spionin »Richter«. »Es war
alles vorbereitet«, blickt Gerlinde Garau zurück.

Doch es kommt anders. Am 15. August 1985 erscheint der HVA-
Führungsoffizier Peter Brümme am Wochenendhaus der Garaus.
»Ihr werdet ganz dringend in Berlin gebraucht«, sagt Brümme den
beiden, »kommt schnell.« Rasch sollten sie noch einige Sachen

einpacken, erklärt ihnen der HVA-Mann. Ein West-Einsatz stünde
an. So tun sie es. In Berlin trennt die Staatssicherheit das Ehepaar.
Stasi-Männer fahren Gerlinde Garau in eine Villa. In einem Zimmer wird sie von zwei Stasi-Vernehmern erwartet, einem Oberst
und einem Hauptmann. Wie bei Stasi-Verhören üblich, erfährt sie
die Namen nicht. »Sprechen Sie«, eröffnet der eine das Gespräch,
»Ihr Mann ist verloren.« Sie merkt: die Staatssicherheit weiß alles.
Auch aus dem Privatleben. Nun dämmert ihr, warum in der Wohnung unter ihnen in der Cottbusser Gartenstraße 39 an der Heizung
gearbeitet wurde, ohne daß etwas am Heizungssystem kaputt war.
Es gab doch etwas zu montieren. »Wanzen«. So vermutet sie heute,
»daß wir von unter uns abgehört wurden«.

Drei Tage und drei Nächte lang muß sie in dem Zimmer bleiben.
Dauernd brennt Licht. Entweder sind die Vernehmer da oder
Stasi-Wächter, ohne Unterbrechung. Die Wirkungen des Schlaf-
entzugs machen sich bemerkbar. Gerlinde Garau empfindet Todesangst. Erst nach diesen drei Tagen wird sie in eine Haftanstalt
gebracht, vermutlich nach Hohenschönhausen, wie Gerlinde Garau
meint: Niemand verrät es ihr. Aber etwas anderes sagt ihr einer der
Stasi-Männer auf der Fahrt ins Gefängnis: »Von ganz oben ist entschieden worden, Sie gehen in der Haft zugrunde – Ihr Mann ist
für Sie verloren.« Erst jetzt wird sie einem Haftrichter vorgeführt.
Nach drei Tagen Stasi-Verhör. Nun bekommt sie auch bald einen
Rechtsanwalt. Der hat einen Rat für sie: »Denken Sie an sich. Ihr
Mann ist sowieso nicht mehr zu retten.«

Ein Militärgericht verurteilt Horst Garau zu »lebenslänglich«.
Gerlinde Garau muß sich einer schwierigen Hüftoperation unterzie-
hen, kann nur an Krücken laufen. Sie ist eine kranke Frau. Nach
insgesamt acht Monaten, während des Aufenthalts im Krankenhaus, wird sie auf freien Fuß gesetzt – »zur Bewährung«. Bedingung sei gewesen, erzählt sie, »daß ich aus Cottbus wegziehe«. »Die
Stadt ist für Sie in Zukunft tabu«, habe ihr ein Stasi-Mann unmißverständlich erklärt.

Ihr bleibt nichts anderes übrig, als wieder in ihre Heimatstadt
Torgau zu ziehen. Dort wohnt sie bei ihrer Schwester. Gerlinde
Garau, der auch der Titel Studienrat aberkannt wurde, ist glücklich

darüber, im Kulturhaus von Torgau auf »Honorarbasis« etwas ver-
dienen zu können.

Die Stasi verbietet ihr auch, anderen davon zu erzählen, daß ihr
Mann im Gefängnis sitzt. So muß nun die alleinstehende Frau
allen, die sich in Torgau nach ihrem Ehepartner erkundigen, sagen:
»Mein Mann ist im Ausland, in Afrika« – und wenn es jemand
genauer wissen will, hat sie zu antworten: »Meine Ehe geht nicht.«
Spöttisch hört sie andere reden: »Der tanzt da bestimmt schon mit
irgendwelchen Frauen im Hulahularöckchen.« Doch was sollte sie
tun? Wenn die anderen nur geahnt hätten ... »Es war hart«, erinnert sich Gerlinde Garau an diese Zeit. Mit dem alten Bekanntenkreis in Cottbus durfte sie auf Stasi-Weisung keinen Kontakt auf-
nehmen, niemandem sagen, was passiert war. Niemandem. Die
Garaus hatten sich in Luft aufgelöst, so mußte es für ihre Bekannten und Freunde in Cottbus scheinen.

Eines Tages wird sie zum Gericht in Torgau bestellt. Im Juli
1988. Ihre Schwester begleitet sie. Ein Militärstaatsanwalt und der
Anstaltsleiter der Haftanstalt Bautzen erwarten sie dort. Kühl und
knapp sagt der Anstaltsleiter: »Ihr Mann hat Selbstmord verübt.«
»Womit?« stammelt Gerlinde Garau. Sie erhält keine Antwort. Die
beiden Männer schweigen. »Womit, womit, womit?« ruft die Frau
verzweifelt – und bricht zusammen.

Sie darf ihren Mann noch einmal sehen. In der Anatomie in
Dresden: Ein Laken liegt über dem Toten, es ist etwas zurückge-
schlagen, so daß der Kopf herausguckt. Ein Stasi-Mann steht
wenige Meter entfernt. »Die rechte Seite des Kopfes war blutunter-
laufen, bis zum Hals«, erinnert sich Gerlinde Garau an das, was sie
sah. Hinterm Ohr sei eine Narbe verlaufen, zehn Zentimeter lang,
mit verkrustetem Blut. Strangulationsmerkmale habe sie vergeb-
lich gesucht. Grausam entstellt sei die Leiche gewesen, sagt die
Frau. Sie ist geschockt, »das blanke Entsetzen« packt sie. Sie habe
das Tuch zur Seite ziehen wollen, um ihren Mann ganz zu sehen.
»Lassen Sie das Laken los«, habe sie daraufhin der Stasi-Mann
angefahren, »er ist nackt, er ist doch nackt.« »Das ist doch mein
Mann!« habe sie daraufhin gerufen. Mit Gewalt sei sie von dem
Stasi-Mann weggezogen und auf einen Stuhl gesetzt worden.

Mehrmals habe sie später verlangt, einen Totenschein zu bekommen, berichtet Gerlinde Garau weiter. Ohne Erfolg. »Wenn es wirklich so gewesen wäre, wie sie sagten«, meint Gerlinde Garau, »hätte man doch auch ohne Probleme einen Totenschein von einem Arzt in Bautzen oder Dresden ausstellen lassen können.« Weil sie von ihrer Forderung nicht abgelassen hätte, habe ihr der Militärstaatsanwalt schließlich unmißverständlich gesagt: »Sie haben noch Bewährung. Ich rate Ihnen, nicht darüber zu reden!«

Die Sterbeurkunde habe ihr der Gefängnisdirektor ausgehändigt, fährt Gerlinde Garau fort. Dies sei ungewöhnlich gewesen. Normalerweise stellt der Arzt den Totenschein aus, mit dem man beim Standesamt die Sterbeurkunde erhält.

Auf Weisung der Staatssicherheit darf sie vom Tod ihres Mannes niemandem etwas sagen, keine Todesanzeigen aufgeben, niemanden mit zur Beerdigung bringen. Außer ihrer Schwester, die alles weiß. Außerdem: Keine Rede am Grab. Kein Grabstein. Regelmäßig muß sie sich bei der Staatssicherheit in Torgau melden – außerdem ist ihr zur Auflage gemacht worden, sofort anzurufen, falls ein ihr Unbekannter versucht, mit ihr Kontakt aufzunehmen.

Nach der Wende fährt sie nach Westberlin und meldet sich beim Verfassungsschutz. Am 6. März 1990 trifft sie dort – in Berlin-West – Klaus Kuron. Sie erzählt ihm ihr Schicksal, vor allem, was mit ihrem Mann geschehen ist. Kuron hört sich alles ohne Regung an. »Ist der kühl«, denkt sie. »Oder ist er tief berührt und will das nicht zeigen? Das gibt es ja bei Männern.« Gerlinde Garau beschließt, die DDR zu verlassen. »Für mich ist der Osten gestorben«, sagt sie. Eine Woche nach dem Gespräch mit Kuron treffen sie sich wieder in Westberlin und fliegen zusammen nach Westdeutschland. Sie will in Köln bleiben. Weil »mein Mann hier eingesetzt war, er hat mir Fotos gezeigt – ich kannte ja keine andere Stadt«.

Verfassungsschützer Kuron wird für ihre Betreuung abgestellt – dabei ist er »ganz der Herr«, wie es Gerlinde Garau formuliert. Alle drei Wochen trifft er sich mit ihr, bringt sie mit seiner Frau zusammen. Zu dritt unternehmen sie Ausflüge. Mit dem Auto. Darüber freut sich die gehbehinderte Frau. Kein gutes Wort habe Klaus

Kuron für die Mitarbeiter der einstigen Gegenseite, der Staatssicherheit, übriggehabt: »Die kommen angekrochen, die wollen
nur Geld«, erinnert sich Gerlinde Garau an die Worte des Verfas-
sungsschützers, der sich überrascht gezeigt habe: »Wer hätte das
gedacht, daß alles mal wie ein Kartenhaus zusammenbricht?«

Den letzten Besuch von ihrem Verfassungsschutz-Betreuer
erhält Gerlinde Garau Ende September 1990. Vier Tage vor der
deutschen Einheit. Als er geht, bleibt er an der Wohnzimmertür
kurz stehen: »Wir wollen Sie ja auch einmal zu uns einladen«, sagt
Kuron – und fährt entschuldigend fort: »Wir haben jetzt soviel zu
tun mit der ganzen Staatssicherheit. Es wird schon noch später
werden.« Das sind seine letzten Worte. Er dreht sich um und geht.

Keine Woche später trifft sich Kuron mit seinem ehemaligen
HVA-Führungsoffizier in Berlin. Kurz darauf wird er verhaftet.
Gerlinde Garau ist erschüttert, als sie erfährt, welche Rolle Kuron
tatsächlich spielte: »Eine wahnsinnige Enttäuschung, Trauer und
Entsetzen, richtiges Entsetzen, muß ich Ihnen sagen, wie kann
man nur so etwas tun?« Gerlinde Garaus Stimme stockt: »Er hat
uns ans Messer geliefert«, sagt sie, »er wußte, wem er uns auslie-
fert. Er wußte, daß wir nie ausgetauscht werden, damit er nicht
untergeht.«

Gerlinde Garau ist davon überzeugt, daß ihr Mann von der
Staatssicherheit ermordet wurde. »Die haben grünes Licht gegeben«, sagt sie: »Der muß untergehen.« Nach allem, was sie heute
weiß, geht sie davon aus, daß ihr Mann aus Bautzen weggeschafft
werden sollte – vermutlich am 12. Juli 1988, möglicherweise in
eine Psychiatrie. »Am 3. August wollte ich ihn besuchen, deshalb
wollte er wohl nicht fort von dort.« Im Gefängnishof hätte es ein
Gerangel gegeben, Schreie und Schläge seien zu hören gewesen:
»Deshalb vermute ich, daß sie ihn gleich unten im Hof erschlagen
haben.«

Als Belege für ihre These führt sie nicht nur die fehlenden Wür-
gemerkmale am Hals und den Umstand an, daß sie bis zum heutigen Tag keinen Totenschein zu sehen bekommen hat – obwohl sie
es immer wieder versucht hat. Hinzu kommt nach ihrer Meinung:
Klaus Kuron habe ihr gesagt, daß er aus Gesprächen mit Bautzen-

*Gerlinde Garau: »Markus Wolf hat meinen Mann auf
dem Gewissen. Dafür soll er endlich büßen.«*

Häftlingen wisse, die in die Bundesrepublik gekommen seien, daß man versucht habe, jemanden in der fraglichen Zeit in Bautzen in einen Wagen zu zerren, er im Hof zusammengeschlagen worden sei. Die Schreie und Schläge hätten die Gefangenen durch die geöffneten Fenster mitbekommen. Zudem – so Kuron weiter – sei es den Häftlingen in Bautzen untersagt worden, über den Fall zu sprechen. Weiteres Indiz für Gerlinde Garau: In den Briefen und letzten Gesprächen mit ihrem Mann habe es keine Anhaltspunkte für einen Suizid gegeben. Im Gegenteil: Horst habe ihr unmißverständlich gesagt, daß er durchhalten werde. Zudem verweist sie auf den Brief eines Häftlings aus Bautzen II, den sie über einen Pastor erhielt: »Er hat immer zu mir gesagt, man wird mich umbringen. Deshalb möchte ich mit Ihnen, liebe Frau Garau, sprechen«, schrieb ihr der Mann am 4. Dezember 1989. »Kommen Sie bitte nach Bautzen II, damit ich Ihnen die Wahrheit sagen kann ...« Doch Gerlinde Garau kam nicht, wollte nicht dorthin. Sie, die Invalidin, hatte Angst davor, nach Bautzen zu fahren, in das Gefängnis, in dem ihr Mann ums Leben gekommen war. Trotz der Wende, so sagt sie im Hinblick auf das Jahresende 1989: »Die waren doch noch alle da.«

»Markus Wolf hat meinen Mann auf dem Gewissen«, meint Gerlinde Garau und fordert: »Dafür soll er endlich büßen.«

Das Bundeskriminalamt hat die Ermittlungen aufgenommen. Bislang konnten die Beamten keinen Beweis für Gerlinde Garaus Vermutung finden.

Angriffspunkt Vorzimmer – Die Sekretärinnen-Masche

»Die Belohnung für gute Leistungen erfolgte nicht finanziell, sondern in der Währung Liebe.« Das sagt Dagmar Kahlig-Scheffler, Jahrgang 1946. Die Tränen, die bei diesen Worten in ihr aufsteigen, unterdrückt sie. Der Preis, den sie später für diese »Liebe« zahlen mußte, war hoch: Mehrere Jahre saß sie im Gefängnis – in der Bundesrepublik.

Angefangen hatte alles am Sonnenstrand von Bulgarien, im

August 1973. Dagmar Kahlig-Scheffler war damals siebenundzwanzig und lebte wieder allein – die Scheidung von ihrem Mann war beschlossene Sache. An der Schwarzmeerküste spricht sie ein netter junger Mann an, dunkle Haare, gewinnendes Lächeln. Herbert Richter, Ingenieur: So stellt er sich vor. Bürger der DDR. Erst ist es für sie ein Abenteuer, dann Liebe. Es folgt die Heirat, allerdings in Ostberlin. In Wirklichkeit handelt es sich um eine von der Staatssicherheit arrangierte Scheinheirat, rechtlich ohne Belang. Herbert macht sie zur Spionin: »Aus Liebe« gehorcht sie. So gibt sie ihre Tochter in ein Internat in der Schweiz, für das Markus Wolfs Hauptverwaltung Aufklärung die Hälfte der Kosten zahlt. Auf Weisung »ihres« Mannes bewirbt sie sich beim Auswärtigen Amt in Bonn. Dort fällt sie durch den Eignungstest. Dagmar Kahlig-Scheffler läßt nicht locker. Sie bewirbt sich beim Bundeskanzleramt. Hier nimmt man sie. Am 1. Dezember 1975 fängt sie im Palais Schaumburg an. Alles, was sie sich merken kann, merkt sie sich für Wolfs HVA. »Sie entwickelte eine ganze Reihe von offenbar praktikablen Ideen für geeignete Transport-Container, die es ihr ermöglichen sollten, die Kassetten für die im Bundeskanzleramt benutzten Diktiergeräte aus dem Amt herauszutransportieren«, urteilt später der Bundesgerichtshof über ihre Tätigkeit (Urteil vom 28. Februar 1979, Aktenzeichen: 3 StR 24/79).

Mit einer Kleinstkamera fotografiert sie alle wichtigen Akten in ihrer Abteilung, dem Europa-Referat im Kanzleramt. Auch kopiert sie Verschlußsachen (»amtlich geheimzuhalten«). In Genf und in Wien trifft sich Dagmar Kahlig-Scheffler mit HVA-Kontaktleuten – ihren »Mann« Herbert bekommt sie allerdings immer seltener zu sehen. So kann Markus Wolf in seinem Büro in Ostberlin lesen, wie sich Bonn auf die KSZE-Folgekonferenz in Belgrad vorbereitet, Vertrauliches zwischen Bundeskanzler Helmut Schmidt und US-Präsident Jimmy Carter, Schmidts Konzepte für die Gespräche mit Italiens Regierungschef Giulio Andreotti und Englands Premier Callaghan.

Für ihre Reisen zu Herbert nach Ostberlin haben Wolfs Männer alles bestens organisiert. Für Dagmar Kahlig-Scheffler gibt es keine Kontrolle am Bahnhof Friedrichsstraße. Dort braucht sie den

Auf dem Weg zum Gerichtssaal:
Dagmar Kahlig-Scheffler wurde ein Opfer
von Markus Wolfs »Romeo«-Strategie

»Grenzern« nur einen Zettel vorzuzeigen, auf dem das Wort »Inge« steht. Sofort darf sie durch.

Geschnappt wird Dagmar Kahlig-Scheffler nach eineinhalb Jahren. Das Oberlandesgericht Düsseldorf verurteilt sie zu vier Jahren und fünf Monaten Gefängnis. Nach ihrer Verhaftung erfährt Dagmar Kahlig-Scheffler, daß »ihr« Herbert vor ihr schon eine andere Sekretärin zum Schein geehelicht hatte: Gerda Schröter-Ostenrieder. Sie hatte für diesen »Romeo« – wie diese Scheinliebesagenten genannt werden – Fernschreiben in ihrer Bluse aus der Fernschreibzentrale des Auswärtigen Amtes geschafft. 1973 offenbarte sich die Frau der bundesdeutschen Spionageabwehr, worauf sich jener Herbert umgehend auf die Suche nach der nächsten alleinstehenden Sekretärin aus der Bundesrepublik machte – und dabei auf Dagmar Kahlig-Scheffler am Sonnenstrand in Bulgarien stieß.

Dagmar Kahlig-Scheffler bleibt aus der Zeit mit Herbert nichts übrig als Enttäuschung: »Immer, wenn ich glaubte, nicht mehr zu können, arrangierte man ein Wiedersehen mit meinem Führungsoffizier« (= Herbert, d. Vf.), blickt sie verbittert zurück, »der es dann mit vollem persönlichen Einsatz in den Tagen und den Nächten schaffte, mich auf den einmal eingeschlagenen Weg zurückzubringen.«

Dagmar Kahlig-Schefflers Schicksal ist kein Einzelfall. Allein fünf Dutzend Fälle zählte der Verfassungsschutz, in denen Wolfs »Romeos« Sekretärinnen mit derartigen Naheinsätzen gefügig machten. Die Dunkelziffer liegt wesentlich höher. Frühzeitig erkannte Wolfs HVA, daß es zumeist wesentlich einfacher ist, eine Sekretärin zu erobern und als Quelle zu nutzen, als den Chef zu werben. Die Vorzimmerdamen kommen an die Akten ebenso leicht heran. Mitunter laufen bei ihnen sogar wesentlich mehr Informationen zusammen als bei einem der »Entscheidungsträger«. Zum Beispiel in der Fernschreibzentrale.

Die »Romeos« sind die eine Variante für Markus Wolf, um herauszubekommen, was in den Akten der Schaltstellen steht. Gezielt wurden sie auf die Damen angesetzt, in bestimmte Cafés und Urlaubsgebiete geschickt. »Ohne besondere Bindung mehr an ihr Elternhaus und die weitere Familie sind sie oft alleinstehend«,

analysiert Spionage-Experte Friedrich-Wilhelm Schlomann den
Ansatzpunkt von Wolfs HVA, »die erste Jugendblüte ist vorüber,
und mit einem Durchschnittsalter von 38 Jahren befanden sich die
bisher aufgedeckten ›Spionage-Sekretärinnen‹ mitten im sogenannten gefährlichen Alter.«

Dieses Spiel mit den Gefühlen findet der ehemalige Spionagechef
im Ruhestand, nun mit einigen Jahren Abstand, »nicht unfair«.
Erpressung sei das nicht gewesen, sagt er. Und erklärt dazu wie
selbstverständlich: »Wir haben nicht nach den Regeln eines Mäd-
chenpensionats oder von Herrn Knigge oder der Heilsarmee gehandelt.«

Die zweite Variante besteht darin, aus der DDR eine HVA-
Agentin einzuschleusen, die sich als biedere Sekretärin bei einem
Objekt nach Wolfs Bedarf bewirbt. Durch diese beiden Methoden
strömen Berge von Material aus zahlreichen Schaltstellen der Bundesrepublik in der Hauptverwaltung Aufklärung ein. So berichten
unter anderem nach Ostberlin:

- aus dem Bundeskanzleramt Herta-Astrid Willner (in die DDR
  geflüchtet),
- aus dem Bundesfinanzministerium und dem Bundeskanzleramt
  Helga Rödiger (ebenfalls rechtzeitig getürmt),
- aus dem Bundespräsidialamt Margarete Höke (acht Jahre
  Gefängnis),
- aus dem Büro des damaligen Bundeswirtschaftsministers Martin
  Bangemann seine »1. Vorzimmersekretärin« Johanna Olbrich,
  Deckname: Sonja Lüneburg (am 3. August 1985 in die DDR
  geflüchtet; am 11. Juni 1991 spürten sie Beamte des Bundeskriminalamts in ihrer Wohnung in der Nähe Berlins auf und verhafteten sie),
- vom Bundesvorstand der CDU im Bonner Konrad-Adenauer-
  Haus Ursula Höfs (Urteil: 22 Monate Gefängnis),
- aus der bundesdeutschen Nato-Botschaft in Brüssel Ingrid
  Garbe, unter anderem über Details der neu entwickelten Neutro-
  nenwaffe (Urteil: vier Jahre Gefängnis),
- aus dem Büro des CDU-Bundestagsabgeordneten Werner Marx
  Inge Goliath (setzte sich rechtzeitig in die DDR ab),

- vom Bund der Vertriebenen die bereits erwähnte »Ursula Richter«, als Sachbearbeiterin dort für »Personal und Haushalt« zuständig (beizeiten geflüchtet),
- aus dem Büro des damaligen CDU-Bundestagsabgeordneten Kurt Biedenkopf Christel Broszey (ebenfalls rechtzeitig getürmt).

Wolfs spektakulärster Fall – Kanzlerspion Guillaume

Es klingelt. Der Mann mit dem kugelrunden Bauch schiebt sich aus dem Bett, zieht den Bademantel über den Schlafanzug, schlappt zur Wohnungstür – die Uhr zeigt zwei Minuten nach halb sieben. Er öffnet. Vor ihm stehen mehrere Männer. Keiner verzieht eine Miene. »Sind Sie Herr Günter Guillaume?« fragt einer. Leise antwortet der 47jährige mit dem Bürstenhaarschnitt: »Ja, bitte . . .« Er ahnt, was die Stunde geschlagen hat. »Wir haben einen Haftbefehl des Generalbundesanwalts.« Die Männer gehen auf ihn zu, drängen in die Wohnung. »Ich bitte Sie«, ruft Guillaume, »ich bin Bürger der DDR und ihr Offizier – respektieren Sie das!«

Ein Geständnis. So schnell hätten die Staatsschutzbeamten des Bundeskriminalamts nicht damit gerechnet. Auch Guillaumes Frau Christel wird verhaftet. Die Beamten führen die beiden ab – aus dem grauen 10-Familien-Haus Ubierstraße 107 in Bonn-Bad Godesberg, am Rande des Villenviertels, schräg gegenüber dem renommierten Pädagogikum.

Das geschah am 24. April 1974. Der Kanzlerspion Guillaume ist Markus Wolfs spektakulärster Erfolg, der bekannt wurde: Guillaume belieferte Wolfs Hauptverwaltung Aufklärung in Ostberlin mit Informationen aus dem Kanzleramt. Zwei Wochen nach Guillaumes Verhaftung tritt Willy Brandt zurück.

Dieser Fall wird zur künftigen Maßeinheit der Spionage in der Bundesrepublik – »Guillaume« heißt von Stund an die Elle für alle weiteren spektakulären Fälle. Wiegt der Fall schwerer als Guillaume, fragt man, oder ist der gerade entdeckte Agent doch nicht so schlimm, wie Guillaume es seinerzeit war?

Gewiß, einen Spion wie Guillaume im Kanzleramt zu plazieren, das war ein Super-Coup, praktisch nicht mehr zu überbieten. Und daß Wolf damit auch noch mittelbar zum Urheber für den Rücktritt eines Kanzlers der Bundesrepublik wurde, erreicht die Qualität des Stoffs, aus dem Spionagethriller gestrickt sind. Als Informationsquelle waren freilich andere Agenten für die HVA ergiebiger, wie Wolf einräumt: »Vieles, was in der Politik diskutiert wird, kann man meist kurze Zeit später in anderer Form in der Presse nachlesen. Das war im Fall Guillaume nicht anders.« Unterlagen, die – wie Wolf berichtet – »durch die Hände von Sekretärinnen, Protokollanten oder Archivaren gehen, sind oft wesentlich ergiebiger.« Auch vom »Handwerklichen« her erforderte beispielsweise die Arbeit mit den Maulwürfen bei den bundesdeutschen Nachrichtendiensten wesentlich mehr Können. Man denke nur an den Fall Kuron.

Daß Guillaume an der Seite von Bundeskanzler Brandt landete, war nach Wolfs Darstellung »nicht das Ergebnis einer planmäßig gesteuerten Aktion unseres Dienstes«, sondern Zufall. Die Hauptverwaltung Aufklärung habe vielmehr auf Guillaumes Ehefrau Christel gesetzt, sagt Wolf. Sie sei es gewesen, die in einem für die HVA interessanten Vorzimmer hätte landen sollen. Doch dann sei Günter Guillaume ins Kanzleramt gerutscht. Und den wollte er dann natürlich nicht zurückpfeifen – »das Handwerkliche wäre doch ein bißchen ins Schleudern geraten«, formuliert Wolf, »wenn man da schon einen sitzen hat«. Denn: »Die Plazierung eines Kundschafters in der Spitze der Bonner Regierung gehörte zu unseren Zielen.« Entgegen früheren Mutmaßungen habe Honekker von dem Agenten an der Seite des Kanzlers nichts gewußt, beteuert der Spionagechef im Ruhestand. Auch habe Honecker das Bonner Kanzleramt – wie mitunter zu lesen war – für seine Aufklärer nicht zur »Sperrzone« erklärt. Die Konsequenzen des Guillaume-Einsatzes bedauert Wolf, wie er sagt, »ehrlich, denn die Folgen dieser Affäre, der Rücktritt Willy Brandts, standen völlig im Widerspruch zu unserer damaligen politischen Orientierung, alles zu tun, was im Interesse der Annäherung und Entspannung liegen könnte«. Nach Wolfs Worten war also das, was viele

»Als gehobenes Faktotum eine schwer entbehrliche Figur«: Günter Guillaume auf einem Spaziergang mit Willy Brandt und dessen Familie

Günter Guillaume und seine Frau Christel bei einem Empfang durch Erich Mielke (Mitte). Im Hintergrund Markus Wolf

für seinen größten Erfolg halten, in Wahrheit für ihn persönlich ein
Reinfall.

Der Fall Guillaume zeigt, mit welch langem Atem Wolf sein
Geschäft betrieb, wie er Jahre und Jahrzehnte vorausdachte und
-plante. Achtzehn Jahre lang waren Günter und Christel Guillaume
zusammen für Wolf als »Kundschafter« im Westeinsatz. Es begann
zur Zeit des Kalten Krieges: 1956 kommt das Paar als angebliche
»Zonenflüchtlinge« in die Bundesrepublik. Ihre erste Station ist das
Flüchtlingslager Gießen. Drei Jahre lang sind sie zuvor für ihre
Mission im Osten vorbereitet worden. Im Westen rackern sie sich
hoch. Günter Guillaume, Jahrgang 1927, gelernter Fotograf, tritt
im Herbst 1957 der SPD in Frankfurt bei. Was keiner seiner
Genossen ahnt: 1944 war er Mitglied der NSDAP geworden, 1952
der SED. Nach Guillaumes SPD-Beitritt geht es stetig bergauf.
1964 wird Guillaume SPD-Geschäftsführer im Unterbezirk Frankfurt, vier Jahre später Geschäftsführer der Frankfurter Stadt-
verordnetenversammlung, schließlich Abgeordneter in der Main-
metropole. Währenddessen arbeitet Christel Guillaume als Sekretärin bei der SPD im Bezirk Hessen-Süd, ab 1964 in der Staatskanzlei
Hessen in Wiesbaden.

1970 gelingt Günter Guillaume der große Sprung. Er wechselt
ins Bundeskanzleramt. Zunächst ist er dort Hilfsreferent in der
Abteilung Wirtschafts-, Sozial- und Finanzpolitik. Auch seine Frau
Christel zieht nach Bonn, bleibt aber den Hessen treu: Sie fängt bei
der Hessischen Landesvertretung als Sachbearbeiterin an. Günter
Guillaume rutscht im Kanzleramt weiter nach oben. Er wird Referent, zuständig für Parteien und Parlament. Sein Monatsverdienst
beträgt 4469 Mark brutto. Guillaume macht sich unverzichtbar,
versteht sich mit Kanzler Willy Brandt. Der nimmt ihn als Begleiter in den Urlaub mit, nach Hamar (Norwegen) und St. Tropez.
Günter Guillaume, »clever und fix«, wie es Theodor Eschenburg
später formuliert, wird »als gehobenes Faktotum zu einer schwer
entbehrlichen Figur«. Alles, was ihm wichtig erscheint, im Kanzleramt und auf den Reisen mit Willy Brandt, meldet er nach Ostberlin. Das hat beispielsweise zur Folge, daß das SED-Zentral-

komitee bei den Verhandlungen zu den Ostverträgen und dem Grundlagenvertrag bereits das Konzept und den Verhandlungsspielraum des Bonner Unterhändlers Egon Bahr kennt und sich darauf einstellen kann, noch bevor dieser zu den einzelnen Verhandlungsrunden mit dem DDR-Unterhändler Michael Kohl zusammentrifft. »So ist es kein Wunder, daß die DDR-Führung bei eher mäßigen eigenen Zugeständnissen ein maximales Ergebnis erzielen konnte«, urteilt später der HVA-Oberleutnant und Überläufer Werner Stiller über die »Leistungen« Guillaumes.

Daß Guillaume tatsächlich bis ins Kanzleramt kommen konnte, war nur möglich, weil es Pannen bei seiner Überprüfung gab. So warnte die Berliner Polizei angesichts ihrer Erkenntnisse vor Guillaume: »Der Agententätigkeit verdächtig«. Und BND-Chef Gerhard Wessel teilte in einem Fernschreiben vor der Einstellung Guillaumes im Kanzleramt seine Bedenken mit und schrieb angesichts dessen am 23. Dezember 1969: »Ich schlage Prüfung der Verwendung in einer anderen Behörde vor.« Die dem BND vorliegende Meldung, so Wessel weiter, zwinge »zur eingehenden Hintergrunduberprüfung durch den Verfassungsschutz«. Kanzleramtschef Horst Ehmke reichte die »Akte Guillaume« an Egon Bahr, damals Staatssekretär im Kanzleramt. Bahr gab sie ihm mit der Notiz zurück: »Selbst wenn Sie einen positiven Eindruck haben, bleibt ein gewisses Sicherheitsrisiko gerade hier.« Professor Ehmke bittet Guillaume zu sich, zu einer »Sicherheitsbefragung«. Das entscheidende Papier liegt vor ihm in der Akte Guillaume, es stammt vom Bundesnachrichtendienst und besagt: »Nach einer auf ihren Wahrheitsgehalt nicht mehr überprüfbaren Karteinotierung vom April 1954 soll Günter G., geb. 1. 2. 1927 in Berlin, damals wohnhaft Lehnitz, Florastraße 6, im Auftrag des Verlages ›Volk und Wissen‹ die BRD mit dem Zweck bereist haben, um Verbindungen zu Verlagen, Druckereien und Personen herzustellen und diese dann östlich zu infiltrieren. Keine weiteren Erkenntnisse.« Guillaume zeigt sich bei dem Gespräch im Kanzleramt »kühn«, wie er es selbst später formuliert, erkärt sich zu einer Gegenüberstellung mit dem angeblichen Informanten bereit. Doch dies hilft Ehmke nicht weiter. »Leider«, sagt der Kanzleramtschef, »der Mann ist tot, gestorben also auch für uns.«

Von den Bedenken gegen Guillaume bleibt nicht mehr viel übrig. Viereinhalb Wochen später, am 26. Januar 1970, gibt das Bundesamt für Verfassungsschutz grünes Licht: »Die umfassende Karteiüberprüfung und die Sicherheitsermittlungen sind abgeschlossen«, schreibt Johann Gottlieb Hermenau, Leiter der Geheimschutz-Abteilung V, an den Geheimschutzbeauftragten des Bundeskanzleramts Franz Schlichter: »Sie haben keine Erkenntnisse erbracht, die einer Ermächtigung zum Umgang mit Verschlußsachen bis ›geheim‹ entgegenstehen.« So fängt Guillaume am 28. Januar 1970 im Kanzleramt an – für den Monat Januar erhält er das volle Gehalt.

Daß die beiden Guillaumes vier Jahre später verhaftet werden, geht allerdings ebenso auf einen Fehler zurück, und zwar auf einen Fehler der Hauptverwaltung Aufklärung – lange Zeit zuvor: Mitte der fünfziger Jahre hatte der Verfassungsschutz auf Kurzwelle Funksprüche aufgefangen, in denen – wie sich nach der Entschlüsselung zeigte – die HVA Glückwünsche an ein Agentenpaar übermittelte: Anfang Februar 1956 einen Geburtstagsgruß an einen »Georg«; Anfang Oktober 1956 an »Chr.«; Mitte April 1957 folgte ein Glückwunsch »zum 2. Mann«.

Ende Februar 1973 sitzt Oberamtsrat Heinrich Schoregge im Kölner Verfassungsschutzamt über drei Spionagefällen und brütet – in allen dreien taucht am Rande der Name Günter Guillaume auf. Ein Kollege hört davon und berichtet Schoregge von den über fünfzehn Jahre alten Funksprüchen. Die Beamten schauen sich die Dinge näher an und stellen fest: Alles paßt zusammen. Der in den drei Fällen auftauchende Günter Guillaume hat am 1. Februar und damit an dem Tag Geburtstag, an dem die HVA an »Georg« Glückwünsche funkte. Seine Frau heißt Christel wie »Chr.« und kam tatsächlich an einem 6. Oktober auf die Welt. Auch der Glückwunsch zum »2. Mann« Mitte April 1957 macht Sinn: Am 8. April 1957 wurde Guillaume-Sohn Pierre geboren. Alles scheint sich zusammenzufügen, doch die Verfassungsschützer bleiben vorsichtig. Wer sich so lange auf diese Weise halten kann, muß ein ausgekochter Hund sein, denken sie – und: ein ganz heißes Eisen. Der Mann sitzt immerhin im Kanzleramt, in unmittelbarer Nähe des Bundeskanzlers. »Vorsichtige Observation der Eheleute wird geraten«, schreibt Oberregierungsrat Helmut Bergmann vom Kölner Verfassungsschutzreferat IV/A 1-Auswertung in der Abteilung Spionageabwehr. »Wir dürfen uns nicht darauf verlassen, erst durch Zugriff belastendes Material zu finden.« »Was die Abwehr bei Guillaumes Einstellung versäumt hatte, holte sie sozusagen später nach«, kommentiert Wolf später die Erkenntnis, die den Verfassungsschützern nun endlich gekommen war.

Am 31. Mai 1973 beginnt die Observation, zunächst wird nur Christel Guillaume beobachtet. Die Observation zieht sich hin. Unter anderem reist Guillaume anschließend, im Juni und Juli 1973, mit Bundeskanzler Brandt in den Urlaub nach Norwegen, obwohl Brandt von den Bedenken gegen Guillaume unterrichtet ist. Dort sammelt Guillaume, wie es seine Aufgabe ist, alle Kanzlerfernschreiben und andere geheime Schriftstücke ein, unter anderem auch einen vertraulichen Brief von US-Präsident Nixon. In Ablichtung landeten die Papiere bei Markus Wolf in Ostberlin.

Guillaumes Trick, den er erst viele Jahre später verrät: Er besaß zwei Koffer, die sich zum Verwechseln ähnlich sahen. Den einen nutzte er für den Transport von Schriftstücken. In dem anderen befanden sich Souvenirs des Kanzleramts, dafür da, auf den Reisen als kleine Aufmerksamkeit, als Dankeschön oder schlicht als Erinnerung verteilt zu werden. Kurz vor Ende des Urlaubs spricht Guillaume Kriminalhauptkommissar Ulrich Bauhaus von der Sicherungsgruppe Bonn an: »Uli, du fliegst doch direkt mit dem Chef nach Bonn zurück«, sagt der Kanzlerreferent zu dem Chef des BKA-Sicherheitskommandos: »Kannst du nicht für mich einen Aktenkoffer mit ins Flugzeug nehmen? Es sind wichtige Papiere drin, alles, was hier aufgelaufen ist, und ich will die bei der Rückfahrt nicht im Privatauto haben. Tu mir den Gefallen! Gib zu Hause im Büro den Koffer Fräulein Boeselt*, die schließt ihn für mich weg. Ich mach noch ein paar Tage Nachurlaub.« Der Kriminalhauptkommissar tut ihm den Gefallen, nimmt den verschlossenen Koffer als Fluggepäck mit an Bord der Maschine.

* Die Sekretärin Guillaumes

Günter Guillaume steigt in seinen Wagen und fährt mit seiner
Frau und Sohn Pierre, die ebenfalls an dem Kanzler-Urlaub teilgenommen haben, durch die ostnorwegische Wald- und Seenland-
schaft. Im Wagen liegt ein Koffer, der, in dem tatsächlich die
Kanzler-Papiere sind. Die drei passieren die schwedische Grenze
und übernachten in Halmstad, zwischen Göteborg und Kopen-
hagen. Wie auf der Hinfahrt beziehen sie Quartier im Hallandia-
Hotel Halmstad. In der Hotelbar, so Guillaumes Schilderung weiter, drückt er dann einem »einsamen Gast, der ein Pernodglas vor
sich stehen hat«, seinen Zimmerschlüssel in die Hand – es ist einer
von Wolfs Leuten. Während sich die Familie Guillaume im Restaurant vergnügt, lichtet der Agent oben in Guillaumes Hotelzimmer
die wichtigsten Kanzler-Papiere ab. Von den anderen unbemerkt,
verschwindet er. Den Rest fotografiert Guillaume anschließend
daheim in Bonn. Als er wieder in sein Büro kommt, schließt seine
Sekretärin Boeselt den Panzerschrank auf, reicht ihm den Aktenkoffer und sagt: »Ihre Akten, Herr Guillaume. Schönen Gruß von
Herrn Bauhaus!«

Der Verfassungsschutz hatte ganz bewußt von sich aus darauf
verzichtet, die Observation in Norwegen fortzusetzen. Weil, wie
der damalige Verfassungsschutzpräsident Günther Nollau berichtet, »wir in der einsamen Gegend, wo jeder jeden kennt, kein Aufsehen erregen wollten«. Über seinen schweren Verdacht verriet der
Verfassungsschutz aber auch nichts Brandts Begleitmannschaft von
der BKA-Sicherungsgruppe Bonn und dem BND. So passierte es
eben, daß die Beamten zahlreiche als »Verschlußsache« eingestufte
Fernschreiben ahnungslos dem DDR-Aufklärer in die Hand
drückten. Erst elf Monate nachdem die Observation angelaufen
war, werden die Eheleute Guillaume verhaftet.

Auch der Fall Guillaume zeigt exemplarisch, wie es Wolf gelang,
seine Spione zu derartigen Einsätzen zu motivieren, sie von seiner
Sache zu überzeugen und für sich zu gewinnen. Er erweckt Vertrauen, berichten seine Gesprächspartner übereinstimmend, argu-
mentiert brillant. Guillaume war regelrecht gefangen von Markus
Wolfs starker Persönlichkeit: »In den Zusammenkünften mit mir
war Markus Wolf immer zugleich Mischa, der Freund, und

›Genosse General‹, der Chef«, erinnert sich Günter Guillaume. »Er hatte ein feines Gespür für Sorgen, die man mit sich herumschleppte. Immer wieder erkundigte er sich nach den persönlichen Umständen unseres Lebens fern von den Genossen und ob zu helfen war, wo es Schwierigkeiten gab.« Deutlich habe er dabei »Mischas natürliche, von Herzen kommende Verbundenheit mit *seinen* Kundschaftern« gespürt. Liebevoll sprach Markus Wolf von »Kundschaftern«, wenn es um seine Agenten ging. Die von der anderen Seite waren »BRD-Spione« für ihn.

Wolfs »Kundschafter« Guillaume mußte für seinen Verrat 2718 Tage im Gefängnis sitzen. Danach wurde er ausgetauscht. Als er am 1. Oktober 1981 nach Ostberlin zurückkehrt, wird er sogleich von Markus Wolf empfangen. »Wir nahmen uns in die Arme, froh, uns wiederzusehen«, berichtet Guillaume über diesen Augenblick der großen Freude in seinem Leben: »Wir hatten uns viel zu erzählen, streng Dienstliches und locker Privates.« Fünf Tage später empfängt Erich Honecker die beiden Heimkehrer in Begleitung von Markus Wolf in seinem Amt. Der Staatsratsvorsitzende überreicht den beiden den Karl-Marx-Orden, die höchste Auszeichnung der DDR. Unter anderem spricht Honecker mit den beiden Guillaumes über eine Gemeinsamkeit: das jahrelange Leben in einer Gefängniszelle. Honecker saß während des Dritten Reiches im Zuchthaus in Brandenburg. Als Günter Guillaume erklärt, das sei ja damals wohl etwas anderes gewesen, täglich habe Honecker und seinen Genossen der Tod gedroht, wischt Honecker diesen Einwand jovial beiseite: »Knast ist Knast«, erklärt er seinen »Kundschaftern«.

Wochen später bittet Markus Wolf Günter und Christel Guillaume zu einer »internen Auswertung«. An einem Tisch werden sie von einigen von Wolf ausgewählten HVA-Männern erwartet. »Du hast es inzwischen begriffen«, wendet sich Wolf ruhig und streng an Günter Guillaume: »Dein Auftritt damals, am Morgen des 24. April 1974 – das kann unmöglich für andere eine Anleitung zum Handeln sein.« Wolf bezieht sich auf Guillaumes freiwilliges Geständnis »Ich bin Bürger der DDR und ihr Offizier«. »Er hat dem Gegner aus der Beweisnot geholfen und uns den Kampf um eure Befreiung erschwert«, fährt Wolf fort: »Anspruch auf Wahrheit haben die eigenen Genossen, nicht unsere Gegner!« Dann wendet sich Markus Wolf an die Runde: »Wir brauchen eine feste Überzeugung vor uns selbst. Die haben Günter und Christel bewiesen. Wenn wir das Bekenntnis Günters bei der Festnahme auch nicht zum Vorbild erklären können, so war sein und Christels Verhalten während der Untersuchung und vor Gericht vorbildlich.« Die Guillaumes hatten nur Angaben zur Person gemacht, ansonsten geschwiegen. »Sie waren nicht ausreichend darauf vorbereitet«, fährt Wolf mit seiner Manöverkritik fort, »haben dann aber sehr schnell die Lage erkannt und ihre Haltung korrigiert.« Für beide sei es gewiß nicht leicht gewesen, durchgängig zu schweigen, meint Wolf, »angesichts der täglich neuen Provokationen«. Sie hätten »Disziplin und Standhaftigkeit« bewiesen. Wolfs Schlußfolgerung vor versammelter Mannschaft: »Wir müssen alles tun, um Opfer im Kampf zu vermeiden, und wir werden uns schon gar nicht dem Gegner als Opfer anbieten.«

Markus Wolf kümmert sich um Günter Guillaumes Zukunft in der DDR, sorgt dafür – wie selbstverständlich als Dankeschön –, daß es ihm gut geht: Guillaume erhält ein Haus am idyllischen Ufer des Bötzsees in Eggersdorf, vierzig Kilometer nordöstlich von Berlin. Hierhin zog es Pensionäre aus Berlin schon in der Weimarer Republik. Günter Guillaume führt das Leben eines in der DDR Privilegierten. Christel allerdings ist nicht mehr an seiner Seite, die beiden ließen sich scheiden. Günter heiratete wieder, eine Krankenschwester. Mit ihr zusammen genießt er den Blick auf den See vom Wohnzimmer aus. Dreimal in der Woche spricht er über seine Erfahrungen und Einsichten vor HVA-Nachwuchskräften. Über die Jahre halten Günter Guillaume und sein, wie er noch immer sagt, »Chef« Markus Wolf Kontakt. Bis zur Wende.

Auch nach der Wende ist Guillaume auf sein »Werk« stolz: »Ich hab's dafür getan, daß wir vierzig Jahre in Frieden leben konnten«, erklärt er – stockt einen Augenblick und fügt hinzu: »So würde ich's auch wieder tun.«

Wolfs größter Reinfall – Der Überläufer Stiller

»Genossen«, schärft Markus Wolf seinen »höheren Kadern« ein, die er um sich versammelt hat, »Genossen, vergeßt nicht, das Schlimmste, was uns passieren kann, ist, daß es dem Gegner gelingt, in unsere Reihen einzudringen.«

Bei dieser Rede am Nachmittag des 17. Januar 1979 steht Markus Wolf auf dem Höhepunkt seiner Karriere: Seit zwanzig Jahren leitet er die Hauptverwaltung Aufklärung. Erfolge bescherte er seinem Minister Erich Mielke und dem SED-Zentralkomitee in dieser Zeit zuhauf: Hunderte Spione in bundesdeutschen Ministerien, dem Bundeskanzleramt, den Sicherheitsbehörden, den Parteien und sonstigen Schaltstellen informieren ihn und seine Männer in Ostberlin darüber, was hinter geschlossenen Türen besprochen wird und in geheimen »Verschlußsachen« steht. Wolf genießt bei den Nachrichtendiensten im Westen ein hohes Ansehen, alle sind von seinem präzisen Vorgehen und seinen »Erfolgen« beeindruckt. In Ostberlin wird der sechsundfünfzigjährige Markus Wolf hinter vorgehaltener Hand bereits als Nachfolger Mielkes gehandelt. Dieser wird in diesem Jahr zweiundsiebzig. Viele meinen, es sei an der Zeit, daß er sich in den Ruhestand verabschiedet.

Einer schreibt bei dem Wolf-Vortrag an diesem Mittwoch im Ministerium für Staatssicherheit an der Ostberliner Normannenstraße ganz besonders emsig mit: Oberleutnant Werner Stiller, 31, aus der Abteilung XIII, zuständig für »wissenschaftlich-technische Aufklärung im Bereich Kernphysik«. Seit sechs Jahren ist er Agentenführer im Hause Wolf. Er blickt auf eine mustergültige Karriere: Gerade ist er Erster SED-Parteisekretär seiner Abteilung geworden – ein besonderer Vertrauensbeweis des Systems.

Am nächsten Abend huscht dieser Mann mit zwei Koffern in der Hand durch einen Seiteneingang des Ostberliner Bahnhofs Friedrichstraße. Vorbei an dem Schild: »Diensteingang, Zugang nur für Angehörige der Deutschen Reichsbahn« – eine Schleuse, durch die Reichsbahner und Wolfs Agenten ohne die peniblen Kontrollen zum Bahnsteig kommen können. Schon viele Male hat Stiller die

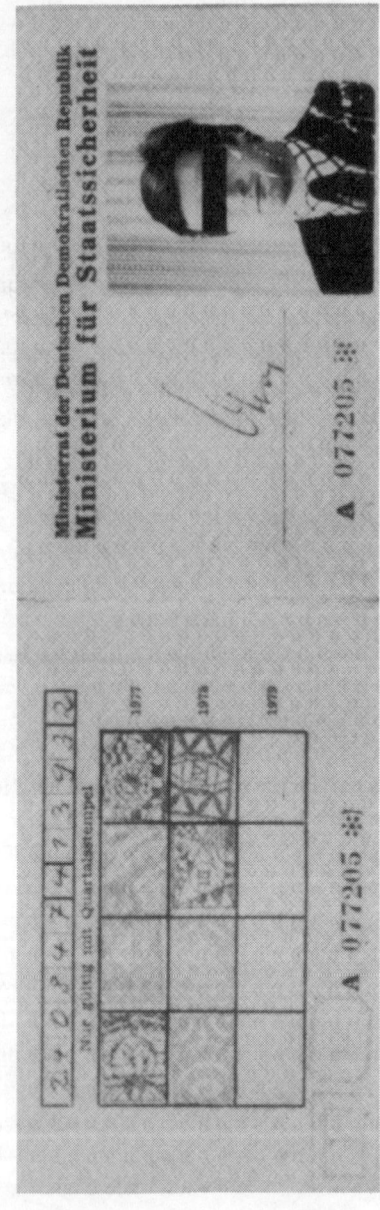

Werner Stillers MfS-Ausweis. Auf der linken Seite sind
die als weitgehend fälschungssicher bezeichneten Quartalsstempel

Prozedur hier hinter sich gebracht, bei sogenannten »Gepäck-schleusungen«: Für HVA-Agenten deponierte er Koffer in den Schließfächern im sogenannten »Westteil« des Bahnhofs. Von dort konnten sie ohne weitere Kontrolle von Westberlin aus per U- oder S-Bahn abgeholt werden.

Stiller betritt den hellgelb gestrichenen Vorraum. Die Tür vor ihm hat keine Klinke. Er drückt auf einen Klingelknopf, hinter einer Scheibe wird ein Vorhang zurückgezogen. So sieht Stiller den Kopf des Grenzoffiziers. Er hält ihm seinen MfS-Ausweis vor die Scheibe. Der Mann nickt. Es summt. Die Tür geht auf.

Stiller macht einige Schritte, kommt zu einem Hauptmann in der Uniform der Grenztruppen. In Wahrheit, wie Stiller weiß, ein Stasi-Mann, Mitarbeiter der Abteilung VI. Diese Abteilung – »operativer Reiseverkehr« – ist für den »grenzüberschreitenden Verkehr« zuständig, vor allem für Paßkontrollen, Tourismus und die Interhotels. »Sauwetter da draußen«, schimpft Stiller, als er zu dem Hauptmann kommt, und fügt ironisch hinzu: »Ich lasse mich nächstens zu euch versetzen. Den ganzen Tag in einer warmen Bude, das könnte mir gefallen.« Aus seiner Tasche zieht er seine HVA-Papiere und legt Dienstauftrag, Dienstausweis, Grenzsonderausweis und einen Reisepaß auf den Tisch. »Wenn du schön fleißig dienst und in mein Alter kommst, kannst du es ja einmal mit einem Versetzungsantrag versuchen«, rät ihm der Genosse Hauptmann grinsend und läßt ihn passieren – ohne die Fälschung zu erkennen: Stiller hat sich seinen »Dienstauftrag« selbst ausgefüllt. So »erteilte« er sich den Befehl, die Koffer im Gepäckschließfach zu deponieren. Oben auf dem Bahnsteig. Wieder summt es vor Stiller. Er öffnet auch diese Tür, betritt nun endlich den Westteil des Bahnhofs Friedrichstraße. Mit den beiden Koffern unterm Arm wendet er sich zu den Gepäckschließfächern – bleibt dort aber nicht stehen, sondern geht weiter: Er springt in eine gerade einfahrende U-Bahn. Sein Ziel ist Westberlin. An der Station »Reinickendorfer Straße« steigt er aus. Oben, auf dem Bürgersteig, betrachtet er die für ihn ungewohnten Neonreklamen. Die Nacht ist kalt. Auf der Straße bildet sich Glatteis.

»Ich bin Offizier des Ministeriums für Staatssicherheit der DDR

und gerade aus Ostberlin übergetreten«, erklärt Stiller kurz darauf
auf einer Westberliner Polizeiwache den Beamten. »Verständigen
Sie bitte den Bundesnachrichtendienst in Pullach.« Dort wird er
bereits erwartet. Seit zweieinhalb Jahren arbeitete Stiller heimlich
für die bundesdeutsche Seite. Den BND-Männern gehen die
Augen über, als er seine Koffer öffnet: Sie sind randvoll gefüllt mit
Akten und Mikrofilmen, 20000 Seiten insgesamt. Eine Liste mit
den Mitarbeitern von Wolfs Hauptabteilung hatte Stiller dem BND
bereits zuvor schon zukommen lassen. Der damalige Präsident des
Bundesnachrichtendienstes und »Gegenspieler« Wolfs war Klaus
Kinkel. Heute ist er Bundesjustizminister und damit für die Strafverfolgung Wolfs verantwortlich. Etwas verbindet sie: ihre Her-
kunft. Beide wurden in derselben Kleinstadt in Württemberg geboren, in Hechingen. Getroffen haben sie sich dort allerdings nie. Als
Kinkel 1936 dort auf die Welt kam, war Markus Wolf bereits in
Moskau im Exil.

Der Fall Stiller bedeutet für Markus Wolf die größte Schlappe.
Sein »guter Ruf« ist angekratzt, von einer Mielke-Nachfolge ist
kaum noch die Rede. Siebzehn seiner Agenten werden infolge Stillers Seitenwechsel im Westen festgenommen, mindestens fünfzehn
bleibt nichts anderes übrig, als ihren Posten an der »unsichtbaren
Front« aufzugeben und sich in die DDR abzusetzen. Was aber
noch viel schlimmer ist: Der Bundesnachrichtendienst erfährt, wie
Wolfs Leute arbeiten, erhält tiefen Einblick in das so sorgsam ab-
geschirmte Innere seines Reiches.

So stellen die BND-Leute fest, daß Wolf nicht mehr nur »klassi-
sche« Spionage im großen Rahmen organisiert – also das Ausspähen
von Politik und Militär –, sondern auch die »Industrie- und Wis-
senschaftsspionage« in einem für den Westen bislang unvorstellbaren Maß auf- und ausgebaut hat. Auf diese Weise konnte die
DDR unzählige Millionen für eigene Forschung sparen. Wolf
hoffte, so der rückständigen DDR-Wirtschaft unter die Arme greifen zu können. Für diese Aufgabe konnte Wolf freilich nicht die
alten »Nachrichtendienst-Hasen« einsetzen. Vielmehr benötigte er
Wissenschaftler mit einer Hochschulausbildung, wie Stiller einer

war. Er repräsentierte geradezu ideal diesen neuen HVA-Agenten-typ.

Werner Stiller, Jahrgang 1947, studierte Physik an der Karl-Marx-Universität Leipzig. Am 12. April 1970 erscheint ein Mann bei Stillers Mutter, stellt sich als »Haustein« vor und übergibt der Frau einen verschlossenen Umschlag für ihren Sohn. Der Zwei-undzwanzigjährige reißt den Umschlag auf und liest: »Ich erwarte Dich morgen um acht Uhr in Leipzig vor dem Hotel Bürgerhof.« Daß Studenten von der Staatssicherheit angesprochen werden, ist in der DDR keine Seltenheit. Die HVA und die übrigen Abteilun-gen, die für die Überwachung des Inlands zuständig sind, wett-eifern, verläßliche Partner unter dem Akademiker-Nachwuchs zu rekrutieren. »Die Auslandsaufklärung hat dabei Vorrang«, erfährt Werner Stiller später, »aber auch besonders strenge Auswahlprinzi-pien. Für sie kommen als inoffizielle Mitarbeiter nur politisch völ-lig zuverlässige, gründlich überprüfte Studenten in Frage, während sich die Abwehr nicht nur regimetreuer, sondern auch regime-feindlicher Studenten bedient. Das hat seinen besonderen Grund. SED-Mitglieder können oppositionelle Gruppen schlecht unter-wandern.« Daß die verschiedenen Stasi-Abteilungen unablässig unter den DDR-Studenten wie versessene Sportangler fischen, liegt daran, daß sich für Studenten eine Fülle von Verwendungs-möglichkeiten bei der Stasi ergeben, wie Stiller aufgrund seiner späteren Erkenntnisse auflistet:

– Überwachung und Kontrolle der gesamten DDR-Studenten-schaft – das heißt der künftigen Führungsschicht des Staates – durch Spitzel, Zuträger und Handlanger in deren Reihen;

– Aufbau perspektivischer personeller Stützpunkte in den späteren beruflichen Einsatzbereichen der Hochschulabsolventen;

– Überwachung anderer DDR-Bevölkerungsteile, in deren Mitte die Studentenschaft bzw. die spätere akademische Berufselite lebt und tätig ist;

– Kontrolle der Lehrkörper an den Fach- und Hochschulen sowie den Universitäten;

– Rekrutierung von Inoffiziellen Mitarbeitern, im internen Sprachgebrauch »IM« genannt, das heißt nebenberuflich

geheimdienstlich tätiger Personen für die Übermittlung von Instruktionen an Quellen im sogenannten Operationsgebiet, kurz »OG«, vorwiegend in der Bundesrepublik;
- Anwerbung von Kandidaten für die spätere Übersiedlung in das »OG«;
- Einsatz von Studenten zur nachrichtendienstlichen Bearbeitung interessierender Personen aus dem »OG« mit dem Ziel, diese als Quellen für das MfS zu werben;
- Beeinflussung und nachrichtendienstliche Verwertung offizieller und halboffizieller Verbindungen der FDJ zu Jugendorganisationen des Westens sowie der Staaten der Dritten Welt;
- »Anschleusen« von Doppelagenten an westliche Nachrichtendienste;
- Aufbereitung eines Potentials von Agenten zum subversiven Einsatz in den Reihen des Feindes bei einer bewaffneten Auseinandersetzung;
- Nachwuchswerbung für das MfS selbst.

Werner Stiller erscheint, wie ihm in dem Schreiben von Herrn »Haustein« aufgetragen, am nächsten Tag vor dem Hotel Bürgerhof. Ein mittelgroßer, stämmiger Mann um die Vierzig begrüßt ihn, zieht ihn in eine Gebäudenische und aus seiner Jacke einen Ausweis. »Damit du weißt, mit wem du es zu tun hast«, erklärt er forsch dem überraschten Physikstudenten. So schnell kann der freilich gar nicht erkennen, was auf dem Ausweis steht. Vermutlich ist das auch beabsichtigt. So behält Stiller nur, daß der Ausweis an einem Lederband hängt, das an der Jacke befestigt ist – zum Schutz vor Verlust. Angesichts dieses Auftritts steht jedenfalls für Werner Stiller fest, daß er es tatsächlich mit der Staatssicherheit zu tun hat.

»Ich bin der Leo«, sagt der Stasi-Mann als nächstes, »komm, wir frühstücken gemeinsam und unterhalten uns dabei.« Er steuert auf einen der abgelegenen Tische im Restaurant zu. Leo ordert eine Schinkenplatte, Kaffee und französischen Cognac. Am Morgen, kurz nach acht. Leo scheint gut drauf zu sein, macht auf Mann von Welt, sagt zu Stiller jovial: »Komm, iß dich satt und erzähl mir von dir.« »Was soll ich erzählen?« erwidert Stiller, »du weißt doch

schon alles von unseren Nachbarn.« Aber dann erzählt Stiller doch.
Von seiner klassenbewußten Erziehung durch die Mutter, seiner
Tätigkeit als FDJ-Funktionär, von seinem »inneren Bedürfnis,
Mitglied der Partei der Arbeiterklasse zu sein«. Seine Zukunft
umreißt er mit dem Satz: »Ich werde dorthin gehen, wo mich die
Partei hinstellt.« Werner Stiller weiß von Schulungen in der FDJ
und bei der SED, was er zu sagen hat, um den Stasi-Mann zu
begeistern. Und der ist es auch. »Du bist doch ein pfiffiger Bur-
sche«, meint Leo nach seinem fünften Cognac an diesem Morgen:
»Wenn du bei uns mitmachst und dir Mühe gibst, fängst du nach
dem Studium gar nicht erst zu arbeiten an, sondern gehst nach
einer Vorbereitungszeit als Kundschafter über die grüne Grenze.«
Werner Stiller ist überrascht: Eine solche Perspektive, staunt er,
kennen sie sich doch gerade zwei Stunden. Der Gedanke, über den
Nachrichtendienst die DDR verlassen zu können, gefällt ihm nicht
schlecht. »Was erwartest du jetzt von mir?« fragt Stiller den Stasi-
Mann. »Schreib erst mal einen ausführlichen Lebenslauf und eine
detaillierte Verwandtenaufstellung«, antwortet der, »und dann
sehen wir weiter.« Zum Abschied verlangt Leo von Stiller das Versprechen, niemandem von diesem Gespräch etwas zu erzählen.
Bei der nächsten Verabredung, zwei Wochen später im Restaurant Kiew in Leipzig, bekannt für seine ukrainischen Spezialitäten,
liefert Stiller Lebenslauf und eine Liste mit seinen Verwandten ab.
Während des Essens erzählt er von der schlechten »ideologischen
Situation« am Physikalischen Institut in Leipzig. »Schreib das auf«,
sagt Leo zu ihm. Stiller fängt an, Berichte zu verfassen. Regelmäßig trifft er sich mit Leo zum Essen. Zu jedem Termin bringt er
etwas Schriftliches mit: Berichte, Beurteilungen, Stimmungsschil-
derungen und politische Auswertungen.
Nach sieben Monaten bittet Leo Werner Stiller, zu einem Treffen nach Berlin zu kommen. Auch sein Vorgesetzter werde mit
dabeisein. Stiller fährt nach Berlin und klingelt an einer Tür in der
Knaackstraße 8 im Bezirk Prenzlauer Berg, eine konspirative Wohnung der Staatssicherheit. Die Tür geht auf. Zwei Stasi-Männer
erwarten den Studenten: »Werner« und »Christian«. Als erstes
fragt ihn Christian haarklein aus. Werner Stiller erkennt sofort, daß

es keinen Sinn hat, bei dem Mann zu lügen. Er würde alles durchschauen, und zwar sofort.

Christian hält einen Vortrag über die politische Lage, vor allem in den beiden deutschen Staaten. »Deshalb ist es wichtig, daß das MfS in seiner Arbeit von Genossen und Patrioten der DDR unterstützt wird«, lautet sein Fazit. »Bist du bedingungslos bereit«, fragt er sodann Stiller, »alle Aufträge, die wir dir erteilen, zu erfüllen?« Stiller kommt sich wie eine Maus in der Falle vor. »Mich beherrschte nur ein Gedanke«, erinnert er sich an diesen Augenblick, »diesen Mann nicht zu reizen.« So sagt er »ja«. Christian nimmt dies nickend zur Kenntnis und fährt fort: »Es ist dir wohl klar, daß wir uns nicht nur auf dein Wort verlassen können. Wir müssen vor allen Dingen wachsam sein, deshalb wünschen wir, daß du eine Verpflichtung zur Zusammenarbeit mit unserem Ministerium unterschreibst. Wir haben ein Muster, das alle wichtigen Punkte enthält.« In diesem Augenblick zieht Werner aus der Aktentasche einen mit Schreibmaschine getippten Entwurf und reicht ihn Stiller. »Im übrigen kannst du den Text selbst formulieren«, fügt Christian hinzu. Werner Stiller greift zu Kugelschreiber und Papier, schreibt: »Ich, Werner Friedhelm Stiller, geboren am 24. 8. 1947 in Weßmar, tätig als Student an der Karl-Marx-Universität Leipzig, wohnhaft in 422 Leuna, Friedrich-Ebert-Str. 23, verpflichte mich hiermit freiwillig zur Zusammenarbeit mit dem Ministerium für Staatssicherheit der Deutschen Demokratischen Republik und bin bereit, alle mir übertragenen Aufgaben ehrlich, gewissenhaft und mit ganzen Kräften zu erfüllen. Ich bin mir bewußt, daß ich damit einen ehrenvollen Auftrag als Bürger der DDR übernehme, um meinen Beitrag zur Sicherung und Stärkung der Deutschen Demokratischen Republik zu leisten. Ich wurde aus Anlaß dieser Verpflichtung darüber belehrt, daß alle mir im Verlauf meiner inoffiziellen Tätigkeit für das MfS bekannt werdenden Arbeitsmethoden, Personen, technischen Einrichtungen u. dgl. strengstes Geheimnis darstellen und ich deshalb darüber – einschließlich meiner Tätigkeit für das MfS – mit keiner Person, auch nicht mit meinen Verwandten, Bekannten und anderen gesellschaftlichen oder staatlichen Organen sprechen bzw. Angaben machen darf. Zur Sicherung meiner Person und meiner inoffiziellen Tätigkeit wähle ich mir den Decknamen ›Stahlmann‹ und werde meine gesamte Tätigkeit für das MfS unter diesem Namen führen. Mir ist bekannt, daß ich beim Bruch dieser Verpflichtung die Interessen der DDR schwer schädige und nach den bestehenden Gesetzen der DDR streng zur Rechenschaft gezogen werden kann.«

Nachdem Werner Stiller unterschrieben hat, erheben sich die beiden Stasi-Männer, blicken ihm mit feierlicher Miene tief in die Augen und gratulieren zu der Entscheidung, mit der er sich in »die Front der Kämpfer gegen den inneren und äußeren Feind« einreihe. Sogar einen Strauß Blumen haben sie bereitliegen. Die Männer stoßen mit Remy Martin an. Leo könne er vergessen, sagt Christian zu Stiller. Sein künftiger Führungsoffizier sei Werner.

Werner – mit Nachnamen angeblich Helbig, in Wahrheit, was Stiller damals freilich nicht erfährt, Hengst – erläutert Werner Stiller die Regeln der Konspiration. »Merk dir eins«, schärft ihm der Stasi-Mann ein, »oberster Grundsatz ist, daß jeder nur soviel erfährt, wie zur Erledigung seiner Aufgaben unbedingt notwendig ist.« Stiller bekommt erste Einsätze als Kurier. Auf Weisung der Staatssicherheit fängt er bei der Physikalischen Gesellschaft in Ostberlin an. Wenn es die Staatssicherheit verlangt, wird er dort vom Dienst freigestellt, damit er für sie die Stasi-Aufträge ausführen kann.

Eines Tages erhält Werner das Angebot, beim Ministerium für Staatssicherheit hauptamtlich anzufangen. Er nimmt das Angebot an, zwei Jahre nachdem er als Inoffizieller Mitarbeiter begonnen hatte. So steigt er am 1. August 1972 am Alexanderplatz in die U-Bahn Richtung Tierpark Friedrichsfeld, fährt bis zur Station Magdalenenstraße. Mit ihm zusammen verlassen »auffallend viele gut gekleidete Fahrgäste« die U-Bahn an dieser Station. Alles MfS-Angehörige. Es ist sein erster Arbeitstag als hauptamtlicher Mitarbeiter bei der Staatssicherheit. Von der Frankfurter Allee biegt er in die Magdalenenstraße ein – Stiller erinnert sich später noch sehr genau an diesen Augenblick: »Die Altbauten an der linken Straßenseite, normale Wohnhäuser, Läden, kleine Betriebe, gehörten

anscheinend nicht zum Gebäudekomplex des MfS. Nach fünfzig
Metern wechselte die Szene. Die Fenster hatten jetzt Einheitsgar-
dinen und waren in der ersten Etage vergittert. Eine Tordurchfahrt
war wieder mit einem NVA-Posten besetzt. Er ließ Personenkraft-
wagen nach gründlicher Kontrolle der Dienstausweise und einer
zusätzlichen Einlaßkarte passieren. Ich ging die Magdalenenstraße
weiter entlang. Auf der rechten Straßenseite befand sich eine hohe
Mauer mit einem verschlossenen Tor. Links wurde die leicht
ansteigende Straße nun von einem schmutziggrauen, fünfgeschossi-
gen Gebäude gesäumt, dessen untere Fenster ebenfalls vergittert
waren. Die darüber liegende Fensterreihe war mit Metallstreifen
gesichert. Fast am Ende des Komplexes erblickte ich eine Tür mit
einem grauen Milchglasschild: Ministerrat der Deutschen Demokratischen Republik – Ministerium für Staatssicherheit – Besucher-
eingang. Ich bemerkte eine Fernsehkamera über der Tür, die
offenbar die gesamte, nicht sehr lange Magdalenenstraße erfaßte.
Wahrscheinlich beobachtete man mich schon. Ich holte tief Luft,
blinzelte noch einmal in die Morgensonne und trat ein.«

Stillers Büro liegt in dem Haus, das früher einmal die Adresse
Frankfurter Allee 181 hatte, in der fünften Etage. Jener Christian,
der ihm vor einem knappen dreiviertel Jahr in der konspirativen
Wohnung auf den Zahn gefühlt hatte, begrüßt ihn. Er heißt – wie
Stiller jetzt erfährt – mit Nachnamen Streubel, ist Hauptmann und
Leiter des Referats, in dem Stiller in Zukunft arbeiten soll und für
das er bislang als Inoffizieller Mitarbeiter tätig war. Erst jetzt sagt
man ihm, mit welchem Zweig er es zu tun hat: Es ist die Abteilung
XIII des Sektors Wissenschaft und Technik der HVA. Die Aufgabe des Sektors Wissenschaft und Technik besteht darin, wissen-
schaftliches Material zu beschaffen. Die Abteilung XIII ist für Physik, Chemie und Biologie zuständig. Stiller kommt – entsprechend
seines Physik-Diploms – ins Referat I. Hier befaßt man sich vor
allem mit der Kernphysik.

»Unser Referat ist beauftragt, alle Bestrebungen des Gegners, im
besonderen der Bundesrepublik, auf dem Gebiet der atomaren
Rüstung aufzudecken und aufzuklären«, umreißt Stasi-Hauptmann
Streubel für Stiller die Aufgabe des Referats. »Darüber hinaus sind

wir verantwortlich für die Beschaffung von Informationen über die
Entwicklung neuer und die Herstellung und Stationierung beste-
hender Waffensysteme, die auf der Grundlage moderner physikali-
scher Wirkungsprinzipien arbeiten. Hierbei konzentrieren sich die
sowjetischen Genossen vorwiegend auf ihren Hauptgegner, die
USA. Mit Westdeutschland müssen wir weitgehend allein fertig
werden. Und vergiß nicht«, fügt der Referatsleiter hinzu: »Wir sind
in der DDR die einzigen, die das machen. Unsere Arbeit nimmt
uns niemand ab.«

Die Praxis sieht dann aber doch etwas anders aus, wie Stiller in
den folgenden Jahren feststellt: »In erster Linie war das Referat
damit beschäftigt, technische Unterlagen zu beschaffen, um der
ineffektiven und unter den Mängeln des Systems leidenden DDR-
Wirtschaft auf die Beine zu helfen. Davon profitierten auch die
Russen kräftig, die die meisten Informationen in Kopie erhielten.«

Noch an diesem ersten Tag im Ministerium für Staatssicherheit
lernt Stiller die Segnungen kennen, die das Haus für seine Mitarbeiter bereithält: eine Verkaufsstelle, in deren Regalen wesentlich
mehr als in den anderen Geschäften Berlins liegt, und auch das
Wohnungsbüro. In zwei Jahren könne er eine Wohnung bekommen, hört er dort und atmet auf. Der Normalbürger wartet im
Durchschnitt sechs Jahre. Zudem sind die Wohnungen der MfS-
Mitarbeiter dafür bekannt, daß sie sich in einem guten Zustand
befinden. Einem vergleichsweise guten Zustand. Auch für den
Urlaub bietet das MfS etwas: Stillers Abteilung verfügt über eine
eigene Datsche für die Mitarbeiter. An einem See in der Nähe
Berlins.

Stiller ist fleißig, rackert unermüdlich. Schließlich verfügt er
über 35 Inoffizielle Mitarbeiter in der DDR und eine ganze Reihe
von Agenten im Westen, unter anderem den Atomphysiker Rolf
Dobbertin in Paris, Professor Karl Hauffe an der Universität Göt-
tingen, Reiner Fülle im Kernforschungszentrum Karlsruhe, einen
Unternehmer in Hannover, einen Ingenieur bei Siemens.

Im Februar 1976 wird er zum Oberleutnant befördert: Nun verdient er 1500 Mark netto, soviel wie der Direktor eines mittel-
großen Betriebes in der DDR – und das mit achtundzwanzig. Wie

es sich für einen prestigebewußten Stasi-Offizier gehört, bestellt sich Stiller einen fabrikneuen Wagen. Er entscheidet sich für einen Skoda aus der ČSSR.

Im Frühsommer 1976 erlebt Werner Stiller eines der schwärzesten Kapitel der HVA aus nächster Nähe mit – Markus Wolf hatte schon seit längerem eine derartige Panne befürchtet. Der Spionageabwehr im Kölner Bundesamt ist es gelungen, der HVA hinter einen ihrer Standard-Schliche zu kommen, dahinter nämlich, daß Agenten aus der DDR als »zurückkehrende Auswanderer« in die Bundesrepublik eingeschleust werden. Der Ansatzpunkt für die bundesdeutschen Ermittler ist die Anmeldung beim Ordnungsamt. Mit einer Computer-Rasterfahndung filtert der Verfassungsschutz Verdächtige heraus. 30 Agenten werden auf diese Weise in der Bundesrepublik verhaftet, unter ihnen das Agenten-Quartett Lutze/Wiegel: Die beiden Ehepaare hatten die HVA aus dem Bonner Verteidigungsministerium mit riesigen Mengen von Material versorgt. Aus Angst vor weiteren Verhaftungen kommt die HVA nicht umhin, eine Vielzahl von bislang unerkannten Agenten zurückzurufen. Von 37 spricht der Verfassungsschutz, Werner Stiller berichtet von tatsächlich 120. »Sie wurden sämtlich Hals über Kopf in die DDR zurückbeordert«, erinnert sich Stiller, »denn die Verantwortlichen im MfS sahen es nur als eine Frage der Zeit an, bis ihr Gegenspieler Hellenbroich, der damalige Leiter der Spionageabwehr im BfV, und seine Leute auch den übrigen auf die Schliche kommen würden.«

»Überwiegend erfolgte die Flucht nach den für den Notfall erteilten Weisungen«, berichtet der Verfassungsschutz über seine Feststellungen:« »Die Agenten traten kurzfristig angesetzte Wochenendreisen an. Die Eheleute M., die sämtliche Kleidungsstücke, Wertsachen und Schreibmaschine einpackten, verabschiedeten sich unter Tränen von der Nachbarin mit dem Hinweis, die Wohnungseinrichtung könne übernommen werden, wenn ihnen im Urlaub etwas zustoße. Andere Agenten beantragten überraschend Urlaub oder kehrten aus dem planmäßig angetretenen Urlaub nicht zurück. Um ihr Verschwinden zunächst unverdächtig erscheinen zu lassen, tarnten sie ihr Ausbleiben telefonisch beim Arbeitgeber oder gegenüber Nachbarn mit Entschuldigungen, als seien sie nur vorübergehend an der Rückkehr gehindert: Verkehrsunfall, Herzinfarkt oder Fehlgeburt der Ehefrau. Den bemerkenswertesten ›Verhinderungsgrund‹ fanden die Eheleute N. Sie teilten fernschriftlich aus der DDR mit, wegen eines Todesfalles in der Verwandtschaft benötigten sie einige Tage Urlaub, um die erforderlichen Formalitäten abzuwickeln. Wenige Tage später schrieben sie erneut dem Wohnungsvermieter, sie seien die glücklichen Erben des Verstorbenen; ihre Erbschaft sei so lohnend, daß sie sich wegen der Schwierigkeiten, die Werte in den Westen zu transferieren, entschlossen hätten, in der DDR zu bleiben. Schließlich kündigten sie an, sie würden die Einrichtung ihrer Wohnung, in der die Polizei fototechnisches Material sicherstellte, von einem Speditionsunternehmen in die DDR abholen lassen.

Eine Reihe weiterer Fluchtfälle wurde erst durch Hinweise aufmerksamer Nachbarn bekannt. Ihnen waren Möbelwagen mit Firmenaufschriften aus der ›Hauptstadt der DDR‹ oder Karl-Marx-Stadt vor Wohnungen ihrer Nachbarn, die sie im Urlaub glaubten, aufgefallen. Die Packer hatten dem Vermieter notariell beglaubigte Vollmachten der verschwundenen Mieter präsentiert. Andere Agenten verzichteten darauf, ihr Mobiliar westlichen Zuschnitts in die DDR transportieren zu lassen. Die Eheleute Sch. ließen sich von einem Arbeitskollegen des Ehemannes lediglich ›einige persönliche Sachen‹ nach Berlin (Ost) bringen, die sie ›dringend benötigten‹, weil die Ehefrau dort wegen eines Herzinfarktes ans Bett gefesselt sei. Während Sch. seinem Arbeitskollegen ein Hotelzimmer reserviert hatte und großzügig Reise und Aufenthalt für ihn bezahlte, wurde der Freund eines anderen Agenten ohne Erstattung der Fahrtkosten nachts auf der Transitautobahn abgefertigt. Ein Fahrzeug, das seinem Wagen längere Zeit gefolgt war, stoppte ihn. Aus dem Fahrzeug heraus übernahm der geflohene Agent wortkarg seine Stereoanlage. Auch am folgenden Tag, als er den Freund noch einmal in Berlin (Ost) traf, war der Agent in Begleitung seines angeblichen ›Rechtsanwalts‹, der ihm das Wort abschnitt, als er seine neue Ostberliner Anschrift mitteilen wollte.«

Diese Massenflucht bedeutete einen herben Rückschlag für die

HVA. Der Schaden ging weit über die tatsächlich verhafteten
Agenten hinaus. Hatte die Verhaftung Guillaumes zwei Jahre zuvor
die Stimmung bei den HVA-Agenten noch spürbar gehoben –
damals war praktisch jeder stolz, zu dem tollen Haufen zu gehören,
dem dieses Meisterstück gelungen war, nach der Devise: »Wir
haben nicht nur die besseren Sportler, sondern auch die besseren
Agenten« (bei der jüngsten Olympiade – in München 1972 – lag die
DDR mit 20 Goldmedaillen vor Gastgeber Bundesrepublik, der es
auf 13 brachte) –, rutschte nun die Stimmung in den Keller. Der
Verfassungsschutz ortete einen nach dem anderen von Wolfs Leuten. West-Agenten der HVA hätten daraufhin von sich aus die
Arbeit eingestellt, berichtet Stiller, »weil sie das Vertrauen in den
DDR-Nachrichtendienst verloren hatten. Fest geplante Werbun-
gen gingen in die Brüche, selbst längst bewährte Leute stellten
peinliche Fragen.«

Auch Wolf zeigte sich irritiert. In den Monaten nach diesem
Desaster sei »beim Genossen Wolf hinsichtlich West-Reisen hauptamtlicher Mitarbeiter nichts zu machen« gewesen, berichtet Stiller.

So trifft sich Stiller im September 1976 während einer Dienstreise in Zagreb mit einem BND-Mann – Stiller hatte Monate zuvor
von sich aus mit den Pullachern Kontakt aufgenommen. Wie, das
behält er für sich. Nach der kurzen Unterhaltung im Toilettenraum
eines Hotels halten sie die Verbindung. Stiller empfängt daheim in
Ostberlin Funksprüche aus Pullach.

Im Januar 1978 trifft er sich beispielsweise mit seinem BND-
Kontaktmann Günther in Ostberlin – ausgerechnet in einer konspirativen Wohnung des MfS, die ihm für seine Arbeit zur Verfügung
steht. Der Westdeutsche bringt rasch die Sprache auf ein Problem,
das dem BND unter den Nägeln brennt: »Wie du sicher mitbekommen hast«, beginnt er, »mußten wir in letzter Zeit einige bittere
Verluste hinnehmen. Wir sind natürlich besorgt. Kannst du uns
nicht im Rahmen der gebotenen Vorsicht helfen?« Werner Stiller
weiß sofort, worum es geht. Mehrfach hatte er im »Neuen Deutschland«, dem Zentralorgan der SED, gelesen, daß in der DDR Agenten aus dem Westen verhaftet worden seien, die Militärspionage
betrieben hätten, und zwar unter »Mißbrauch der großzügigen Ein-

reise- und Transitbestimmungen sowie des Viermächte-Abkommens über Westberlin und des Transitabkommens«. Pullach will wissen, fährt Günther fort, wie das MfS den BND-Leuten auf die Schliche gekommen ist.

Stiller beginnt mit seinen Nachforschungen im Reiche Erich Mielkes: »Schon in den folgenden Tagen brachte ich im Kollegenkreis vorsichtig die Sprache auf die von der Presse gemeldeten kontinuierlichen Verhaftungen und fragte, mich möglichst einfältig gebend, wie man es wohl anstellt, der feindlichen Agenten und Diversanten so zügig habhaft zu werden. Ich heuchelte Respekt vor der beachtenswerten Leistung unserer Abwehr. So deutlich ich auf den Busch klopfte, niemand wußte etwas Genaueres. Nach zwei Wochen hatte ich einen relevanten Hinweis, von einem Vertrauten in unserer Abteilung, der es wiederum von einem Freund bei der für Spionageabwehr zuständigen Hauptabteilung II wußte, natürlich jeweils unter dem Siegel streng vertraulichster Verschwiegenheit. Danach waren die Westagenten mit Computer ausfindig gemacht worden. Zunächst habe man an allen Straßen, die zu Militärobjekten oder daran vorbeiführen, Observationsposten eingerichtet, die die Nummern aller ortsfremden Fahrzeuge notierten. Der Computer habe dann alle Fahrzeuge ausgeworfen, die an mehreren verschiedenen Garnisonen, Flugpisten oder Truppenübungsplätzen aufgetaucht waren. Diese gerieten automatisch in die engere Auswahl. Unter ihnen waren dann die Agenten relativ leicht zu identifizieren. Das MfS nutzte also die moderne Technik, und zum großen Teil verdankte es diese Möglichkeit den Lieferungen meines Agenten ›Sturm‹, überlegte ich mir. Ich ging unverzüglich daran, wenigstens diesen Effekt wieder zu ›neutralisieren‹.

Noch am gleichen Tag sandte ich einen meiner ›Geheimbriefe‹ ab, der Pullach über diese Methode der computergestützten Agenten-Identifizierung orientierte. Ich gab noch einen zusätzlichen Fingerzeig. Der Mann aus der Hauptabteilung II hatte meinem Freund noch anvertraut, daß das System nur im Norden der DDR funktionierte; im Süden war das Straßennetz zu dicht.«

Stillers Zeit in der DDR ging dem Ende entgegen. Er fürchtet, enttarnt und verhaftet zu werden. Für diesen Fall rechnet er fest

damit, erschossen zu werden. Daran gibt es für ihn nichts zu deu-
teln – und er hat recht: Werner Teske, ein Kollege von ihm aus
dem SWT, wird zwei Jahre später vom Obersten Gericht der DDR
zum Tode verurteilt, »wegen vollendeter Spionage im schweren
Fall«. In seiner Waschküche hatte Teske Unterlagen aus der HVA
versteckt. Im Verhör gestand er, daß er vorgehabt hätte, zum BND
überzulaufen. Mit dem hatte er allerdings noch keinen Kontakt
aufgenommen – so daß der Dienst in Pullach davon gar nichts
mitbekommen hatte. Am 26. Juni 1981 wird Teske vom »Henker
von Leipzig« mit einer Kugel ins Genick erschossen – »unerwarte-
ter Nahschuß in den Hinterkopf« hieß das in der Vollstreckungs-
ordnung der DDR. Der Henker hatte sich im Hinrichtungstrakt in
Leipzig von hinten an Teske herangepirscht und dann seine Pistole
abgedrückt. Stillers Befürchtung war also alles andere als aus der
Luft gegriffen. Doch ihm gelang im Januar 1979 die Flucht in den
Westen. Via Bahnhof Friedrichstraße.

Beim Bundesnachrichtendienst packt er umfassend aus. Von den
mindestens fünfzehn Agenten, denen noch rechtzeitig die Flucht
gelingt, heißt einer Armin Raufeisen, Jahrgang 1927. Ähnlich wie
Guillaume war auch er bereits zur Zeit des Kalten Krieges in die
Bundesrepublik eingeschleust worden. Als angeblicher Flüchtling
kommt er 1957 im Westen an. Er ist damals 29 Jahre alt. Als Stiller
über zwanzig Jahre später dem BND von Armin Raufeisen berichtet, ist dieser als Geophysiker bei der Preussag in Hannover
beschäftigt. Raufeisen erhält ein Zeichen aus Ostberlin und flüchtet
Hals über Kopf mit seiner Familie in die DDR. Doch dort gefällt es
ihm bald nicht mehr. Er will in die Bundesrepublik zurück und
macht sich abermals auf die Flucht. Diesmal in umgekehrter Richtung. An der ungarisch-österreichischen Grenze wird er am
12. September 1981 geschnappt. So kommt es, daß ausgerechnet
der Spion für die DDR in der DDR wegen Spionage angeklagt
wird. Am 16. September 1982 verkünden die Richter des Militär-
obergerichts in Ostberlin das Urteil: lebenslänglich, wegen »landes-
verräterischer Agententätigkeit im besonders schweren Fall«. Das
Urteil trifft einen Mann, der zwanzig Jahre lang für Wolfs HVA
und dessen Land spionierte.

Armin Raufeisen erlebte die Freiheit nicht wieder: Am 12. Oktober 1987 stirbt er in der Haft.

Der Schaden durch den Überläufer Stiller ist für HVA-Chef Wolf immens: Sein Haus ist für die Gegenseite transparent geworden, das Schlimmste, was einem Nachrichtendienst-Chef passieren kann. Mitarbeiter sind demotiviert. Vor allem aber demonstriert der Fall, daß es mit der Moral bei seiner Truppe nicht so bestellt ist, wie bislang angenommen. Seinen »Kundschaftern« ist von nun an klar, daß auch bei der HVA ein Überläufer nicht ausgeschlossen ist, der sie auffliegen läßt.

Und noch einen Schlag versetzt Stiller dem HVA-Chef Markus Wolf. Im Westen identifiziert er eindeutig den Spaziergänger in Stockholm, der sich Dr. Kurt Werner nannte, als Markus Wolf. Das Ende des Mythos ist da. Der »Mann ohne Gesicht« hat wieder ein Gesicht.

Heute ist Stiller für Markus Wolf ein »Verräter«. »Ein Mann wie Stiller«, bedauert Wolf, »der Personen ihrer Freiheit berauben ließ, die er selbst für den Nachrichtendienst gewonnen hat und für deren Führung er verantwortlich war, wird noch immer als Held in der westlichen Welt gefeiert.« Wie scheinheilig! Denn umgekehrt schickte ja auch Wolf Überläufer des Verfassungsschutzes, die in die DDR kamen und auspacken wollten, nicht wieder zurück. Man denke nur an Tiedge oder Kuron. Im Gegenteil. Im Fall Kuron beispielsweise war es Wolf selbst, der mit Stapeln von Tausend-Mark-Scheinen dafür sorgte, daß der Kölner Oberamtsrat bloß nicht zu reden aufhörte und seinen Verrat über Jahre hinweg fortsetzte.

Wolfs Reich – Die Hauptverwaltung Aufklärung

»Zuweilen bewirkt ein guter Witz mehr als zehn Leitartikel.« Nach diesem Motto arbeitete Rolf Wagenbreth, Oberst und Leiter der Abteilung X – Desinformation. Ihm unterstanden sechzig Mitarbeiter. Diese Abteilung war ein Steckenpferd von Markus Wolf; 1966 war sie auf seine Initiative hin eingerichtet worden. Die

Devise dieser Abteilung lautete: »Dichtung und Wahrheit werden gemischt und verbreitet – etwas bleibt immer hängen.« »Desinformacija«, diesen Begriff hatte Lenin 1917 geprägt – die Sowjets definieren die Desinformation als »Verbreitung von falschen und provozierenden Informationen«. »Ich bezeichne es als meine Lieblingsbeschäftigung«, sagte Oberst Wagenbreth kurz und bündig.

Und so wurde eine Reihe von Vorgängen, die in der Bundesrepublik für Aufmerksamkeit sorgten, mitunter für Wirbel, von der Abteilung X in Ostberlin aus gesteuert. Beispielsweise lancierte sie Telefonate von bundesdeutschen Politikern, die die Stasi-Abhörzentrale am Müggelseedamm in Friedrichshagen mitgeschnitten hatte, in der bundesdeutschen Presse. Etwa ein abgehörtes Telefonat zwischen Helmut Kohl und Kurt Biedenkopf, das der »Stern« druckte. Die beiden ehemaligen HVA X-Offiziere Günter Bohnsack und Herbert Brehmer gestanden diese Aktion im »Spiegel« – über zwanzig Jahre haben die beiden derartige Ferkeleien betrieben: »Unsere Abhörexperten hatten uns das Protokoll gegeben«, berichtet Günter Bohnsack, Ex-Oberstleutnant und Diplom-Journalist, über die Hintergründe dieser Abhöraffäre: »Das haben wir in ein Abhörprotokoll eines US-Geheimdienstes umfrisiert und dem ›Stern‹ zukommen lassen – es sollte so aussehen, als würden deutsche Spitzenpolitiker von amerikanischen Diensten belauscht. Der ›Stern‹ hat unsere Fassung gedruckt, Kohl und Biedenkopf haben das Telefonat später bestätigt.«

Ebenso brachten die HVA-Desinformatoren ein Gespräch zwischen Franz Josef Strauß und Wilfried Scharnagel, Redakteur beim »Bayernkurier« (und später dessen Chefredakteur), in die Presse. Die beiden hatten sich über das Starfighter-Geschäft unterhalten, das Strauß 1959 als Verteidigungsminister mit dem amerikanischen Rüstungskonzern Lockheed abgeschlossen hatte. Bohnsack weiter: »Speziell ging es um den Streit, daß Strauß unsauberer Geschäfte bezichtigt wurde und Lockheed-Akten angeblich oder tatsächlich verschwunden waren.« Als Ende 1977 der »Lockheed-Untersuchungsausschuß« kurz vor dem Abschluß gestanden habe, habe man den Text auf Formulare gebracht, auf denen der Bundesnachrichtendienst abgehörte Telefonate ausschreibe. – »Ziel der Maß-

*Titelseite der »Süddeutschen Zeitung«
vom 14./15. Januar 1978*

nahme« – so stand in der HVA-Akte über diesen Vorgang: »die
Dienste (BND) mit einer vorgetäuschten G-10-Abhörmaßnahme*
zu belasten und den bevorstehenden Abschluß der Lockheed-
Untersuchungen durch den Ausschuß in Frage zu stellen.« Die
HVA-Leute schickten das angebliche Protokoll, dessen Inhalt sie
auch – anders als im Fall Kohl/Biedenkopf – geändert hatten, an
einen Redakteur der »Süddeutschen Zeitung«. Und diese meldete
in der Wochenendausgabe vom 14./15. Januar 1978, just während
der traditionellen jährlichen Klausurtagung der CSU in Wildbad-
Kreuth: »Strauß wurde abgehört«.

Der Artikel bot eine Menge politischen Zündstoff: »Welche
Stelle hat denn die Möglichkeit, so etwas in die Wege zu leiten?«
fragte der abgehörte Ministerpräsident in Richtung Bonn. Für Bay-
erns Innenminister Alfred Seidl lag »die Vermutung nahe, daß eine
Bundesbehörde darin involviert ist«. Der Bundestag richtete einen
parlamentarischen Untersuchungsausschuß ein, die erste Sitzung
endete mit einem Eklat: Die Vertreter der CDU/CSU verließen
geschlossen den Sitzungssaal, weil sie sich mit der SPD nicht über
die Reihenfolge der Zeugenvernehmungen einigen konnten. Strauß
erklärte indes, er habe erfahren, daß es sich um eine Aktion des
Militärischen Abschirmdienstes handle – der MAD dementierte.
Der ehemalige Staatssekretär Werner Ernst, der von der Bundesregierung mit der Untersuchung des Falles beauftragt wurde, kam zu
dem Ergebnis, es sei ausgeschlossen, »daß Dienststellen des Bun-
des im Rahmen ihrer dienstlichen Tätigkeit das bezeichnete Tele-
fongespräch abgehört, an dem Abhören oder an der Erstellung des
Abhörprotokolls mitgewirkt haben«. Gleichwohl: Ein allgemeines
Mißtrauen blieb. Ein halbes Jahr lang hatten sich die Politiker mit
diesem Thema beschäftigt – und lebhaft miteinander gestritten.
Die HVA-Abteilung X hatte damit ihr Ziel erreicht – und war dabei
einmal mehr unerkannt geblieben. So schrieb »Die Welt« am

---

* Nach dem G-10-Gesetz (Gesetz zur Beschränkung des Brief-, Post- und Fern-
meldegeheimnisses – Gesetz zu Artikel 10 Grundgesetz –) dürfen die bundesdeutschen Nachrichtendienste unter bestimmten Voraussetzungen Telefongespräche in der Bundesrepublik abhören.

30. Mai 1978: »Die Annahme, daß hinter der Abhöraktion das KGB oder das MfS stehen, wird von Fachleuten für unwahrscheinlich gehalten.«

Von dieser Aktion wußte Markus Wolf zunächst nichts, obwohl die Information des HVA-Chefs »eigentlich vorgeschrieben und üblich war, wenn es um Politiker vom Format eines Strauß ging«, berichtet Günter Bohnsack. »Wolf hat sich später erkundigt, ob wir es gewesen seien. Danach bekamen wir Order, mit keinem Vorgesetzten darüber zu sprechen und auch keinen Bericht zu fertigen.« Das hätte bedeutet, daß Wolf Stasi-Chef Mielke nicht informieren wollte. »Und daraus schlossen wir wiederum, daß unsere Maßnahmen gegen Strauß, der offiziell und in der Öffentlichkeit immer noch als Feind Nummer eins der DDR galt, nicht mehr zur inoffiziellen Politik der Parteiführung paßte.«

Was sagt heute Wolf zu den von seinen Leuten ausgelösten Abhörskandalen? »Ich habe solche Dinge im Grunde genommen immer für Spielereien gehalten«, meint er gelassen: »Aber die Politiker hätten wissen müssen, daß sie vertrauliche Gespräche nicht über Autotelefon führen durften.« So sind, glaubt man Wolf, die Abhör-Opfer selber schuld. Oder?

»Aktive Maßnahmen« hieß die Arbeit der Abteilung Desinformation innerhalb der HVA. »Aktive Maßnahmen sind« – so definiert es die für die HVA maßgebliche Richtlinie 0000-2/79 – »darauf gerichtet, mit Hilfe operativer Kräfte, Mittel und Methoden
– den Feind bzw. einzelne feindliche Kräfte und Institutionen zu entlarven, zu kompromittieren bzw. zu desorganisieren und zu zersetzen;
– progressive Ideen und Gedanken zu verbreiten und fortschrittliche Gruppen und Strömungen im Operationsgebiet zu fördern;
– die Entwicklung von Führungspersönlichkeiten und solchen Personen zu beeinflussen, die bei der Bestimmung der öffentlichen Meinung eine besondere Rolle spielen.
Der Einsatz der konspirativen Kräfte, Mittel und Methoden ist so vorzunehmen, daß Ausgangspunkte, handelnde Personen und Zielsetzung der aktiven Maßnahmen verschleiert werden.«

So griff die Abteilung X auch einer Reihe von Journalisten unter

die Arme, die in ihrem Sinne arbeiteten: Die HVA-Männer fütter-
ten so beispielsweise Beate und Serge Klarsfeld mit Material für
ihren Kreuzzug gegen Bundeskanzler Kurt Georg Kiesinger wegen
dessen angeblicher NS-Vergangenheit. Auf dem Höhepunkt der
Kampagne ohrfeigte Beate Klarsfeld den Bundeskanzler am
7. November 1968 auf dem CDU-Parteitag in Berlin. »Die Journalistin Beate Klarsfeld war regelmäßig Kontaktfrau einer legalisier-
ten Außenstelle des MfS«, berichten die beiden ehemaligen HVA-
Offiziere Bohnsack und Brehmer. »Frau Klarsfeld hat das bela-
stende Material gegen den damaligen Bundeskanzler Kurt Georg
Kiesinger bei uns abgeholt, mit dem sie dann seit 1967 Kiesingers
NS-Vergangenheit anprangerte. Auch ihr Mann Serge war mehrfach bei uns. Die beiden haben stapelweise Dokumente von uns
bekommen.«

Auch Bernt Engelmann, den Bundesvorsitzenden des Verbandes
deutscher Schriftsteller von 1977 bis 1984, versorgte die Abteilung
X mit Material für sein 1973 erschienenes »Schwarzes Kassenbuch
– Die heimlichen Wahlhelfer der CDU/CSU«. Engelmann erhielt
das Material über die »Dokumentationszentrale des Innenministeriums« der DDR und das »Zentralarchiv Potsdam«. Er ahnte
damals schon, wie er später erklärte, daß die Stasi ihre Finger dabei
im Spiel hatte.

Mit »Stern«-Redakteuren hielten die Desinformatoren über
Jahre Kontakt. »Mit Walde habe ich mich so 12–15mal getroffen«,
sagt Herbert Brehmer, Ex-HVA-Oberstleutnant und promovierter
Historiker. Thomas Walde war beim »Stern« der »Geheimdienst-
experte«. Bei einem Treffen im Juli 1980 in Ostberlin übergab
Brehmer, der sich »Herbert Buchner« nannte, an Walde und
seinen Begleiter Gerd Heidemann* eine »28 Seiten starke Liste
über Gliederung, Finanzierung und Postanschriften des Bundesnachrichtendienstes«. Und wieder einmal ging die Rechnung der
Desinformatoren auf: »Die Liste landete erwartungsgemäß in Bon-

---

* Drei Jahre später sorgte Gerd Heidemann für einen der größten Presse-
skandale der Bundesrepublik. Er war es, der die angeblichen Hitler-Tagebücher
beschaffte, mit deren Abdruck der »Stern« begann.

ner Ministerien und bei den Geheimdiensten. Dort löste sie die erhoffte Verunsicherung aus und säte Mißtrauen zwischen den verschiedenen Ämtern«, konstatierte Brehmer nicht ohne Stolz: »Die beschäftigten sich wieder mit sich selbst, unser Ziel war erreicht.«

Über Jahre hinweg gaben die Desinformatoren auch fiktive Pressedienste heraus. In der Giftküche der HVA kochten sie Wahrheit und Lüge zusammen auf. So entstand zum Beispiel der angebliche Pressedienst »SPD intern«. Auflage: rund 250 Exemplare. Adressaten: Multiplikatoren innerhalb der SPD auf Lokal-, Landes- und Bundesebene: »Das Traktat war eine Mischung aus Fakten und frei ersonnenen Hintergrundinformationen sowie politischen Kommentaren«, berichten Bohnsack und Brehmer. »Wir gaben vor, Sprachrohr der innerparteilichen Opposition in der SPD zu sein. Damit begründeten wir, daß keine Kontaktadresse angegeben war.« Das Gegenstück hieß »Die Mitte« und wurde über zwanzig Jahre lang innerhalb der CDU verschickt. Stoßrichtung: die »reaktionären, rechtsextremistischen Kräfte« bloßzustellen.

Die Palette der üblen Tricks in der Abteilung X war breit: So arrangierten die Desinformatoren ein Fernsehinterview mit dem aus der Bundesrepublik geflüchteten Sowjetspion Müller, der bei der Bundeswehr als Kapitänleutnant in der »Elektronischen Funkaufklärung« gearbeitet hatte. In dem vom DDR-Fernsehen ausgestrahlten Interview erklärte Müller, bei der Funkaufklärung gäbe es eine amerikanisch-deutsche Sondertruppe, die die gewonnenen Erkenntnisse filtere und einen Teil unter den Tisch fallen lasse. So sei beispielsweise den Dänen Material vorenthalten worden, das die Friedensliebe des Ostblocks belege. Dadurch hätten die Bundesrepublik und die Vereinigten Staaten versucht, den kleineren Nato-Partnern weiszumachen, der Warschauer Pakt betreibe eine aggressive Politik. 1978 verschickte die Abteilung X in der Bundesrepublik Briefe an Politiker und Journalisten, die eine gefälschte Liste des Bundesinnenministeriums enthielt, auf der die Personen genannt waren, die im Falle eines »Super-Gaus« in einem Atomkraftwerk von der Regierung evakuiert würden. Man kann sich leicht vorstellen, zu welcher Verärgerung diese Liste geführt hat, insbesondere bei Personen, die darüber erbost waren, daß sie für

SED Parteibüro

Markus Wolf
Leiter der HVA

Verbindungsoffiziere KGB

Sektor Wissenschaft und Technik (SWT)

Abteilung V: Zusammenfassung und Weiterleitung der Informationen/Koordination
1. (Zuständigkeit des Referats nicht bekannt)
2. Elektronik/Elektrotechnik
3. Chemische Industrie/Landwirtschaft/Mikrobiologie
4. Metall/Waffen/Schwerindustrie
5. Dokumentation/Literatur/Entpersonifizierung
6. Operative Außengruppe (Auswahl, Ausbildung und Überprüfung von Mitarbeitern)
7. Dokumentation/EDV

Abteilung XIII: Aufklärung Atomwissenschaft, Biologie, Chemie, Medizin
1. Kerntechnologie
2. Chemie
3. Landwirtschaft
4. Sonderreferat USA (Thematik der Referate 1, 2, 3 + 5)
5. Biologie/Gentechnik

Abteilung XIV: Aufklärung Mikroelektronik, Elektrotechnik, wiss. Gerätebau
1. Elektronische Kampfführung/Mikroelektronik/Optoelektronik/ Nachrichtentechnik
2. Außenstelle Jena: Enge Zusammenarbeit mit VEB Carl Zeiss Jena
3. Beschaffung von Embargotechnik
   …Wissenschaftlicher Gerätebau/Feinmechanik/Optik/ Lasertechnik
   …Datenverarbeitung/Software/militärische Anwendung der Mikroelektronik

Abteilung XV: Aufklärung Fahrzeug- und Schiffbau, Maschinenbau, Luftfahrt
1. mil. Fahrzeug- und Schiffbau (u. a. Krauss-Maffei, HDW Kiel, Krupp-Maschinenbau Kiel)
2. Werkzeugmaschinenbau, Waffenproduktion (u. a. Rheinmetall, MAN, Diehl GmbH)
3. Luft- und Raketentechnik (MBB, Industrieanlagengesellschaft Ottobrunn, Dornier)
4. Wirtschafts- und Industrieverbände (u. a. BDI, BDA)
5. Wirtschaftsaufklärung (u. a. Deutsche Bank, Dresdner Bank, Commerzbank)
6. Kaderwerbung (?)
7. Auswertung (?)

Abteilung I: Staatsapparat der BRD
1. Bundespräsidialamt/Bundeskanzleramt/Bundespresseamt
2. Auswärtiges Amt (Steuerung von und Verbindung zu Quellen)
3. Auswärtiges Amt (Werbung/Ausbildung von Einschleusungskandidaten)
4. Bundesinnenministerium
5. Politisch-ideologische Diversion, BM für innerdeutsche Beziehungen
6. Bundesministerien für Finanzen, Wirtschaft und wirt. Zusammenarbeit
7. Legale Residenturen und Ständige Vertretung der DDR (Bonn)
8. Operative Außengruppe (später: Nachwuchsgewinnung)
9. Auswertungs- und Informationsgruppe

Abteilung II: Parteien/gesellschaftliche Organisationen in der BRD
1. CDU/CSU/Junge Union/Konrad-Adenauer- und Hanns-Seidel-Stiftung/Kirchen
2. FDP/NPD
3. Landsmannschaften/Vertriebenenverbände
4. SPD/Friedrich-Ebert-Stiftung/Sozialistische Internationale
5. Gewerkschaften/DGB
6. KPD/ML-Maoisten/linksextremistische Anhänger bei Grünen/AL
7. Nachwuchswerbung/Ausbildung

Abteilung III: Legal abgedeckte Residenturen im westlichen Ausland
16 Referate

Abteilung IV: Militärstrategische Aufklärung BRD
1. Bundesverteidigungsministerium/Staatsapparat/Parteien
2. Bundesverteidigungsministerium/Bundesamt für Wehrtechnik und Beschaffung (BWB)
3. Heeresamt
4. BWB Basisarbeit
5. Aufklärung Chiffrierwesen/psychologische Kriegsführung
6. Operative Außengruppe
7. Rüstungsbereich
8. Auswertung/Archivierung

Abteilung VI: Übersiedlungen, operativer Reiseverkehr
Bereich A: Übersiedlungen in das Operationsgebiet
Bereich B: Bearbeitung operativer Objekte
Bereich C: Analyse operativer Reiseverkehr/Reiseberatung
Bereich D: »fälschungssichere« Dokumente
Bereich E: Arbeit über legal abgedeckte Residenturen

Abteilung X: Aktive Maßnahmen / Dritte Welt
2. Allgemeine Politik in westlichen Industrieländern
3. Naher Osten/Lateinamerika
4. Militär (Bundeswehr und Nato)
5. Wirtschaft (BRD/andere westliche Staaten)
6. Analysen
7. Ferner Osten
8. EDV-gestützte interne Dokumentation
9. Früherkennung
10. Tagesinformationen/interner Bereich
11. Bibliothek/offizielle Dokumentation

Abteilung VIII: Operative Technik und Funk
Bereich B: Funk und Chiffrierung
– Sende-/Empfangsanlagen
– Geheimschreibmittel
Bereich C: Forschung und Entwicklung elektr. Geräte
– Mechanikerwerkstatt: Lederverarbeitung, Containerbau
– Herstellung elektr. Baugruppen/Meßwesen
Bereich D: Arbeitsgruppe Auslandsvertretungen
– Funkverkehr zwischen Auslandsvertretungen und HVA im Krisenfall
– Funkaufklärung im Operationsgebiet
– »Kontereinsätze«: Abwehr von Lauschangriffen auf DDR-Auslandsvertretungen

Abteilung IX: Gegenspionage
Bereich A: Gegnerische Dienste
1. BND
2. MAD
3. CIA und andere US-Nachrichtendienste
4. Bundesamt/Landesämter für Verfassungsschutz
5. übrige westliche Nachrichtendienste
6. Bundeskriminalamt/Landeskriminalämter
7. Operative Außengruppe
8. Interne Auswertung
10. Außengruppe Sicherheit/Absicherung
Bereich B: Legalresidenturen
1. Westeuropa
2. BRD
3. Arabische und asiatische Staaten
4. Afrika, Mittelamerika
6. Kaderfragen
7. Operative Außengruppe
Bereich C: Auswertung
1. Verfassungsschutz und polizeilicher Staatsschutz (Struktur)
2. EDV-Erfassung von Erkenntnissen
3. Alliierte Nachrichtendienste
4. Verfassungsschutz und polizeilicher Staatsschutz (Personen)
5. BND

---

2. Innenpolitik BRD, Parteien, politische Kräfte
3. Schaffung und Steuerung von Einflußagenten
4. Einflußnahme unter »legalen Dächern«
5. Geheimdienste
6. Nachwuchsgewinnung
7. Wirtschaftsbeziehungen/Handel

Abteilung XI: Nordamerika (USA, Kanada, Mexiko)
1. USA/Kanada/Mexiko einschl. Einschleusungen
2. US-Botschaft in Bonn/US-Bürger in BRD
3. US-Bürger in Westeuropa
4. US-Vertretung bei UNO in New York
5. US-Streitkräfte (USAREUR/EUCOM)
6. Wissenschaftliche Auswertung
7. Ausbildung und Kaderzuführung
8. Auswertung und Berichtswesen
9. US-Militärmission in Potsdam und US-Streitkräfte

Abteilung XII: Nato und EG
5 Referate

Abteilung Rückwärtige Dienste
Bereich Kfz-Wesen: Bereitstellen von Kraftfahrzeugen
Bereich Objekte Wohnungswesen: Liegenschaften, Wohnungswesen und Urlaubsplätze
Bereich Finanzen: Finanzen und Kassenwesen
Bereich Bauwesen: Baumaßnahmen und Materialbesorgung der HVA
Bereich Objekt Niederschönhausen: Offiziere im besonderen Einsatz in Firmen
Bereich Objekt Gosen: für Objekt S in Gosen zuständig

Objekt S (HVA-Schule in Gosen)
(Legende: Objekt des Ministerrats der DDR)
Bereich A: Politisch operative Ausbildung
Lehrstuhl 1: Internationale Politik
Lehrstuhl 2: Sozialismusproblematik
Lehrstuhl 3: Imperialismusanalyse und »Regimeverhältnisse im Operationsgebiet«
Lehrstuhl 4: Geschichte, insbesondere der »Kundschaftertätigkeit«
Bereich B: Operative Spezialdisziplin/operative Methodik
Lehrstuhl 5: Operative Vorgangstätigkeit, insbs. Nutzung der operativen Basis in der DDR
Lehrstuhl 6: Operative Psychologie
Lehrstuhl 7: Schutz und Sicherheit des IM-Netzes
Lehrstuhl 8: Bearbeitung feindlicher Hauptobjekte
Lehrstuhl 9: Arbeit mit legal abgedeckten Residenturen
Bereich Fremdsprachenausbildung
Bereich Bildung und Erziehung

Wolfs Reich: Struktur der HVA Mitte der achziger Jahre, als Wolf in den Ruhestand trat

nicht wichtig genug erachtet worden waren, um einen Platz auf der Liste und damit im Bunker zu erhalten.

Besonders übel spielte diese Abteilung Heinrich Lummer mit, dem Berliner CDU-Politiker und ehemaligen Berliner Innensenator. Sie setzten eine Stasi-Agentin namens Susanne Rau auf ihn an – und fotografierten die beiden bei einem Schäferstündchen. »Kollegen müssen die Zimmerdecke durchbohrt und von oben geknipst haben«, berichtet Günter Bohnsack: »Man sah nur einen nackten Rücken und das blanke Hinterteil.«

»Die Aktion Lummer hat Wolf persönlich angeordnet«, sagt sein ehemaliger Mitarbeiter Herbert Brehmer. »Der hat die Kollegen richtig scharf gemacht in der Sache. Wolf hatte die Vorstellung, Lummer ist ein Rauhbein, und ein Rauhbein nimmt man voll an. Alles falsch. Lummer war sensibler, auch im Umgang mit unserer Agentin.«

Was sagt Markus Wolf zu dem Vorwurf, er habe diese Aktion persönlich angeordnet? »Zur Sache Lummer möchte ich mich nicht weiter äußern«, erklärt er – und fährt gleichwohl fort: »Wenn ein Mann, der am liebsten täglich zum Frühstück öffentlich einen Kommunisten verzehren würde, jahrelang mit Duldung des Sicherheitsorgans seine privaten und intimen Dinge auf eine Weise erledigt, wie sie von einem Politiker nicht zu erwarten ist, dann darf er sich nicht beschweren, wenn eines Tages etwas zum Vorschein kommt.« Markus Wolf, der Tugendwächter für bundesdeutsche Politiker? Skrupel scheint er da nicht zu kennen, unzweideutig sagt er: »Wenn Herr Lummer erpreßt worden wäre und erfolgreich erpreßt worden wäre, hätte ich keine moralischen Hemmungen dabei gehabt.«

Die Desinformation war eine von insgesamt 16 Abteilungen, die Markus Wolf am Ende seiner Zeit, 1986, bei der Hauptverwaltung Aufklärung unterstanden.

In der Abteilung I befaßten sich die HVA-Männer mit dem »Staatsapparat BRD«. Diese für die DDR-Spionage ganz zentrale Abteilung verfügte über neun Referate (siehe Organigramm S. 138/139). Als Ausspähungsziele standen an oberster Stelle das Bundeskanzleramt, das Bundespräsidialamt und das Auswärtige Amt. Viele Agenten, die für die Abteilung I arbeiteten, sind, so die Überzeugung der Staatsschützer, heute noch nicht enttarnt – mit Ausnahme des Referats 2, das für das Auswärtige Amt zuständig war. Über dessen Arbeit berichtete der ehemalige Referatsleiter Dr. Werner Roitsch umfassend den bundesdeutschen Behörden. Nach den bisherigen Erkenntnissen stellen sich die Dinge so dar:

Der bundesdeutsche Diplomat Klaus Kurt von Raussendorff spionierte von 1960 bis 1989 für die Hauptverwaltung Aufklärung. Zwei- bis viermal pro Jahr traf sich Raussendorff mit seinem HVA-Instrukteur Karl Draeger – einem Lehrer, der später ganz in die Dienste der HVA wechselte. Bei den Treffen übergab von Raussendorff Minox-Filme, auf denen er Material des Auswärtigen Amts fotografiert hatte. 1982 und 1985 empfing Markus Wolf von Raussendorff in Ostberlin. Mindestens 100 000 Mark kassierte von Raussendorff für seine Dienste, das letzte Mal traf der Diplomat am 20. November 1989 mit einem HVA-Mann zusammen, in Essen.

Ähnlich ergiebig für das Referat 2 der Abteilung I war der Vortragende Legationsrat Dr. Hagen Blau, der dreißig Jahre lang das Auswärtige Amt für die HVA ausspionierte, von 1960 bis 1990. Blau war während seiner Studienzeit in Berlin von der HVA geworben worden, auf »ideologischer Grundlage«; ihm hatten es die »sozialistischen Ideale« und die »Deutschlandpolitik der DDR« angetan. Wo immer er im Dienst des Auswärtigen Amtes eingesetzt war, berichtete er nach Ostberlin: Aus dem Kulturreferat und dem politischen Referat der Botschaft in Tokio, aus dem Pressereferat und Ost-Asien-Referat der Zentrale in Bonn, aus der Botschaft in London, wo er persönlicher Referent des Botschafters war, aus der Botschaft in Wien – dort war er Vertreter des Gesandten – und aus der Botschaft in Colombo, wo er als ständiger Vertreter des Botschafters und obendrein sogar noch als »Geheimschutzbeauftragter« arbeitete. Besonders aufschlußreich für die HVA waren Blaus Zeiten im Pressereferat in Bonn: Hier hatte er Zugang zu allen wesentlichen Informationen über die deutsche Außenpolitik. Auf diese Weise erfuhr die HVA, wie man in Bonn die Ostpolitik plante

und betrieb. Als Blau später im Ost-Asien-Referat in der Bonner
Zentrale arbeitete, interessierte sich die HVA ganz besonders für
die deutsche Politik gegenüber der Volksrepublik China. Aus London berichtete Blau über die westliche Position bei den MBFR-
Gesprächen.

Auch Blau wurde von Markus Wolf empfangen: Anfang der siebziger Jahre dankte ihm der HVA-Chef bei einem Gespräch in der
Nähe Ostberlins für seine Tätigkeit.*

Auf dreiundzwanzig Jahre im geheimen Dienst der HVA-Abteilung I, Referat 2, brachte es Oberamtssrat Ludwig Pauli, der beim
Auswärtigen Dienst in der Registratur arbeitete. Mindestens dreimal pro Jahr traf er sich mit einem HVA-Betreuer. Dabei überreichte Pauli Filme, auf denen er Verschlußsachen abgelichtet hatte
– in Bonn ebenso wie in Edinburgh, Palermo, Liverpool und Salzburg. »Adler«, so Paulis HVA-Deckname, kassierte dafür mindestens 100 000 Mark.

Von unschätzbarem Wert für das Referat 2 der HVA-Abteilung I
war Alexander Andreas Wolfgang Dahms. Der Polizeidirektor
beim Bundesgrenzschutz hielt die HVA über die Grenzkontrollen
der Bundesrepublik auf dem laufenden. 1963 war Dahms bei einem
Besuch in Ostberlin von der HVA geworben worden. In Absprache
mit dem Nachrichtendienst studierte er vom Wintersemester 1963/
64 an Jura – Berufsziel: Auswärtiger Dienst. Nicht nur über Einzelheiten des Studiums und der Referendarausbildung berichtete
Dahms nach Ostberlin, sondern auch über seine Tätigkeit beim
»Zentralverband demokratischer Widerstandskämpfer und Ver-
folgtenorganisationen e. V.« in Bonn und über seine Mitarbeit beim
CDU-Bundestagsabgeordneten Elmar Pieroth, dem späteren Berliner Wirtschafts- und Finanzsenator. Nach dem zweiten juristischen Staatsexamen bewarb sich Dahms – wie von der HVA
geplant – für den Auswärtigen Dienst. Bei der Eignungsprüfung
fiel er durch. Daraufhin ging Dahms zum Bundesgrenzschutz, zur
Grenzschutzdirektion nach Koblenz. Von Frühjahr 1973 bis Januar

---

* Das Oberlandesgericht Düsseldorf verurteilte Blau am 15. November 1990 zu
sechs Jahren Gefängnis.

1990 traf er sich rund viermal im Jahr mit einem HVA-Instrukteur, dem er die Filme übergab. Er hat alles fotografiert, was für die HVA von Bedeutung war: Unterlagen zur Bekämpfung von Urkundsdelikten, Unterlagen über Sonderkontrollen des BGS an den Grenzen, Berichte über die Amtsleitertagungen, Erkenntnisse über den neuen »fälschungssicheren« Personalausweis, das Handbuch für die Kontrolle des grenzüberschreitenden Verkehrs – stets auf dem neuesten Stand –, Fahndungsunterlagen, Amtshilfeersuchen von Bundesnachrichtendienst und Verfassungsschutz. Das Material war, wie die Strafverfolger feststellten, »für das MfS von herausragender Bedeutung«. Es habe diesem Nachrichtendienst die Möglichkeit geboten, »sich kurz- und langfristig auf Grenzkontrollen und Fahndungsmaßnahmen einzustellen«. So berichtete Dahms beispielsweise über Einzelheiten der Fahndung an den Grenzen nach der Schleyer-Entführung. Dadurch erhielt die HVA die Möglichkeit, so der Bericht eines Strafverfolgers, »für die Reisekader des MfS Maßnahmen zu treffen, die einer Enttarnung durch westdeutsche Abwehrdienste und den Grenzschutz entgegenwirken«.

Häufig wechselten die HVA-Mitarbeiter und Dahms den Ort, an dem sie sich trafen. Im Laufe der Jahre kamen sie in Bournemouth, Genf, Helsinki, Athen, Mailand, Wien und Ostberlin zusammen, aber auch in Bonn, Köln, Koblenz, Bad Neuenahr und Bad Kreuznach. 50 000 Mark Lohn erhielt der Polizeidirektor, mindestens, und aus Anlaß seiner zwanzigjährigen MfS-Zugehörigkeit den MfS-Titel Oberstleutnant.*

Der Umstand, daß jemand wie Dahms von einem Referat geführt wurde, das mit dem BGS gar nichts zu tun hatte, sondern für das Auswärtige Amt zuständig war, stellt keine Ausnahme in der HVA dar: Das Ziel bei Dahms Anwerbung in den sechziger Jahren war es ja gewesen, ihn im Auswärtigen Amt zu plazieren. Nachdem das schiefgegangen und er an einer anderen, für die HVA interessanten Stelle gelandet war, blieb seine Führung bei diesem

---

* Das Oberlandesgericht Koblenz verurteilte Dahms am 6. Februar 1991 zu sechs Jahren und sechs Monaten Gefängnis.

HVA-Referat, das ihn von Anfang an betreut hatte. Markus Wolf hielt den persönlichen Kontakt zwischen Agent und Führungsoffizier für wichtiger als die formal richtige Anbindung in der Struktur der HVA. So verzichtete man in derartigen Fällen häufig darauf, das »erfolgreiche Team« zu trennen, um das Risiko zu vermeiden, daß es bei einem neuen Führungsoffizier zu persönlichen Querelen kommt.

Eine »Spitzenquelle« nach Einschätzung der HVA war die vom Referat 1 der Abteilung I (»Bundeskanzleramt«) geführte Sekretärin Dagmar Kahlig-Scheffler (siehe auch S. 100). Für diese Frau arrangierte die HVA im Mai 1976 die, wie sie es nannte, »operative Schließung einer Scheinehe«, um die Bindung an den HVA-Romeo Herbert Schröter zu stärken. Bernhard Schorm, einer der stellvertretenden Abteilungsleiter der Abteilung I, trat dabei als »Trauzeuge« auf. Er und seine Kollegen spielten so »gut« Standesamt, daß die Frau tatsächlich glaubte, den Mann geheiratet zu haben.

Wie die im Auswärtigen Amt enttarnten hochkarätigen Quellen belegen – auch in düstersten Prognosen hatten die bundesdeutschen Staatsschützer nicht mit einer derartigen »Qualität« gerechnet –, muß Markus Wolf einen exzellenten Überblick über die Geheimnisse des Auswärtigen Amtes und seiner Politik gehabt haben. Aus diesem Bereich, das darf man nicht übersehen, wissen die bundesdeutschen Ermittler wesentlich mehr als über den Rest der »Aufklärung«, da dort die einstigen Mitarbeiter der HVA über ihre Quellen eisern schweigen. »Die anderen Referate hatten ähnlich viel Personal wie die I/2«, sagt ein leitender BKA-Beamter, »wir gehen davon aus, daß die den Tag nicht mit Däumchendrehen zugebracht haben, sondern vergleichhbare Quellen hatten.«

In der Abteilung II der Hauptverwaltung Aufklärung ging es um die »Politischen Parteien und Organisationen BRD«. Auch um kleinere Gruppierungen kümmerten sich die Aufklärer. Zum Beispiel – so die Anweisungen für das Jahr 1986 – um die Grünen, die Europäische Arbeiterpartei und das »Kuratorium Unteilbares Deutschland«. Die Abteilung II war es auch, die den Kontakt zu Julius Steiner hielt, dem CDU-Bundestagsabgeordneten, der beim konstruktiven Mißtrauensvotum gegen Willy Brandt am 27. April 1972 nicht für den CDU/CSU-Kandidaten Rainer Barzel stimmte. 50 000 Mark zahlte ihm dafür die Abteilung II in einem MfS-Gästehaus in der Ostberliner Liebermannstraße. Das Geld – fünfzig Tausend-Mark-Scheine in einem »Westkuvert« – brachten ihm die HVA-Offiziere Ingolf Freyer und Frieder Kilian. Freyer, Referatsleiter für die »Unionsparteien«, »bearbeitete persönlich« den brisanten Fall des Bundestagsabgeordneten. Ingolf Freyer: »Steiner war 1971 beim MfS aufgelaufen. Es gab etwa 10 bis 15 Treffen mit ihm.« Die Ironie des Schicksals wollte es, daß diese Abteilung, die auf diese Weise Bundeskanzler Willy Brandt bei dem Mißtrauensvotum gestützt hatte, auch den Anlaß dafür schuf, daß der Kanzler zwei Jahre später dann doch seinen Hut nehmen mußte: Die Abteilung II betreute nämlich auch Günter Guillaume.

Auf das Konto dieser Abteilung geht auch eine ganze Reihe von »Sekretärinnen«-Fällen, unter anderem die bereits (S. 104) erwähnten Fälle Sonja Lüneburg (saß bei Bundeswirtschaftsminister Bangemann), Christel Broszey (Sekretärin von Kurt Biedenkopf und drei anderen CDU-Generalsekretären), Inge Goliath (Sekretärin beim außenpolitischen Sprecher der CDU/CSU-Bundestagsfraktion Werner Marx), Ursula Höfs (Bundesgeschäftsstelle CDU) und Irene Schulz (unter anderem Vorzimmerdame von Bundesbildungsminister Gerhard Stoltenberg).

Eine Überraschung erlebten die BKA-Staatsschutzbeamten bei den »Aufräumarbeiten« nach dem Untergang der HVA: Stellvertretender Abteilungsleiter in der Abteilung II war, so stellten sie fest, Hans-Dietrich Schlippes, für sie ein »alter Bekannter«, der im November 1975 für Schlagzeilen gesorgt hatte. Damals nannte er sich Walter Dötsch, hatte im Planungsstab der CDU/CSU-Bundestagsfraktion gearbeitet und war von heute auf morgen verschwunden. Die Spur deutete Richtung DDR. Abgesetzt hatte er sich zusammen mit seiner Frau Edith, die beim Zentralkomitee der Katholiken im politischen Referat in Bonn als Sekretärin gearbeitet hatte, und mit einem Freund, der als Redakteur bei der Katholi-

schen Nachrichtenagentur tätig war. Auslöser für die überstürzte
Flucht waren Fragen des Verfassungsschutzes an Dötsch alias
Schlippes, nachdem es Ungereimtheiten bei einer Sicherheitsüber-
prüfung gegeben hatte.

Der Fall Schlippes war vor allem deshalb so interessant für die
bundesdeutschen Staatsschützer, weil sie bislang davon ausgegangen waren, daß niemand, der im Operationsgebiet über längere
Zeit im Einsatz war, zurück in die HVA-Zentrale kommen konnte.
Dort sei man zu mißtrauisch gewesen, so die Vermutung aus dem
Westen, weil man sich nicht hätte sicher sein können, mit wem der
HVA-Agent im Westen Kontakt gehabt habe. Angesichts der Ent-
deckung Schlippes' mußten die Staatsschützer diese These jedoch
fallenlassen. Vermutlich wollte die HVA nicht auf den Sachver-
stand eines Mannes verzichten, den dieser als »Kundschafter an der
unsichtbaren Front« erlangt hatte.

Die Abteilung III der Hauptverwaltung Aufklärung befaßte sich
mit der »operativen Arbeit aus legal abgedeckten Residenturen im
Operationsgebiet« – also Botschaften, Konsulaten und Handelsein-
richtungen. An jeder Auslandsvertretung der DDR gab es hauptamtliche Mitarbeiter der HVA. Sie werteten nicht nur Zeitungen
aus und hielten – etwa auf Empfängen – Ausschau nach geeigneten
Ansprechkandidaten für die HVA. Sie arbeiteten auch nachrichtendienstlich. Allerdings nicht in der Bundesrepublik. Das erschien
der HVA zu riskant angesichts der Skepsis, mit der die bundesdeutschen Behörden die Ständige Vertretung der DDR in Bonn
beäugten.

Für die »Militärstrategische Aufklärung« war die Abteilung IV
zuständig. Im Mittelpunkt des Interesses der insgesamt 60 HVA-
Leute standen die Bundeswehr und die Nato-Truppen. Von dieser
Abteilung wurde das Agenten-Quartett Lutze/Wiegel geführt, dem
Ostberlin einen umfassenden Bericht über den damaligen
(1973–1976) und zukünftigen Stand der Nato verdankte. Über die
Entwicklung von Bodenminen, Seegrundminen, Panzern und
Flugzeugen berichtete zwanzig Jahre lang der bei MBB beschäf-
tigte Diplom-Mathematiker Dr. Peter K. Auch seine Frau Heidrun

arbeitete für die Abteilung IV. Für die »Anleitung« der beiden war ein Residentur-Ehepaar in Würzburg zuständig. Am 14. Januar 1992 wurde das Quartett verhaftet. Die »Militärstrategische Aufklärung« verfügte insgesamt über rund fünfzig solcher Quellen.

Der »Operative Reiseverkehr« und die »Übersiedlungen« waren Sache der Abteilung VI: Hier wurden Dokumentationen über alles zusammengestellt, was ein DDR-Bürger im Dienste der HVA wissen sollte, der sich auf West-Fahrt begab und nicht als DDRler erkannt werden sollte. Dazu sammelten die Mitarbeiter alles, was ihnen an Unterlagen aus dem Westen in die Hände kam: von Reise- und Hotelführern, Fahr- und Flugplänen über Stadtpläne, Telefon- und Adreßbücher bis hin zu Statistischen Jahrbüchern. Für ihre Zwecke führte die Abteilung VI auch eigene Inoffizielle Mitarbeiter. Sie reisten in die Bundesrepublik, um festzustellen, wie an der Grenze kontrolliert wird. Auch über Melde- und Arbeitsbestimmungen erfuhren die Agenten von dieser Abteilung alles Wissenswerte – beispielsweise, was sie beim ersten Gang zum Einwohnermeldeamt zu sagen hatten, um nicht aufzufallen. Von der Abteilung VI wurden auch die Ausweispapiere für Reisen ins »Operationsgebiet« »beschafft«, zum Teil aus der großen Fälscherwerkstatt des Operativ-Technischen Sektors des MfS. Nachdem in der Bundesrepublik der »fälschungssichere« Personalausweis eingeführt worden war, erhielt diese Abteilung VI der HVA eine eigene Druckmaschine für diese Ausweise – und stellte sie ab Februar 1988 auch her. Neben deutschen Pässen wurden hier auch Schweizer, österreichische und britische Ausweise nachgemacht. Sechs Fälscher im Staatsdienst beschäftigte das Referat C 1, sie waren voll ausgelastet. Ein anderes Referat in dieser Abteilung VI war für »Psychotests« zuständig: HVA-Mitarbeiter wurden überprüft, ob sie tatsächlich für die geplante Aufgabe im Westen geeignet waren. Die Agenten übten auch, wie sie im »Operationsgebiet« auf unerwartete Ereignisse zu reagieren hatten, beispielsweise auf einen Verkehrsunfall oder den Verlust von Ausweisen.

Die Abteilung VII kümmerte sich um die »Auswertung«. Alle Informationen aus den Bereichen Politik, Wirtschaft und Militär gingen hier ein, wurden erfaßt und dazu verwendet, Einschätzungen, Stimmungsberichte und Lagebilder zu erstellen.

Für die »Operative Technik« sorgte die Abteilung VIII. Dazu zählten das Anzapfen von Telefonen außerhalb der DDR, der Einbau von »Wanzen«, die Überwachung durch Videotechnik, Computer und der Bau von »Containern«, Behältern, in denen Spionagematerial unauffällig über die Grenze geschafft und aufbewahrt werden kann – zum Beispiel Schraubenzieher, in deren Griff Filmrollen verstaut werden, und Taschen mit Geheimfächern.

Die Abteilung IX hatte die »Gegenspionage« zur Aufgabe. Nach den Abteilungen I und II war sie die wichtigste operative Einheit – mit einer Reihe von spektakulären Fällen. Sie war erst relativ spät gegründet worden, nämlich 1973. Zuvor hatte sich um diesen Bereich die »Abwehr« des MfS gekümmert, die Hauptabteilung II (»Spionageabwehr«). Die 200 bis 300 Beschäftigten der HVA-Abteilung IX versuchten, so viel wie möglich über die »gegnerischen Dienste« herauszufinden, vor allem über den Bundesnachrichtendienst, das Bundesamt und die Landesämter für Verfassungsschutz, den Militärischen Abschirmdienst, die Staatsschutzdienststellen der Polizei und über die Nachrichtendienste in anderen westlichen Ländern.

Diese Abteilung IX drang tief in die bundesdeutschen Sicherheitsbehörden ein. Sie führte beispielsweise BND-Hauptmann Alfred Spuhler, der über seinen Bruder Ludwig Filme aus dem Bundesnachrichtendienst an die HVA übergeben ließ. Nach den Feststellungen der Ermittler kassierte Alfred Spuhler dafür 330 000 Mark und sein Bruder 100 000 Mark. Spuhler arbeitete beim BND in der Unterabteilung 12 der Abteilung 1, deren Aufgabe darin besteht, »geheime Nachrichten mit menschlichen Quellen aus dem kommunistischen Machtbereich (Europa und Sowjetunion)« zu beschaffen. Dort, in Pullach, saß er an einer ebenso zentralen wie sensiblen Stelle: Er hatte die eingehenden Meldungen der Quellen zu sichten, zu überprüfen, zu bewerten und schließlich zu »neutralisieren« – damit kein Auswerter beim BND mitbekam, von wem das Material stammte. Alfred Spuhler leistete ganze Arbeit: Die

Kollegen in Pullach erfuhren tatsächlich nichts von der Herkunft des Materials, dafür aber die Abteilung IX der Hauptverwaltung Aufklärung alles.

Auch Klaus Kuron wurde von dieser Abteilung geführt, ebenso wie Wilhelm Balke, der beim niedersächsischen Landesamt für Verfassungsschutz nicht nur Leiter der Observationsgruppe war, sondern auch noch zuständig für das Erkennen von Rastern, nach denen HVA-Agenten in die Bundesrepublik eingeschleust wurden. »Jede Observation des Verfassungsschutzes in Niedersachsen war diesem Mann in allen Einzelheiten bekannt«, resümiert ein BKA-Kriminaldirektor, »und damit auch der HVA.« Anfangs kassierte der Erste Kriminalhauptkommissar Balke dafür 1500 Mark pro Monat, später 2000. Er soll, so berichtet ein Ermittler, über in der Bundesrepublik anstehende Verhaftungen von Ostagenten der HVA berichtet haben, die sich so noch rechtzeitig absetzen konnten. Aber damit nicht genug. Die Abteilung IX besaß noch eine zweite Quelle beim niedersächsischen Landesamt für Verfassungsschutz unter dem Namen »Maurer«. Bislang konnte der Beamte noch nicht enttarnt werden. »Maurer« war ein echter Profi: Persönlichen Kontakt mit HVA-Mitarbeitern vermied er, soweit es ging; ging es einmal nicht, trat er ihnen nur bei Dunkelheit maskiert gegenüber. Sein Material war hochkarätig: Er verschaffte dem MfS Protokolle von Tagungen der Verfassungsschutzchefs, von Abwehrmaßnahmen gegen den illegalen Technologietransfer gen Osten und hielt Ostberlin über die neuesten Methoden der bundesdeutschen Spionageabwehr auf dem laufenden. Und das über zehn Jahre hinweg – »Maurer« kassierte dafür rund 500 000 Mark. Das Ermittlungsverfahren gegen einen hannoverschen Verfassungsschützer, den Ersten Polizeihauptkommissar Hans-Joachim A., den man verdächtigt hatte, jener »Maurer« gewesen zu sein, wurde eingestellt.

Auch aus dem Bundeskriminalamt erhielt die Abteilung IX Informationen von (mindestens) zwei Quellen, die allerdings von Bezirksverwaltungen geführt wurden: Ute Brunner saß im Vorzimmer des Abteilungsleiters der »Sicherungsgruppe« in Bonn-Meckenheim, also in jener BKA-Abteilung, die unter anderem für

den Schutz der Mitglieder der Bundesregierung zuständig ist. Ute
Brunner verriet an die HVA, wie die Beamten der Bundesanwaltschaft feststellten, unter anderem »Besprechungsprotokolle und
Wochenberichte der BKA-Abteilung Staatsschutz«. Sie versorgte
die HVA also ausgerechnet mit Interna aus jener Abteilung, die
für die Bekämpfung der DDR-Spionage zuständig war. Dafür
erhielten sie und ihr Mann, der das Material an einen »HVA-
Instrukteur« weitergereicht hatte, mindestens 120000 Mark
»Lohn« – in der Zeit von Anfang der siebziger Jahre bis Ende
1989. Aus dem Bereich »Ermittlungen und Auswertungen« des
Bundeskriminalamtes berichtete Gabriele Zuber an die HVA. Sie
saß im Geschäftszimmer des Bereichs »Gewalt- und Eigentums-
delikte«.

Auch in diesen Fällen mußten die bundesdeutschen Ermittler
umdenken: Früher galt, wie sie festgestellt hatten, der Grundsatz,
daß ergiebige Quellen nicht von einer Bezirksverwaltung, sondern
von der HVA-Zentrale in Berlin geführt wurden. Doch im Laufe
der Zeit schien auch hier die psychologische Komponente für Markus Wolf an Bedeutung gewonnen zu haben, wie ein Ermittler
berichtet – nicht anders als bei den Agenten, die in einem anderen
Bereich als von der HVA zunächst beabsichtigt gelandet waren und
dann gleichwohl weiterhin von der nun eigentlich nicht mehr
zuständigen HVA-Abteilung weiter geführt wurden. So war beispielsweise auch die »Spitzenquelle« im BND Gabriele Gast die
ganze Zeit über von der Bezirksverwaltung Karl-Marx-Stadt
geführt worden.

Ebenfalls nicht von der Abteilung IX wurde MAD-Vizechef
Joachim Krase geführt, obwohl diese Abteilung ein eigenes Referat
»MAD« hatte. Für die Führung von Krase war die »Spionageabwehr«-Hauptabteilung II des Ministeriums für Staatssicherheit
zuständig. Dort kümmerte sich der Abteilungsleiter, Generalleutnant Kratsch, persönlich um den hohen Offizier aus der Bundesrepublik, nach der Devise: Die Offensive ist die beste Defensive –
und somit auch Spionageabwehr. Für das »MAD«-Referat in der
HVA-Abteilung IX war das weiter kein Problem, daß die Spitzenquelle Krase woanders im MfS angebunden war: Die Informatio-

nen, die Krase bei der »Spionageabwehr« ablieferte, erhielten umgehend auch die »MAD-Aufklärer«. »Als Abteilungsleiter in der Spionageabwehr koordinierte er alle Operationen«, erklärt Gerd Komossa, von 1977 bis 1980 MAD-Chef: »Er hatte Einblick in jeden Fall und kannte die Personen, die sich im verdeckten Einsatz in Gefahr begeben mußten, von denen einige damals durch den Gegner enttarnt und zu harten Gefängnisstrafen verurteilt wurden.« Mit anderen Worten: Ostberlin durchblickte die gesamte MAD-Spionageabwehr. Aber nicht nur, daß dieser Krase über vierzehn Jahre Ostberlin mit den Geheimnissen seiner Behörde versorgte. Er besaß auch noch die Chuzpe, im »Spiegel« vom 2. September 1985 einen Beitrag über die »Lehren aus dem Spionagefall Tiedge« zu schreiben – Tiedge, Gruppenleiter im Kölner Bundesamt für Verfassungsschutz war nach Ostberlin getürmt und hatte dort bei Wolf ausgepackt. Deutschland, so erkärte Joachim Krase den »Spiegel«-Lesern, sei »ein geteiltes Land, dessen zwei Staaten voll integrierte Mitglieder einander politisch und militärisch entgegenstehender Machtblöcke sind. Spionage, logisch, braucht Spione, und die zeitigt Verräter; überall.« Niemand ahnte damals, wie gut Krase wußte, wovon er sprach.

Der Fall Krase ist keine Ausnahme. Auch andere »Abwehr«-Abteilungen des MfS führten Agenten in der Bundesrepublik, etwa die Hauptabteilung XX (»Sicherung Staatsapparat, Parteien, Organisationen und Kirchen«), der beispielsweise Mitarbeiter der Kirchen in der Bundesrepublik Berichte lieferten. Ebenso die Hauptabteilung VIII (»Beobachtung/Ermittlung«): auf ihrer Lohnliste standen Polizeibeamte und Angestellte in Einwohnermeldeämtern in der Bundesrepublik, die für sie Anfragen im Polizeicomputer und bei bundesdeutschen Behörden durchführten.

Um die Spionage in den Vereinigten Staaten, Kanada und Mexiko kümmerte sich die Abteilung XI. Da es für die HVA wesentlich schwieriger war, in den USA als in der Bundesrepublik Mitarbeiter zu werben, galt das besondere Augenmerk dieser Abteilung US-Bürgern, die in die DDR reisten, um Verwandte oder Bekannte zu besuchen. Ebenfalls einen Ansatzpunkt boten Amerikaner, die in der Bundesrepublik arbeiteten. Diskotheken und Lokale, die von Amerikanern und Deutschen besucht wurden, galten als ideale Orte, um Kontakte zu knüpfen. So erklärt sich, warum der XI-Referatsleiter Oberstleutnant Gentz bedauerte, daß es in Stuttgart »keine gastronomischen Einrichtungen« gäbe, »wo Deutsche und Amerikaner verkehren«.

Die Abteilung XII schließlich war für die »Nato und EG« zuständig. Im Mittelpunkt des Interesses standen das Nato-Hauptquartier in Brüssel und die Europäische Gemeinschaft, namentlich das Europäische Parlament. »Über diese Abteilung wissen wir bislang wenig«, sagt ein BKA-Kriminaldirektor, »wir haben kaum Einblicke, die XIIer sind stur wie Panzer.«

Vier Abteilungen bildeten den »Sektor Wissenschaft und Technik« – SWT –. Er kümmerte sich darum, technisches Know-how aus dem Westen in die DDR zu schaffen. So befaßte sich der »Sektor Wissenschaft und Technik« mit allen Firmen, die in der Bundesrepublik etwas mit High-Tech zu tun haben: MBB, Dornier, Krauss-Maffei, Krupp, MTU, Siemens, AEG, SEL, IBM, Philips, Hoechst, Bayer, BASF – um nur einige Namen zu nennen. Im SWT arbeiteten zu einem großen Teil Ingenieure wie Werner Stiller: Die Abteilung V bestand aus 70 Mitarbeitern, die für die »Wissenschaftlich-technische Auswertung« zuständig waren. Hier liefen die Fäden zusammen; von hier aus ergingen die Aufträge an die drei »operativen« SWT-Abteilungen XIII, XIV und XV – also die, die Material beschafften. Ebenso wurde hier erfaßt, was an Informationen hereinkam.

Die SWT-Abteilung XIII kümmerte sich um die Bereiche »Atomwissenschaft, Chemie, Biologie und Landwirtschaft«. Die Abteilung XIV war für die Elektronik im weitesten Sinne zuständig, nämlich für die Bereiche »Mikroelektronik, Elektronik und wissenschaftliche Geräte«. Ebenso kümmerte sie sich um die Beschaffung von Embargogütern. Die Abteilung XV befaßte sich mit »Militärtechnik« und »sonstiger Technik«. Dazu zählten der Maschinen-, Fahrzeug- und Raketenbau.

Eine strikte Trennung zwischen »Stasi-Ausland« und »Stasi-Inland«, wie so mancher meint, also zwischen HVA und dem Rest des Ministeriums für Staatssicherheit, zwischen denen mit weißem Kragen und Krawatte einerseits und denen mit »blutigen Fingern« andererseits, zwischen Kopf und Faust, eine solche strikte Trennung gab es nicht. Zwischen der Hauptverwaltung Aufklärung und zahlreichen anderen Stasi-Hauptabteilungen der »Abwehr« bestanden enge Verbindungen. Zum Beispiel erhielt die HVA von der Hauptabteilung (HA) III – mit 4500 Mitarbeitern zuständig für das Abhören von Telefonaten, die in der Bundesrepublik geführt wurden – Informationen über die mitgeschnittenen Gespräche. Ständig wurden bis zu 40000 Anschlüsse in der Bundesrepublik von dieser Abteilung abgehört. Telefonnummern, die bekannt waren, gaben die Mitarbeiter der HA III in den Computer – mit Hilfe riesiger Lauschschüsseln klinkte sich die Stasi in die bundesdeutschen Richtfunkverbindungen ein, über die heutzutage ein großer Teil des überörtlichen Telefonverkehrs abgewickelt wird. So wurde beispielsweise ein großer Teil der im Bundeskanzleramt, im Bundespräsidialamt, beim Bundesamt für Verfassungsschutz und bei Spitzenpolitikern eingehenden Telefonate von der Funkaufklärung abgehört. Sogar ein Drittel der Privatnummern der Mitarbeiter des Bundesamtes für Verfassungsschutz war dieser Stasi-Hauptabteilung III bekannt, auch bei ihnen zu Hause eingehende Anrufe wurden so mitgeschnitten.

Hand in Hand arbeitete die HVA auch mit der MfS-Abteilung XX – Aufgabe: »Sicherung Staatsapparat, Parteien, Organisationen und Kirchen« –, um herauszufinden, welche Unterstützung im Osten die Kirche und die unter ihrem Dach entstandenen Gruppen aus dem Westen erhielten. Die der Hauptabteilung II (»Spionageabwehr«) unterstellte Postkontrolle-Abteilung »M« führte für die HVA sogenannte »Massenkontrollprogramme« durch, bei denen Sendungen in eine bestimmte Region der Bundesrepublik unter die Lupe genommen wurden. Die Hauptabteilung VIII (Beobachtung/Ermittlung) kümmerte sich um DDR-Bürger, die die HVA werben wollte – auch verfügte die HA VIII über weit mehr als hundert Inoffizielle Mitarbeiter in der Bundesrepublik, die die Aufträge

des MfS ausführten, wie zum Beispiel festzustellen, wo eine
bestimmte Person wohnte. Die Hauptabteilung VI (Paßkontrolle/
Tourismus/Interhotels) beschattete und belauschte für die HVA
Bundesbürger bei Reisen in der DDR. Umgekehrt gab auch die
HVA alles an die »Abwehr«-Abteilungen des MfS weiter, was für
deren Ziele von Interesse sein konnte – mit der Folge von Repres-
sivmaßnahmen, Schikanen und Verhaftungen von DDR-Bürgern.
Dazu gehörten beispielsweise Einzelheiten über Kontakte, die
DDR-Bürger in den Westen hatten.

Auch innerhalb des Ministeriums für Staatssicherheit wurde
immer wieder die Verbindung zwischen Abwehr und Aufklärung
betont: »Da wir wissen, daß es bei uns noch Feinde gibt – und nicht
wenige –«, sprach Stasi-Minister Erich Mielke in der ihm eigenen
gepreßten Stakkato-Sprache am 22. Januar 1981 vor HVA-Mitarbeitern, »daß sich unter dem Einfluß des Gegners auch neue ent-
wickeln, daß sich nicht alle offenbaren und wir eine Reihe auch
noch nicht erkannt haben, gilt es, noch größere Anstrengungen zu
unternehmen, um die Feinde bei uns zu erkennen und aufzuklären,
sie vor allem vorbeugend daran zu hindern, wirksam zu werden.
Dazu muß auch die HVA einen noch größeren Beitrag leisten.«
Auch Markus Wolf redete einer engen Verzahnung von »Abwehr«
und »Aufklärung« innerhalb des Ministeriums für Staatssicherheit
das Wort. »Man kann nicht qualifiziert im Operationsgebiet arbeiten, ohne dabei gleichzeitig die inneren Probleme, den Schutz und
die Sicherung der DDR zu beachten«, erklärte er am 3. März 1971
vor Stasi-Mitarbeitern. »Wir stellen deshalb an die Spitze die Forderung, daß Aufklärer abwehrmäßig denken und handeln müssen.
Durch die ständige Erziehungsarbeit auf diesem Gebiet ist die
Anzahl der Operativ-Informationen an die Abwehrabteilungen von
Jahr zu Jahr beträchtlich gestiegen, die zum Teil von wesentlicher
Bedeutung waren und zu Festnahmen von Agenten in der DDR
führten.«

Aber nicht nur, daß Stasi-Inland und Stasi-Ausland zusammen-
arbeiteten und als sich ergänzende Teile eines Ganzen gesehen wurden, es wurden auch HVA-Männer gezielt für Einsätze im Inland
abkommandiert, für die die Abwehr zuständig war. »Ich habe mich

dagegen gesträubt, aber erfolglos«, sagt Markus Wolf zu dieser Verwendung seiner Leute. »Wenn der Ministerpräsident von Guayana in die DDR kam, mußte ein Drittel meiner Mitarbeiter auf die Straße, um die Strecke abzusichern.« Wolf schüttelt noch heute den Kopf darüber: »Der Aufwand war entschieden zu hoch, völliger Wahnsinn.«

Innerhalb der Warschauer-Pakt-Staaten war die Hauptverwaltung Aufklärung federführend für die Spionage in der Bundesrepublik zuständig. Rund 80 Prozent der in der Bundesrepublik betriebenen Spionage gingen auf ihr Konto. Die Mitarbeiter der Hauptverwaltung hatten gegenüber den anderen Nachrichtendiensten des Ostens einen unschlagbaren Vorteil: Sie sprachen dieselbe Sprache wie die Menschen in der Bundesrepublik, hatten dieselbe Mentalität, waren auch äußerlich nicht zu unterscheiden – wenn sie entsprechend gekleidet waren.

Seit ihrer Gründung war die HVA dem sowjetischen KGB besonders verbunden: Alle Informationen, die von HVA-Abteilungen beschafft wurden, gingen in einer Kopie an den Verbindungsoffizier des KGB bei der Leitung der HVA. Es gab allerdings Ausnahmen. In drei Fällen war das nicht so, nämlich bei
- Materialien, die die Beziehung der DDR zur UdSSR oder der Bundesrepublik zur UdSSR betrafen;
- Unterlagen, die von der Nato im englischen Original beschafft worden waren, wurden aus Gründen des Quellenschutzes nur in einer deutschen Übersetzung an das KGB übergeben;
- Erkenntnisse der Abteilung XV der Bezirksverwaltung gingen nur bei besonderer Bedeutung an das KGB.

Wie stark die Position der Sowjets gegenüber der HVA war, zeigt auch die Art und Weise, wie die Bearbeitung der Eingänge organisiert war: Da die Eingänge fortlaufende Nummern trugen, erkannten es die Verbindungsoffiziere des KGB sofort, wenn ihnen Material vorenthalten wurde. Der Verbindungsoffizier konnte also nachhaken und erhielt so zumeist aufgrund der »guten unmittelbaren Beziehungen auf der Arbeitsebene« das Material, das er zunächst nicht bekommen sollte, aber nun eben unbedingt haben wollte. Unterm Strich erhielt somit das KGB fast alles in

Kopie, was an Informationen bei der HVA einging. Daraus machte
auch niemand in der Hauptverwaltung Aufklärung einen Hehl. Die
Belieferung der Sowjets war eine Selbstverständlichkeit. In vielen
Abteilungen war es Aufgabe der Sekretärinnen, von sich aus eine
Kopie für das KGB zu ziehen und an den Verbindungsoffizier zu
schicken.

Mit anderen Nachrichtendiensten des Warschauer Pakts
tauschte die HVA Informationen bei regelmäßigen Tagungen aus.
Eine zentrale Rolle für den Nachrichtenumschlag im Ostblock
spielte der 1979 beim KGB in Moskau in Betrieb genommene
Datenspeicher SOUD, das »System der gesammelten Daten über
den Gegner«. Vorgeblicher Anlaß für die Einrichtung waren die
Olympischen Sommerspiele 1980 in Moskau; die Sicherheitsleute
wollten angeblich die Einschleusung von »terroristischen Elemen-
ten« und Personen verhindern, die etwas mit einer »Untergrund-
tätigkeit« zu tun haben könnten. So lieferten von Oktober 1979 an
die Nachrichtendienste von acht sozialistischen Staaten einen Teil
ihrer Informationen in den großen Topf: Bulgarien, Ungarn, die
DDR, Kuba, die Mongolei, Polen, die ČSSR und die UdSSR. Auf
Rumänien verzichteten die SOUD-Partner: Schon damals, lange
vor den blutigen Übergriffen im Dezember 1989, stand der rumäni-
sche Geheimdienst Securitate in keinem guten Ruf.

Nach den Erkenntnissen der Bundesregierung hat die HVA insgesamt rund 75 000 »Personensätze« in den SOUD-Computer ein-
geben lassen – in den zehn Jahren von 1979 bis zum 30. November
1989, dem letzten Tag, an dem Informationen nach Moskau geliefert wurden. Es handelte sich dabei unter anderem um Meldungen
über »Mitarbeiter und Agenten gegnerischer Dienste« (ca. 17 600),
»Leitende Mitarbeiter von Zentren ideologischer Diversion« (ca.
3000), »Mitglieder subversiver Organisationen« (ca. 6000), »feindliche Diplomaten« (ca. 1200) und »Wirtschaftsschädlinge« (ca.
200). Alle diese Informationen – Informationen über Menschen,
die ganz überwiegend im geeinten Deutschland leben – besitzt nun
der Geheimdienst in Moskau.

Wolfs Spionage-Regeln

Markus Wolf hatte vor allem deshalb soviel Erfolg, weil er nichts dem Zufall überließ. In der »Richtlinie Nr. 2/79 für die Arbeit mit Inoffiziellen Mitarbeitern im Operationsgebiet«* war genau bestimmt, wie seine Leute im Operationsgebiet, sprich: Westen, vorzugehen hatten – ein aufschlußreiches Dokument, das zeigt, nach welchen Regeln Wolfs Leute arbeiteten. So bestimmt die Richtlinie im besten DDR-Bürokraten-Deutsch zum Beispiel eingehend, auf welche Weise Wolfs »Kundschafter an der unsichtbaren Front« in den Besitz von Informationen gelangen sollten:

»Die Hauptmethoden der Informationsgewinnung sind
- der unmittelbare Zugang von IM [Inoffiziellen Mitarbeitern] zu den vom Feind geheimgehaltenen Dokumenten, Plänen, Absichten und Mustern;
- die Abschöpfung von feindlichen Geheimnisträgern;
- der Einsatz operativer Technik.

Ein *unmittelbarer Zugang* zu den vom Feind geheimgehaltenen Informationen liegt dann vor, wenn der IM durch seine Stellung innerhalb eines feindlichen Objektes zum Umgang mit geheimen Dokumenten befugt ist bzw. sich ohne Einschaltung Dritter mit operativ-technischen Mitteln oder auf andere Weise Zugang zu diesen Dokumenten und Informationen beschaffen kann.

Die *Abschöpfung* beinhaltet die beständige Beschaffung von Informationen aus feindlichen Zentren und Objekten unter Nutzung stabiler persönlicher Kontakte, wobei gegenüber den abzuschöpfenden Personen der nachrichtendienstliche Charakter der Informationsgewinnung verschleiert wird.

Der *Einsatz von operativer Technik* erfolgt in solchen Fällen, wo operativ bedeutsame Informationen durch das Abhören von feindlichen Nachrichtenkanälen oder andere Verfahren zur Aufnahme,

---

* Aktenzeichen: GVS (= Geheime Verschlußsache) MfS 0008-2/79. Vor dem Inkrafttreten dieser Richtlinie zum 1. 1. 1980 hatte es ähnliche Richtlinien gegeben.

Speicherung und Entschlüsselung von Schallwellen, elektrischen
Impulsen u. a. gewonnen werden können.«

Das entscheidende Merkmal für die »operative Arbeit« sei die
»Konspiration«, heißt es im Spionage-ABC weiter. Sie diene der
»Durchbrechung der feindlichen Geheimschutz- und Abwehrmaß-
nahmen und der Sicherheit des IM«. Drei Punkte zählten dazu: die
Tarnung, die Geheimhaltung und die Wachsamkeit. Als wichtig-
stes Mittel der Konspiration wird die »Legende« genannt:

»Ihre Funktion besteht darin, Personen über operative Absichten, Zusammenhänge und Sachverhalte zu täuschen und sie zu
einem der Erfüllung operativer Aufgaben dienenden Verhalten zu
veranlassen.

Legenden müssen
– weitgehend auf tatsächlichen Fakten und Zusammenhängen und
  deren logischen Verknüpfung mit lebensnahen fiktiven Angaben
  aufgebaut und möglichst überprüfbar sein;
– variabel gestaltet sein und Raum für den schöpferischen Ausbau
  in solchen Situationen bieten, die nicht oder nicht in vollem
  Umfange vorauszusehen waren;
– Ausweichvarianten gestatten;
– von den IM beherrscht und glaubhaft repräsentiert werden.
Eine spezifische Form der Legendierung ist die *legale Abdeckung.*
Dabei werden die legalen gesellschaftlichen Positionen, persönlichen Verbindungen sowie Aufenthalts- und Bewegungsmöglich-
keiten der IM im Operationsgebiet zur Verschleierung operativer
Handlungen und Sachverhalte genutzt.«

Als »entscheidende Kraft« bei der Lösung der der HVA übertragenen Aufgaben nennt die Richtlinie die »Inoffiziellen Mitarbeiter«. Die Spionage-Anleitung bestimmt die »arbeitsteilige Organi-
sierung der Arbeit mit IM« – und kommt so auf stolze sechzehn
Kategorien von Inoffiziellen Mitarbeitern:
– Die »Quelle« beschafft Informationen »durch direkten Zugang,
  durch Abschöpfung oder durch Einsatz operativ-technischer
  Mittel«.
– Der »IM für besondere Aufgaben« führt »aktive Maßnahmen«
  durch, im Klartext: Er liefert nicht nur Informationen, sondern

handelt auch – wie beispielsweise im Bereich der Desinformation.

- Der »Resident« wohnt im Operationsgebiet, er muß »eine gesell-
  schaftliche und berufliche Stellung besitzen«, die ihm »die zur
  Durchführung« seiner »operativen Führungstätigkeit notwendige Aufenthalts- und Bewegungsfreiheit sichert«.

- Der »Gehilfe des Residenten« erfüllt unter »Anleitung des Residenten bestimmte Teilaufgaben, wie Bedienung der operativ-technischen Mittel, Aufrechterhaltung und Sicherung der konspirativen
  Verbindung, Bearbeitung von operativen Materialien, Anleitung
  einzelner IM, Absicherung von operativen Maßnahmen«.

- Der sogenannte »Führungs-IM« lebt im Westen und führt einen
  anderen IM »auf der Grundlage von Befehlen und Weisungen«
  aus der DDR.

- »Werber« sind nach der Richtlinie »IM, die planmäßig operativ
  interessante Personen mit dem Ziel bearbeiten, ihre operative
  Perspektive festzustellen und sie für eine bewußte und operative
  Zusammenarbeit zu gewinnen«.

- »Instrukteure« sind »Beauftragte der Zentrale«, die auf der
  »Grundlage von Befehl und Gehorsam« Inoffizielle Mitarbeiter
  im Operationsgebiet anleiten.

- Der »Kurier« hat »operativ-technische und finanzielle Mittel
  zwischen dem MfS und IM im Operationsgebiet konspirativ zu
  transportieren«.

- »Funker« müssen nach der Richtlinie »im Operationsgebiet lega-
  lisiert sein«.

- »Perspektiv-IM« sind Personen, die als IM in Aussicht genommen wurden und »auf ihren Einsatz vorbereitet werden«.

- Inhaber einer »Deckadresse (DA)« oder eines »Decktelefons
  (DT)« nehmen per Telefon oder per Post Nachrichten entgegen
  und leiten sie »entsprechend den Festlegungen weiter«.

- Inhaber von »Konspirativen Wohnungen (KW)« stellen ihre
  Räume der HVA für deren Zwecke zur Verfügung.

- Die »Anlaufstelle« ist eine weitere Form des Informationsum-
  schlags unter einer »legalen Abdeckung«. Wer sie unterhält, hat
  »Mitteilungen und Materialien an Personen weiterzuleiten, die

sich durch vereinbarte Erkennungszeichen oder Parole ausweisen«.

– »Grenz-IM haben Personen und operative Materialien konspirativ über die Staatsgrenze zu schleusen.«

– »Ermittlern« kommt die Aufgabe zu, »Informationen über operativ interessante Personen, Objekte und Sachverhalte festzustellen.« Sie »müssen im besonderen Maße Konzentrations-, Wahrnehmungs- und Merkfähigkeit haben«.

– »Sicherungs-IM« werden schließlich »vorwiegend zum Schutz und zur Sicherung von Vorgängen bzw. zur Abdeckung, Abschirmung von IM und operativen Kombinationen im Operationsgebiet und in der DDR angeworben.«

Ausführlich beschreibt die Richtlinie, wie Inoffizielle Mitarbeiter zu werben sind. Im ersten Schritt waren Hinweise auf Personen zusammenzutragen, die sich für eine Werbung eignen könnten – dies geschah mit großem Aufwand. In einem zweiten Schritt wurden sodann alle zugänglichen Informationen über die ins Auge gefaßten Personen erhoben. Dazu gehörte das Aushorchen anderer Menschen über den Betreffenden und die Observierung des Betreffenden selbst. Der dritte Schritt bestand in der »Vorbereitung der Werbung«: »Die Werbekandidaten sind durch die Werber zu Handlungen zu veranlassen, die eine bewußte operative Zusammenarbeit schrittweise vorbereiten«, heißt es dazu in der Richtlinie. Danach war es soweit: Der vierte, der entscheidende Schritt – die Werbung – konnte beginnen, also »die bewußte Einbeziehung in die operative Arbeit«. Nun mußte der Werber die Karten auf den Tisch legen, die »Werbeabsicht offenbaren«: »In den Werbegesprächen müssen die Übereinstimmungen des operativen Anliegens mit den persönlichen Interessen und Bedürfnissen der Werbekandidaten sichtbar gemacht und die Motivation für die Zusammenarbeit gefestigt werden. Im Verlaufe der Werbegespräche sind konkrete operative Informationen zu erarbeiten.« An der Werbung konnten – so bestimmt die Richtlinie, wohl im Hinblick auf heikle Fälle aus Sicht der Bezirksverwaltungen – »Mitarbeiter der Zentrale« beteiligt werden.

»Vorrangig« sei die Werbung durch spezielle »Werber« durchzuführen: »Von der Persönlichkeit der Werber hängt in hohem Maße ab, inwieweit bei Werbekandidaten entsprechende Zielvorstellungen und Handlungen ausgelöst werden können. Die Werber müssen Autorität besitzen und vom Werbekandidaten in ihrer Rolle akzeptiert werden. Sie müssen in der Lage sein, zur Realisierung der jeweiligen Bearbeitungskonzeption erforderlichenfalls auch relativ langfristig Werbekandidaten aufzuklären und zu beeinflussen. Eine besondere Rolle spielt dabei die Überprüfbarkeit ihrer gesellschaftlichen Stellung.«

Diese Werber hatten nun die Aufgabe, den Kandidaten nach und nach und ganz allmählich in die Spionage zu verstricken. Diese Strategie erforderte nach der HVA-Vorschrift »eine relativ langfristige Beeinflussung und zunächst meist unbewußte Einbeziehung in die operative Tätigkeit. Sie bietet die Möglichkeit, die Werbeabsicht über eine bestimmte Zeit zu verschleiern, den Werbekandidaten gründlicher und allseitiger aufzuklären, die Werbekombination in Übereinstimmung mit den Aufklärungsergebnissen zu vervollkommnen und das Risiko bei der Durchführung der Werbung einzuschränken.«

Die »sofortige Einbeziehung« hatte nach der Vorschrift die Ausnahme zu bleiben – wegen des mit ihr verbundenen höheren Risikos. Die »sofortige Einbeziehung« sollte beispielsweise in »bestimmten Zwangssituationen« erfolgen, aus denen sich etwa ein »Kompromat« (!) ergab – also etwa wenn ein bundesdeutscher Polizeibeamter auf einer Privatfahrt in der DDR einen Verkehrsunfall unter Alkoholeinfluß verursachte.

Nicht selten befürchteten die Werber der HVA, daß eine geplante Werbung scheitern könne, wenn der Betreffende erfährt, daß er für Ostberlin arbeiten soll. Vor allem bei Werbungen in konservativen westlichen Kreisen war dies für die HVA ein Problem. Und so entwickelte sie als eine besondere Masche, Personen im Westen »unter fremder Flagge« zu werben, also bei ihnen den Eindruck zu erwecken, daß sie es mit einem nicht-sozialistischen Nachrichtendienst zu tun hätten. »Die Werbung unter fremder Flagge«, so definierte die HVA-Richtlinie, »ist eine spezifische Methode, um Personen mit reaktionärer Grundhaltung unter Täuschung über die Beziehungspartner für die Lösung operativer Aufgaben des MfS zu gewinnen.«

So gewann die DDR-Spionage zum Beispiel einen Bundesbürger mit dem Decknamen »Schwarze« für ihre Zwecke, dem sie vorgaukelte, daß er es mit einem französischen Nachrichtendienst zu tun habe. Um keinen Zweifel aufkommen zu lassen, war in Paris sogar eine »Deckadresse« sowie ein »Decktelefon« unter dem Namen »Madeleine« eingerichtet worden. Die DDR-Aufklärer von der Bezirksverwaltung Leipzig (Abteilung XV) ließen es sich bei einem Treffen 1985 in der Schweiz nicht nehmen, »Schwarze« zum »Ritter der (französischen) Ehrenlegion« zu schlagen. »Schwarze« versorgte über Jahre die DDR-Spionage mit Informationen aus der »Hanns-Seidel-Stiftung« der CSU, der »Konrad-Adenauer-Stiftung« der CDU, dem Landesamt für Verfassungsschutz in Bayern und dem Bundesnachrichtendienst in Pullach.

Aus Anlaß von »Schwarzes« 75. Geburtstag organisierte die DDR-Spionage kühn für ihn eine Feier im »Blauen Salon« des »Schloßhotel« in Igls bei Innsbruck. Zu dem Treffen am 24. September 1987 reiste aus Leipzig Oberst Brüning an, ausgestattet mit einem gefälschten bundesdeutschen Paß, und trat in Innsbruck als »Resident des französischen Büros für den deutschsprachigen Raum« auf. In Anwesenheit von zwei Inoffiziellen Mitarbeitern der HVA, die sich gleichfalls als französische Agenten ausgaben, dankte er »im Namen des Chefs« »Schwarze« »für die jahrzehntelange gedeihliche Zusammenarbeit«. Brüning überreichte »Schwarze« zwei Bände einer Leder-Ausgabe des von dem bundesdeutschen Agenten verehrten Schriftstellers Theodor Storm, außerdem 5000 Mark »Sonderprämie«. Ausdrücklich würdigte der angebliche »Resident« im Solde Frankreichs »Schwarzes« »Wirken besonderer Art für ein ausgewogenes und gedeihliches deutsch-französisches Verhältnis«. Dreißig Jahre lang beschaffte »Schwarze« auf diese Weise für die »DDR-Aufklärer« Material, dreißig Jahre lang merkte er nicht, wie er von der DDR-Spionage an der Nase herumgeführt wurde.

Ebenso wurde von der HVA mit dieser Masche Herbert Kemper geworben, Amtsinspektor im Auswärtigen Amt. 1968 gaukelten

ihm die HVA-Mitarbeiter Fritz Telch und Harald Lantzsch in Prag
vor, Angestellte der Firma ITT zu sein und geschäftlich durch die
ganze Welt zu reisen. In dieser Rolle bekundeten sie Interesse an
Material über wirtschaftliche Fragen aus dem Auswärtigen Amt.
Kemper, der in der Registratur arbeitete, lieferte, wo immer er
eingesetzt war: aus der deutschen Handelsvertretung in Prag, den
deutschen Botschaften in Stockholm und Wien, der deutschen Vertretung bei der Nato in Brüssel und der Zentrale in Bonn. Einundzwanzig Jahre lang versorgte Kemper so die HVA mit Material aus
dem Auswärtigen Amt. Zuletzt erhielt er dafür pro Monat 1000
Mark.

Dieses Einspannen eines Spions unter »fremder Flagge« gehört
zur höheren Kunst der Spionage. In einem Abschnitt beschreibt
die HVA-Richtlinie die »Besonderheiten der Arbeit mit IM unter
fremder Flagge«:

»In der Arbeit mit diesen IM ist grundsätzlich zu berücksichtigen, daß durch den Inhalt der operativen Aufträge und durch die
Art und Weise der Zusammenarbeit keine Zweifel über die Echtheit des vorgetäuschten Beziehungspartners aufkommen dürfen.

Es ist deshalb zu sichern, daß
– der operative Auftrag stets durch echte Interessen des vorgetäuschten Beziehungspartners glaubhaft motiviert ist;
– die konkrete Gestaltung des operativen Verbindungswesens, die
Ausrüstung mit operativ-technischen Mitteln und die Vermitt-
lung operativer Kenntnisse keine Rückschlüsse auf evtl. Verbindungen zu sozialistischen oder anderen antiimperialistischen
Institutionen zulassen darf;
– die zur Arbeit mit diesen IM eingesetzten operativen Mitarbeiter
bzw. Beauftragten der Zentrale von ihrer Persönlichkeit und
Haltung her in der Lage sind, glaubhaft den vorgetäuschten
Beziehungspartner zu repräsentieren.«

Dreh- und Angelpunkt für die Übergabe von Material waren die
sogenannten Treffs. »Hohe Anforderungen sind an die Absicherung der Treffs zu stellen«, verlangte die HVA-Richtlinie von
Wolfs Agenten:

»Trefforte müssen so gewählt werden, daß

- ein unverdächtiges Aufsuchen und Verlassen durch die Treffpartner möglich ist;
- sich Treffpartner die erforderliche Zeit am Treffort aufhalten
  können, ohne Verdacht zu erregen;
- sie von den Treffpartnern möglichst auf getrennten Wegen auf-
  gesucht und verlassen werden können;
- günstige Bedingungen für das rechtzeitige Erkennen feindlicher
  Aktivitäten auf den Wegen zu Treffs, während der Treffs sowie
  beim Verlassen der Trefforte vorhanden sind;
- die Möglichkeiten für eine Überwachung der Treffs durch die
  feindlichen Organe weitgehend ausgeschlossen werden.

Konzentrationspunkte für Aktivitäten der feindlichen Polizei- und
Abwehrorgane sind nach Möglichkeit zu meiden.

Auf dem Wege zu Treffs, während der Treffs und beim Verlassen der Trefforte sind weitere geeignete Sicherheitsmaßnahmen
durchzuführen.

Solche Maßnahmen sind:

- Kontrollstrecken zur eigenen und zur gegenseitigen Absicherung
  der Treffpartner gegen eine feindliche Observation;
- Freizeichen bei den Treffpartnern und im Falle der Nutzung von
  KW auch bei der KW;
- Erkennungszeichen;
- Sichttreffs vor dem eigentlichen Treff;
- Legenden für das Aufsuchen des Treffortes sowie für den
  Ursprung der Bekanntschaft.

Es ist verstärkt nach Möglichkeiten zu suchen, um Treffs legal
abzudecken.«

Und schließlich war auch genau geregelt, wie sich der Inoffizielle
Mitarbeiter im Falle der Verhaftung zu verhalten hatte: »Mit einer
Festnahme oder Verhaftung ist der operative Auftrag nicht been-
det«, bestimmte die HVA-Richtlinie:

»Für die IM ist eine neue Situation entstanden, die eine direkte
Auseinandersetzung mit den feindlichen Organen erforderlich
macht.

In einer solchen Situation besteht der operative Auftrag der
betreffenden IM hauptsächlich darin:

– unter Ausnutzung der rechtlichen und taktischen Möglichkeiten das operative Wissen, ihre operativen Verbindungen und Materialien vor dem Zugriff des Feindes zu schützen;
– die operative Verbindung zum MfS konspirativ entsprechend den getroffenen Vereinbarungen aufrechtzuerhalten;
– zur Feststellung der Ursachen der Festnahme und ihrer Folgen beizutragen;
– operativ bedeutsame Informationsmöglichkeiten, besonders über das Regime der Haftanstalten, wahrzunehmen;
– die psychische und physische Widerstandskraft zu erhalten.

Die konkrete Verhaltenslinie der IM ist in jedem Vorgang auf der Grundlage der dafür bestehenden speziellen Befehle und Weisungen in der Regel schriftlich festzulegen.«

Die Voraussetzungen für ein standhaftes Verhalten sind im Prozeß der operativen Zusammenarbeit zu schaffen.

Im Falle der Verhaftung eines Inoffiziellen Mitarbeiters hatten die HVA-Leute nach der Richtlinie folgende Maßnahmen durchzuführen:

– Absicherung der operativen Verbindungen, operativen Maßnahmen und operativen Mittel, von denen verhaftete IM Kenntnis hatten;
– Klärung der Ursachen der Verhaftungen;
– Hilfe und Unterstützung für die IM und deren Familien während der Haft und nach der Haftentlassung;
– Erfassung und Auswertung aller Erfahrungen und Erkenntnisse über die Tätigkeit der feindlichen Abwehr-, Untersuchungs- und Justizorgane;
– Einschätzung der Standhaftigkeit der IM im Prozeß des Ermittlungs- und Untersuchungsverfahrens.«

Der Spiritus rector des so erfolgreich arbeitenden Gebildes HVA war Markus Wolf. Er war es, der über die Jahre den Apparat mit all seinen Abteilungen und Referaten auf- und ausbaute. Und er war es auch, der in all den Jahren das letzte Wort hatte, wenn es darum ging, wie Inoffizielle Mitarbeiter in der Bundesrepublik spionierten. Daß Markus Wolf durch dieses von ihm so konzipierte »Auf-

klärungs«-System viel erfuhr, davon gingen die bundesdeutschen
Sicherheitsexperten immer aus. Aber daß es dieses Ausmaß hatte,
wie sich nun nach dem Untergang der HVA herausstellte, übertraf
noch ihre schlimmsten Befürchtungen. Die Fähigkeiten von Wolfs
HVA wurden in der Bundesrepublik sehr hoch eingeschätzt – aber
damit bei weitem immer noch unterschätzt. Betrachtet man heute
den bislang erkannten Umfang der DDR-Spionage, kommt man
um die Erkenntnis nicht herum: Markus Wolf ist es gelungen,
einen großen Teil dessen, was in der Bundesrepublik mit großem
Aufwand als »Geheimnis« gehütet wurde, in Ostberlin zu erfahren.
Nichts, was ihn interessierte, blieb ihm verborgen.

Der überraschende Rücktritt

»Generaloberst Markus Wolf, der auf eigenen Wunsch aus dem aktiven Dienst des Ministeriums für Staatssicherheit ausscheidet, wurden für seine großen Verdienste Dank und Anerkennung ausgesprochen und der Karl-Marx-Orden verliehen.« Mit dieser kurzen, ganze acht Zeilen langen Meldung teilte das SED-Blatt »Neues Deutschland« am 6. Februar 1987 die Ablösung des DDR-Spionagechefs mit. Markus Wolf war vierundsechzig. Seit achtundzwanzig Jahren stand er an der Spitze der Hauptverwaltung Aufklärung. Kein anderer Geheimdienstchef konnte sich so lange im Amt halten, wohl keiner war so erfolgreich wie Markus Wolf.

Nach der Meldung im »Neuen Deutschland« schossen sofort zahlreiche Spekulationen aus dem Boden, warum Wolf das Handtuch geworfen hatte. Besaß er keine Lust mehr, weil er nicht ins Zentralkomitee einziehen durfte? War er amtsmüde? Hatte er Ärger mit seinem Chef Erich Mielke, dem damals schon neunundsiebzigjährigen starrsinnigen Greis? Wollte ihn die Altherrenriege um Honecker nicht mehr, weil er zu fortschrittlich dachte, auf Gorbatschows Reformkurs geschwenkt war? Oder war er schwer krank? Hatte er womöglich Aids, wie die britische Zeitung »Sunday Sport« berichtete?

Alles Quatsch, erklärte Wolf später: »Ich bin wirklich auf eigenen Wunsch ausgeschieden, nicht aus Gesundheitsgründen, ich bin gesund und fühle mich wohl.« Er habe ein Buch schreiben wollen. »Die Troika«, die Geschichte der Freundschaft von drei Männern. Einer von ihnen war sein Bruder Konrad, Filmregisseur und Präsi-

dent der DDR-Akademie der Künste. Er war 1982 gestorben. Wolf
schrieb das Buch tatsächlich. Es erschien 1989.

Bezeichnend für die DDR: Als die Meldung über Wolfs Rücktritt im »Neuen Deutschland« erscheint, ist er schon fast ein halbes
Jahr aus dem Dienst ausgeschieden. In Wahrheit hatte er bereits im
September 1986 seinen Hut genommen. Schon nach seinem sech-
zigsten Geburtstag, so sagt Wolf, im Jahr 1983, habe er den Antrag
gestellt, in Rente gehen zu dürfen. Die Dinge hätten sich dann
allerdings noch hingezogen.

Wolf kann auf eine einzigartige Karriere in der DDR zurückblik-
ken: Achtundzwanzig Jahre lang leitete er die Hauptverwaltung
Aufklärung, davon sechsundzwanzig im Range eines Stellvertretenden Ministers. In all den Jahren war er für die gegen die Bundesrepublik und andere Staaten betriebene Spionage der verantwortliche Mann im Ministerium für Staatssicherheit. Nicht nur auf dem
Papier: Er steuerte die Einsätze im »Operationsgebiet«, das heißt,
er formulierte die »Planvorgaben« für die einzelnen HVA-Abteilungen für das kommende Jahr und erstellte »Fünf-Jahres-Pläne«.
Zum 5. November eines jeden Jahres erhielten die einzelnen Abteilungen die von Wolf formulierten und von Mielke bestätigten Vor-
gaben für das folgende Jahr. Darin wurden die Ziele und die
Gebiete bestimmt, auf die sich die HVA-Abteilungen bei ihrer
Arbeit zu konzentrieren hatten, sowie auch Einzelheiten der »operativen Vorgehensweise«. Dazu zählten etwa auch Angaben darüber, welche Informationen aus der Rüstungsindustrie und der
Volkswirtschaft zu beschaffen waren, ebenso, welche Einzelheiten
die HVA-Führungsoffiziere bei ihren Treffen mit den Agenten zu
beachten hatten.

Zudem landeten bei Wolf auf dem Schreibtisch alle »operativen
Vorgänge von Bedeutung«. So war er ständig über sämtliche wichtigen Details informiert, bis hin zu den Angaben über Treffs einschließlich der Zeit, des Ortes und den daran beteiligten Mitarbeitern. Besonders erfolgreiche Agenten empfing Wolf persönlich.
Alles, was einigermaßen von Bedeutung war, hat Wolf also nicht
nur gewußt, sondern auch gesteuert.

Obwohl Wolf den Titel Stellvertretender Minister trug, hat er

Mielke, wie er selbst behauptet, an keinem Tag tatsächlich vertreten. Das Gegenteil konnten ihm die Ermittler nicht nachweisen.
Auch ansonsten stießen sie auf keine Entscheidungen, an denen
Wolf außerhalb seines eigenen Bereichs im MfS mitgewirkt hat,
wie etwa im Rahmen der MfS-Repressionen gegen DDR-Bürger im
eigenen Land. Im »Kollegium des MfS«, in dem Wolf als Stellvertretender Minister saß, wurden nach den Erkenntnissen der
Bundesanwaltschaft keine kollegialen Entscheidungen über die
Führung des MfS getroffen. Vielmehr ging es dort um »Fragen
grundsätzlicher Art«, um Palaver. Es wurden auch Referate gehal-
ten. Mielke brauchte kein Gremium, das über die Führung seines
Ministeriums beriet und abstimmte. Er regierte das MfS autoritär.
Nicht anders als Wolf in seinem Bereich.

Markus Wolf behauptet felsenfest, nichts vom wahren Ausmaß
des Ministeriums für Staatssicherheit während seiner Dienstzeit
mitbekommen zu haben. Er habe die Zahl der Mitarbeiter auf
25 000 bis 30 000 geschätzt – also nicht einmal auf ein Drittel der
wahren Anzahl. »Die tatsächliche Ausdehnung dieses Ministeriums«, so sagt er, »wie ich es dann vom Runden Tisch erfahren
habe, die war mir in diesem Umfang absolut neu.« Kann man dies
einem Mann glauben, der sechsundzwanzig Jahre lang Stellvertretender Minister dieses Hauses war? Wirklich: nichts gehört, nichts
gesehen, nichts gewußt?

Sein Aufstieg im Ministerium für Staatssicherheit ging jedenfalls
so rasant wie bei keinem anderen vonstatten: Schon drei Jahre nach
seinem Eintritt in den Nachrichtendienst war er 1954 Generalmajor
geworden, 1965 Generalleutnant und 1980 Generaloberst. Mit Auszeichnungen für seine Verdienste hatte man ihn in dieser Zeit über-
häuft. Genauso gern, wie er anderen Leuten Orden umhängte, ließ
er sich offensichtlich selbst behängen. So erhielt er Dutzende von
Auszeichnungen, oft gleich mehrere in einem Jahr. Unter anderem
den »Scharnhorst-Orden« (1967), das »Jubiläumsabzeichen 20
Jahre wissenschaftlich-technische Zusammenarbeit zwischen DDR
und UdSSR« (1971), den Titel »Verdienter Mitarbeiter der Staatssicherheit« (1971), den »Kampforden für Verdienste um Volk und
Vaterland« in Gold (1973), die Medaille »Für hervorragende pro-

HVA   L.   **Streng vertraulich! Nur für den Dienstgebrauch!**

Name (bei Frauen auch Mädchenname)   W o l f ,   **Vorname** Markus

Geburtstag, Ort, Kreis, Bezirk 19. 1. 1923 in Hechingen (Hohenzollern)

wohnhaft (1125 Berlin, Oberwall 40) 1020 Berlin, Spreeufer 2

Nationalität	deutsch
Muttersprache	deutsch **Religion** ohne
Fremdsprachen russisch und englisch (Wort oder Wort und Schrift)	1.3.51

Parteizugehörigkeit nach 1945
seit 1949 – SED   Dok.-Nr.

Kandidat seit "   Kand.-K.-Nr. "

Mitglied der FDJ seit

Parteizugehörigkeit vor Mai 1945
KPD – SPD – andere Parteien, Grund des Ausscheidens
lt.Beschluß d.KPKK als Mitglied der KPD seit August 1942 anerkannt

Oppositionelle Gruppen, wann, welche nein

Parteistrafen vor und nach 1945, wann, welche, Grund

VdN Opfer/Kämpfer   Ausweis-Nr.

welche Strafe, wo verbüßt

Vorbestraft, wann, Grund, Strafmaß nein

soziale Herkunft bürgerlich intellig.

sozialer Stand Angest.

erlernter Beruf Redakteur, Journalist

Beruf der Eltern
vor 1945 Vater: Schriftsteller
Mutter: Hausfrau
nach 1945 Vater: Schriftsteller verstorben

Schulbildung: Volks-, Mittel-, Ober-, Hochschule, welche beendet
10 Jahre sowj. Mittelschule,
1940 – 1942 5 Semester Moskauer Institut für Flugzeugbau

Schulen der VP und MfS

Partei-, FDGB-, FDJ- und and. politische Schulen
1940 – 1941 MOPR-Kurse der KPD in Moskau
1942 – 1943 Parteischule der Komintern , UdSSR

Dienst bei der VP von bis nein

Eintritt in das MfS 1.911951

Gefangenschaft od. Internierung im 2. Weltkrieg, wann, wo
nein

Aufenthalt in Westberlin und Westdeutschland, wann, wo, Tätigkeit
1945 – 1949 in Berlin-Charlottenburg gewohnt

Aufenthalt im Ausland, wann, wo
Juli 1933 – Nov. 33 Frankreich
Nov. 1933 – März 34 Schweiz
März 1934 – Mai 45 UdSSR
Nov. 1949 – 1951 UdSSR

Wurden Verwandte des Kandidaten oder seiner Ehefrau von den Sicherheitsorganen der DDR verfolgt, wer, wann, weshalb
nein

Bisherige Arbeitsstellen einschl. Militärzeit, Dienst bei der VP und im MfS

Datum von	Datum bis	Beruf oder ausgeübte Tätigkeit	Arbeitsstelle, Einheit, Dienststelle	Ort, Kreis, Bezirk	Datum und Nummer des Befehls
1943	1945	Rundfunksprecher u. Redakteur	Wissensch. Forschungsinstitut Nr. 205	Moskau	
1945	1949	Kommentator	Berliner Rundfunk	Berlin	
1949	1951	1. Botschaftsrat	Min. f. Auswärtige Angelegenheiten, Dipl. Mission	Moskau	
1.9.1951		Abtlg. 24	HA II / HVA	Bln.	
1.9.1953		Leiter der HV A stellv. des Ministers	MfS, HV A	Berlin	
1.5.69		" 2.800,–	HVA / Ltg	"	
1.10.73		" 3.200,–	– . –	– . –	

Anmerkung über Verleihung von Mannschafts- und Unterführerdienstgraden		
Dienstgrad	Nummer des Befehls	Datum

Anmerkung über Verleihung von Offiziersdienstgraden		
Dienstgrad	Nummer des Befehls	Datum
Generalmajor	114/54	1.5.54
Generalleutnant	147/65	8.2.65
Generaloberst	Beschl.Vert.Rat v.9.1.80	8.2.80

Mit Einunddreißig Generalmajor,
mit Siebenundfünfzig Generaloberst:
Markus Wolfs Kaderkarte des MfS verzeichnet die
Stationen einer ungewöhnlichen Karriere.
Ganz rechts Wolfs Auszeichnungen (Auszug)

pagandistische Leistungen« (1975), den Ehrentitel »Held der
Arbeit« (1983). Sogar der Verband der Journalisten der DDR
zeichnete ihn zweimal aus, und zwar 1975 mit der »Franz-Mehring-
Ehrennadel« und 1983 mit der »Goldenen Feder«.

Markus Wolf besaß über all die Jahre hinweg jedes nur denkbare
Privileg in der DDR. Er lebte in einer Stasi-Villa in der Oberseestraße 40, in der feinen Straße zwischen Oranke- und Obersee im
Ostberliner Stadtteil Hohenschönhausen, in der viel Stasi-Promi-
nenz wohnte. Für Wolfs Gesundheit war der medizinische Dienst
der Staatssicherheit zuständig. Markus Wolf konnte in Geschäften
mit gefüllten Regalen einkaufen und tun, wovon Millionen Menschen in der DDR nur träumen konnten: in den Westen reisen. Er
besaß gleich mehrere Reisepässe – natürlich auf verschiedene
Namen. Ein Dienstwagen mit Chauffeur, der ihm auch als Leibwächter diente, stand ihm zur Verfügung – ein dicker, gemütlicher
Kerl, der für Wolf mit »zur Familie gehörte«. Mit seinem Gehalt
gehörte Markus Wolf zu den Spitzenverdienern in der DDR: »rund
so etwa 5000 Mark«, wie er berichtet – netto. Ein Werktätiger
verdiente nach dem Statistischen Jahrbuch der DDR im Durchschnitt im Jahr 1986, in dem Wolf in den Ruhestand trat, 1170
Mark netto. Auch Markus Wolfs Rente bewegte sich in einer für
DDR-Bürger unvorstellbaren Höhe: Er erhielt monatlich 6500
Mark – 4800 Mark als Stasi-Ruheständler und 1700 Mark »Ehrenpension als Kämpfer gegen den Faschismus«.

In seinem Privatleben hat sich in all den Jahren seines beruflichen Erfolgs eine Menge getan: Zunächst war er mit Emmi, geborene Stenzer, verheiratet. Sie machte sich in der DDR als Litera-
turwissenschaftlerin einen Namen. Vor allem Dostojewski interessierte sie. Das Thema ließ sie nicht mehr los. Aus dieser Ehe gingen
drei Kinder hervor: Michael wurde im Jahr 1946 geboren und
später Chemiker; Tatjana kam 1949 auf die Welt, sie arbeitete als
überzeugte Anhängerin des Systems als Journalistin und heiratete
den HVA-Offizier Bernd Trögel*; Franz schließlich wurde 1953

---

* Trögel, Jahrgang 1939, war Oberstleutnant und leitete in der Abteilung IX
das Referat 4, das die Ausspähung des Bundesamtes und der Landesämter für
Verfassungsschutz betrieb.

geboren und ging als Diplomat ins DDR-Außenministerium. Nach über dreißig Jahren Ehe ließ sich Wolf von Emmi scheiden, am 1. März 1976. Keine drei Monate später heiratete er Christa Heinrich, eine zwanzig Jahre jüngere Frau. 1977 kam Sohn Alexander Marco auf die Welt. Aber auch in dieser Ehe wandte sich Markus Wolf einer anderen Frau zu, Andrea (Jahrgang 1947), gelernte Elektronikfacharbeiterin, die bei der staatlichen DDR-Filmgesellschaft DEFA als Fußpflegerin arbeitete. Vom Alter her könnte Andrea eher Markus Wolfs Tochter sein als dessen Frau: Sie ist ein Jahr jünger als Markus Wolfs ältester Sohn Michael. Nachdem Wolf von Christa 1986 geschieden worden war, heiratete er Andrea.

Diese Andrea, geborene Stingl, kennt das Ministerium für Staatssicherheit aus eigener Anschauung. Vier Monate saß sie 1968 in Karl-Marx-Stadt in Stasi-Haft, wegen »versuchter Republikflucht«. Ihr damaliger Freund hätte bei einem Urlaub in Rumänien seine Flucht vorbereitet, so erklärt sie, ohne ihr etwas davon zu sagen. »Furchtbar ...«, erinnert sie sich an die Zeit in der Zelle der Staatssicherheit, »ich kann nicht darüber sprechen ...«

So blickt Wolf, der die realsozialistische Wirklichkeit stets recht komfortabel nach seinen Wünschen gestalten konnte, zufrieden zurück, als er am 12. November 1986 um 11 Uhr zu seiner offiziellen Verabschiedung im Casino und in den sogenannten Empfangsräumen im Stasi-Komplex an der Normannenstraße erscheint. Erich Mielke – damals neunundsiebzig, also fünfzehn Jahre älter als Wolf, und der an alles andere als an den Ruhestand dachte – frotzelt: »Dem Mischa, dem halte ich sicherlich auch noch die Grabrede.«

Das Verhältnis zwischen den beiden hatte sich im Laufe der Jahre weiter verschlechtert. Mehrere Gründe spielten dabei eine Rolle: Wolf entwickelte sich zum Anhänger des 1985 von Gorbatschow in der UdSSR eingeschlagenen »Glasnost«- und »Perestroika«-Kurses. Daß Markus Wolf, der zeit seines Lebens ein besonderes Faible für die Sowjetunion hatte, auf diese Linie schwenkte, lag nicht fern. Doch Mielke waren diese neuen Gedanken fremd, er wollte davon ebensowenig wissen wie Honecker. Den alten Männern gefiel die DDR so, wie sie war. Wozu Veränderungen? Der Apparat funktionierte, und ihnen ging es doch gut. Mielke blieb trotz des warmen Frühlingswindes, der aus dem Osten kam, das, was er zeit seines Lebens war: ein kalter Stalinist.

Wolf und Mielke hatten sich vom ersten Tag an kritisch gegenübergestanden, schon aufgrund der vorhandenen Rivalität zwischen Abwehr und Aufklärung. In persönlicher Hinsicht waren die Unterschiede zwischen dem »Spießbürger« Mielke und dem »elitären« Wolf mit dem Alter noch gewachsen: Mielke wurde zusehends egozentrischer, polterte gerne ungehobelt los, amüsierte sich derb auf Kosten anderer, konnte aber auch in Sentimentalitäten verfallen: So, wenn es um ihn selbst ging oder um »seine Jungs« vom Wachregiment Feliks Dzierzynski oder um »seinen Soldatenchor«, wenn die geschniegelten Männer in polierten Schaftstiefeln ein »altes Kampflied« anstimmten. Dann schaute der greise Mielke mit leuchtenden Augen wie ein kleines Kind – und glaubte mitunter wohl sogar tatsächlich, alle Menschen zu lieben.

Wolf stand Mielke in puncto Eitelkeit gewiß in nichts nach – jedoch in einer völlig anderen Art und Weise: Er war und blieb der nüchtern kalkulierende Intellektuelle. Wolf erlebte aus nächster Nähe mit, wie der ohnehin schon immer kleinkarierte Erich Mielke im Alter zunehmend kleinkarierter und spießiger wurde. Ein solcher Chef war für Wolf, der sich Mielke geistig immer überlegen fühlte, schwer zu ertragen. Am Ende mußte es ihm schwergefallen sein, seinen Vorgesetzten überhaupt noch ernst zu nehmen und dabei gleichzeitig zu erkennen, daß ihm Mielke und der Rest der Altherrenriege keine Perspektive zu bieten hatten. Dies alles dürfte bei Wolf zu einer großen Portion Frustration geführt haben. Und zu der Lust, einmal etwas anderes zu machen – nämlich ein Buch zu schreiben.

Hinzu kam, daß Mielke, wie viele andere Stasi-Hierarchen auch, kein Verständnis für Wolfs Frauengeschichten hatte. Wolf stand im Ruf, um seine Wirkung auf Frauen zu wissen – und diese auch für sich zu nutzen. Die Scheidung von Emmi nahmen ihm viele im Stasi-Generalkorps übel. Emmi Wolf war eine Institution in der DDR: an der Kominternschule in der Sowjetunion ausgebildet,

eine Genossin wie aus dem Bilderbuch, als Literaturwissenschaft-
lerin angesehen, nicht zuletzt deshalb, weil sie sich auch viel mit
dem Werk Friedrich Wolfs befaßte, des in der DDR gepriesenen
Schriftstellers und Vaters von Markus. Es paßte nicht zur sozialistischen Moral, nach zweiunddreißig Jahren Ehe diese Frau zu verlassen und sich einer zwanzig Jahre jüngeren zuzuwenden. Über diesen »wüsten« Wolf schüttelte so mancher seiner Generals-Kollegen
entrüstet den Kopf. Überhaupt: Sie mokierten sich über Wolfs –
wie sie es nannten – »bourgeoise« Lebensart. Und als dann Mielke
von Wolfs dritter Heirat hörte, tobte er und schrie: »Dieser Wolf ist
wahnsinnig!« So war Mielke froh, Wolf loszuwerden – und dies traf
sich mit Wolfs Wunsch, nun endlich gehen zu können.

Freund und Feind waren sich einig: Eine Legende trat ab. Über
den Grund seiner »Erfolge« wurde viel spekuliert. Für sie gibt es
mehrere Gründe. Betrachtet man zunächst den vorgegebenen Rahmen, innerhalb dessen Wolf seinen Apparat aufbaute, ist nicht zu
übersehen, daß Wolf selbst in einem hermetisch abgeriegelten Staat
saß und von dort aus in einem gegnerischen Land operierte, in dem
sich seine Leute wie jeder andere Bürger frei bewegen konnten. Es
gab keine Sprachbarriere, hingegen eine große Übereinstimmung
in der Mentalität und oft sogar auch verwandtschaftliche Beziehungen, die Ansatzpunkte für Wolfs Geschäfte boten. Zudem erhielt er
für seine 4200-Mann-Truppe umfassende Unterstützung von dem
riesigen Apparat des Ministeriums für Staatssicherheit mit seinen
über 90 000 Festangestellten und einer halben Million Zuträger,
wie etwa von der bereits erwähnten Hauptabteilung III »Funkaufklärung«, die nichts anderes tat, als Telefongespräche in der Bundesrepublik und anderen Staaten abzuhören. Durch diese Aufzeichnungen erhielt Wolfs HVA bereits eine Fülle von Informationen aus dem »Operationsgebiet«, auch Ansatzpunkte für die Werbung von Agenten. Außerdem gestattete ihm dieses totalitäre
Unrechtssystem, dem er diente, die ungestrafte Anwendung von
Praktiken, die in einem demokratischen Rechtsstaat undenkbar
gewesen wären, wie etwa die »Scheinheiraten« oder das skrupellose
Anwerben von Zuträgern. Wolf konnte unter ganz anderen Bedin-

gungen schalten und walten, als sie für westliche Nachrichtendienste bestanden. Das Ziel allein bestimmte die Wahl seiner Mittel. Kurzum: Wolfs Ausgangslage war ideal.

Ein wichtiger Grund für Wolfs »Erfolge« liegt auch in den kontinuierlich und mit riesigem Aufwand betriebenen Anwerbeversuchen in der Bundesrepublik. Zwar lehnten in den meisten Fällen die angesprochenen Bundesbürger bei einem Werbungsversuch durch die HVA ab oder entzogen sich schon vor der Ansprache den Fängen der »Aufklärer«, und so wurden Tausende fehlgeschlagener Anwerbeversuche im Laufe der Jahre bekannt. Doch sie alle belegen, mit welch ungeheurer, offensiver Energie die HVA-Leute versuchten, Bundesbürger zu Spionen zu machen – und dabei auch immer wieder Erfolg hatten. Niemand vermag heute zu sagen, wie viele Dutzende, ja wie viele Hunderte fehlgeschlagener Anwerbungsversuche nötig waren, bis eine Frau vom Kaliber der Gabriele Gast anbiß.

Neben der »idealen Ausgangslage« für Wolf und der hohen Intensität, mit der er sein Geschäft betrieb, spielte ganz entscheidend als dritter Faktor seine Persönlichkeit eine große Rolle. Wolf war hochintelligent und setzte alles daran, nicht die Fehler zu machen, die andere Nachrichtendienste im Ostblock machten. Die HVA erstickte nicht an der Fülle des herangeschafften Materials, wie dies bei manchen »Abwehr«-Einheiten des MfS der Fall war, sie verzettelte sich auch nicht wie so mancher »Bruder«-Nachrichtendienst. Wolf konzentrierte sich von Anfang an auf die Bundesrepublik und auch dort nur auf das in seinen Augen Wesentliche. Er benannte klar seine Ziele. Dabei kamen ihm seine ausgeprägten analytischen Fähigkeiten zu Hilfe. Er fand heraus, wo und wie man ansetzen mußte. Nach jeder Panne analysierte er genauestens, wie es dazu kommen konnte, und setzte alles daran, eine Wiederholung zu vermeiden.

Zustatten kam Wolf auch sein »gewinnendes Wesen«: Er konnte zuhören wie kaum ein anderer, sich in sein Gegenüber einfühlen und dabei erkennen, worauf es seinem Gesprächspartner ankam. Das ist eine Fähigkeit aus dem zwischenmenschlichen Bereich, die in diesem Geschäft gar nicht hoch genug eingeschätzt werden kann.

So war Markus Wolf ein Großmeister darin, Menschen für die von
ihm verfolgten Zwecke einzuspannen. Er verstand es, sie zu motivieren und zu überzeugen, das zu tun, was er wollte – etwa für die
»sozialistischen Ideale« und die »gemeinsame Sache«. Dabei war
sein Blick ein wichtiges Instrument für ihn: Seine Augen konnten
so voller Herzlichkeit sein wie die eines barmherzigen Mönchs, so
daß nicht wenige Menschen regelrecht dankbar dafür waren, für
diesen Mann spionieren zu dürfen. Von einer Sekunde auf die
andere konnte dieser alles zerschmelzende Blick verfliegen – dann
waren Wolfs Augen eiskalt. Seine Intelligenz steuert die Gefühle,
die er zeigt. So verstand er es, mit Menschen zu spielen und ihren
Willen zu brechen, ohne daß sie mitbekamen, wie sie verführt
wurden.

Wie viele Agenten genau für Markus Wolf arbeiteten, wird wohl
niemals ganz zu ermitteln sein – alle Akten sind vernichtet, bei der
Vielzahl der Fälle hat wahrscheinlich auch niemand einen umfassenden Überblick. Wohl nicht einmal Wolf selbst, nach all den
Jahren. Bundesdeutsche Staatsschützer gehen davon aus, daß 500
bis 600 »sprudelnde Quellen« für Markus Wolf in der Bundesrepublik gearbeitet haben. Dafür führen die Beamten vor allem drei
Indizien an: Zum einen schrieb der Auflöser der Hauptverwaltung
Aufklärung Bernd Fischer – zuvor als Oberst Leiter der HVA-
Abteilung I – in seinem »Abschlußbericht über die Auflösung der
ehemaligen HVA« am 25. Juni 1990 an die letzte DDR-Regierung,
der Auflösungsprozeß habe »sich in seinem Wesen auf die Einstellung von 540 aktiven Vorgängen (per Ende März 1990) im Operationsgebiet« gerichtet – nach Wolfs Ausscheiden hat sich nach den
Erkenntnissen der bundesdeutschen Staatsschützer an den Zahlen
nichts Grundlegendes geändert. Wohlgemerkt, diese Zahl von 500
bis 600 bezieht sich auf die Informationsquellen der HVA, nicht
auf sonstige Agenten. Zweitens verweisen die Staatsschützer auf die
Aussagen eines hohen Offiziers in der HVA-Auswertung sowie,
drittens, auf die Zahl der von der HVA besorgten Ausweisfälschun-
gen. Innerhalb dieses halben Tausends gab es nach Wolfs Angaben
zwischen 50 und 90 »Top-Leute«, die er definiert als »Geheimnis-

träger der Stufe eins, also mit Zugang zu streng geheimen Dokumenten. Aber auch Leute wie Guillaume, die in engstem Kontakt
zu führenden Persönlichkeiten stehen«.

Nur wenige sind bislang gefaßt, von den 500 bis 600 »spru-
delnden Quellen« hatten die bundesdeutschen Strafverfolger im
Januar 1992, so ein BKA-Kriminaldirektor, »noch keine vierzig«
geschnappt, also nicht einmal zehn Prozent. Der Grund: die einstigen HVA-Leute schweigen. Überläufer mit umfassendem Wissen sind die große Ausnahme.

Die Zahl der Personen, die auf dem Gebiet der Bundesrepublik
für die HVA tätig waren, ist freilich um ein Vielfaches höher – man
denke beispielsweise an die Kuriere, Instrukteure, Residenten,
Gehilfen und technische Kräfte, die sich um jede Quelle herum-
rankten. Überläufer berichten von 6000 Personen, die für das MfS
in der Bundesrepublik im Einsatz waren. Der Verfassungsschutz
hält diese Angaben für realistisch. Auch von ihnen ist das Gros
noch lange nicht geortet – Arbeit auf Jahre für die Spionageabwehr
des Verfassungsschutzes und die Staatsschützer bei Polizei und
Staatsanwaltschaften.

Die Folgen von Wolfs Wirken werden also noch auf lange Zeit
dessen einstige Gegenseite beschäftigen. Für die Menschen, die
Wolf und seine Leute als »Kundschafter« warben, ist längst alles
Prickelnde an der Sache verflogen. Sie plagt die große Angst vor
dem Tag, an dem sie verhaftet werden. Das kann heute, das kann
morgen, das kann nächste Woche oder erst nach Jahren passieren.
Vielleicht auch niemals. Für die, die gefaßt werden, bedeutet es
regelmäßig das Aus im bürgerlichen Leben. Ein Strafverfahren
steht ihnen bevor – und endlos lange Tage in einer Gefängniszelle.

In den achtundzwanzig Jahren, in denen Wolf die HVA leitete,
machte die bundesdeutsche Polizei insgesamt über 15 000 Personen
aus, die sie verdächtigte, für die HVA zu arbeiten. Doch nur die
wenigsten wurden überführt und verurteilt.

Was bleibt für Wolf selbst übrig? Der Staat, für dessen Wohl er
nach seinem Verständnis sein Leben lang gearbeitet und zu dessen
Herrenriege er gehört hatte, ging sang- und klanglos unter. Und
dies trotz aller Erfolge, die die HVA verzeichnen konnte. Allein mit

den Unterlagen und Konstruktionsplänen, die beispielsweise der »Sektor Wissenschaft und Technik« aus der Bundesrepublik beschafft hatte, hätten Hunderte von Millionen Mark an Entwicklungskosten in der DDR gespart werden können – doch die DDR-Wirtschaft war zu marode, um damit noch viel anfangen zu können. Nicht anders war es mit den Informationen, die er aus der bundesdeutschen Politik und Verwaltung nach Ostberlin schaffen ließ: Auch sie konnten dem SED-Regime nicht helfen, sich auch nur einen einzigen Tag länger zu halten. Die Wirklichkeit des Sozialismus, die mit dem Ideal, das Wolf sein Leben lang als Ziel im Kopf hatte, nichts zu tun hatte, wurde für die Menschen in Ostdeutschland unerträglich. Das Volk wollte nicht mehr. Es entschied sich mit überwältigender Mehrheit für das – wie es Wolf zeit seines Berufslebens formulierte – System des »Gegners«. Und auch er wurde zu einem Bürger dieses einstigen »Gegners«. Ohne seinen Willen. Vieles sieht Wolf auch nach der Wende nicht anders als zuvor: »Es bleibt meine Überzeugung«, sagt der HVA-Chef im Ruhestand: »Die Tätigkeit der HVA hat dazu beigetragen, daß es in Europa eine so lange Friedensperiode gab.«

DRITTER TEIL

Markus Wolf, Generaloberst a. D.

Der Rentner wird Autor –
Wolf und die Perestroika

In den ersten beiden Jahren nach Wolfs Rücktritt bleibt es ruhig
um ihn. Nur einmal gilt ihm eine Schlagzeile, klein und völlig
unspektakulär: »ZK der SED gratuliert Markus Wolf«, meldet das
»Neue Deutschland« am 19. Januar 1988: »Die herzlichsten Glückwünsche zum 65. Geburtstag übermittelt das Zentralkomitee der
SED Genossen Generaloberst a. D. Markus Wolf in Berlin. ›Getreu
Deiner revolutionären Erziehung und der in der Sowjetunion
erworbenen umfangreichen Kenntnisse und Erfahrungen, erfüllst
Du jeden Auftrag der Partei gewissenhaft und zuverlässig.‹« Während seiner fünfunddreißigjährigen Tätigkeit im Ministerium für
Staatssicherheit habe er, so läßt das SED-Zentralkomitee weiter
mitteilen, »einen bedeutenden Beitrag bei der klassenmäßigen
Erziehung von Generationen der Partei treu ergebener Kämpfer
geleistet«.

Viel Zeit verbringt Markus Wolf mit Vorbereitungen für die
unzähligen »Friedrich-Wolf-Veranstaltungen« zum einhundertsten
Geburtstag seines Vaters im Jahr 1988. Zudem sitzt er über dem
Manuskript für sein Erstlingswerk »Die Troika«. Im Oktober 1988
liefert er den Text beim Aufbau-Verlag in Ostberlin ab. Die Idee zu
diesem Werk hatte er von seinem Bruder Konrad erhalten – vor
dessen Tod. Dieser war 1982 gestorben. »Troika« heißt »Dreige-
spann« – die Geschichte handelt von Jungen aus drei Familien, die
sich im Moskau der dreißiger Jahre trafen: Markus Wolfs Bruder
Konrad, Lothar Wloch, ein Deutscher, dessen Vater Kommunist
und Komintern-Mitarbeiter in Berlin gewesen war, und Viktor

Fischer, Sohn eines amerikanischen Journalisten. Nach Ende des Zweiten Weltkriegs treffen sie sich in Westberlin: Konrad Wolf, Leutnant der Roten Armee, Viktor Fischers Bruder George – als Captain der US-Armee – und Lothar Wloch, der in Görings Luftwaffe in der Sowjetunion eingesetzt gewesen war und nun Zivil trägt. Über die Jahre halten sie Kontakt und kommen 1975 in New York zusammen: Konrad, der erfolgreiche DEFA-Regisseur und Präsident der DDR-Akademie der Künste, George Fischer, friedensbewegter Soziologieprofessor, und Lothar Wloch, Bauunternehmer in Westberlin. Bei dem Treffen gibt es Spannungen, einige Monate später stirbt Wloch.

Konrad Wolf wollte diese Geschichte verfilmen, diese Freundschaft zwischen Ost und West. Aufzeichnungen und Fotos für das Projekt sammelte er in einer schwarzen Ledermappe. Doch der Tod war schneller. Danach kommt Markus Wolf der Gedanke, diese Idee fortzuführen, mit seinen Mitteln. Und so schreibt er das Buch. Es wird ein schmales Werk, gerade hundert Seiten lang. Mehr Umfang hat der Anhang: Dokumente füllen 130 Seiten.

»Die Troika« ist eine nette Geschichte, aber keine Geschichte, die einen unbedingt mitreißt. Und so ist es nicht diese Schilderung, die für Aufsehen sorgt, sondern das, was Wolf über die Stalin-Ära während der Moskauer Jahre der Wolf-Brüder schreibt – in diesen Tagen des SED-Staats ein ungewöhnlich und erstaunlich kritischer Umgang mit der kommunistischen Vergangenheit. Wolf berichtet, es hätte damals in den dreißiger Jahren in Moskau auch »das andere, das den sozialistischen Idealen zutiefst Fremde« gegeben: »Für viele, auch für die Jungen der Troika, war es noch nicht deutlich erkennbar. Seine Entwicklung und den furchtbaren Umfang vermochten wir auch nach Jahren noch nicht völlig zu erfassen.« Auch aus dem Kreis ihrer »Bekannten und Freunde« seien mehrere Menschen abgeholt worden:

»Im Hotel Lux ziehen immer mehr Angehörige von Verhafteten aus dem Hauptgebäude in die Gemeinschaftswohnungen auf dem Hinterhof. Zu den ersten betroffenen Familien gehören die Wlochs.

In den Ämtern, Betrieben und Schulen werden die Bilder bekannter Politiker und Militärs abgenommen. Von den Bildern fünf gerade erst ernannter Marschälle der Sowjetunion bleiben nur die Woroschilows und Budjonnys, die der anderen Helden des Bürgerkrieges, Tuchatschewski, Blücher und Jegorow, müssen entfernt werden. Das war alles so dunkel, verworren, nicht zu erklären ...

Erst nach dem Tode Stalins im März 1953 wurde bekannt, auf welche Weise die Schauverfahren zustande gekommen und in welchem Umfang unschuldige Menschen, darunter viele hervorragende Kämpfer der Revolution und der kommunistischen Bewegung, Opfer der Willkür geworden waren. Unter den Toten war auch Lothars Vater, Wilhelm Wloch.

Es ist schwer, im Rückblick nachzuvollziehen, wie wir diese Vorgänge in uns aufgenommen haben. Noch viel schwieriger, fast unmöglich ist es, diese Zeit einem jungen Menschen von heute verständlich zu machen. Es war ja nicht so, daß unser Leben nur von Angst und Schrecken geprägt gewesen wäre, daß wir das Sowjetland nun weniger als unsere sozialistische Heimat empfanden und unsere Kindheit und Jugend weniger froh erlebt hätten.

Vieles war widersprüchlich. Bei Kontakten mit den betroffenen Familien sprach niemand darüber. Die meisten glaubten an einen Irrtum, an Folgen bösartiger Denunziation. Einige der Verhafteten kamen wieder frei, auch solche, für die sich andere eingesetzt hatten. Die Freigelassenen sprachen selten über das Erlebte, auch sie nährten aber die Hoffnung, es handle sich um Mißverständnisse, die sich klären würden.

So ist es zunächst auch bei Wilhelm Wloch. Bis zuletzt glaubt er selbst an einen Irrtum oder Übergriff untergeordneter Organe. Bei einer der letzten Begegnungen soll er gesagt haben: ›Genosse Stalin weiß nichts davon.‹«

Von dem Buch werden in der DDR zunächst 15 000 Exemplare gedruckt (»auf bestem Papier«) – eine bescheidene Auflage angesichts der Nachfrage. Bereits vor Erscheinen war diese erste Auflage »so gut wie vergriffen«, wie Elmar Faber erklärt, der Direktor des Ostberliner Aufbau-Verlags.

Die DDR-Presse ignoriert zunächst das Buch. Das Politbüro ist vergrätzt, vor allem darüber, daß Wolf sich als Anhänger des Gor-

*»Die Troika«: Der Geheimdienstchef im Ruhestand
wird zum Schriftsteller*

batschow-Kurses präsentiert. Das Politbüro fürchtet Glasnost und Perestroika und daß diese Ideen in die DDR herüberschwappen könnten. Sogar eine sowjetische Zeitschrift wird aus dem Handel gezogen: Die alten Männer ahnen den Anfang vom Ende ihrer Macht.

In der Bundesrepublik hingegen stößt das Buch auf ein breites Echo in den Medien. Die Meinungen sind gespalten: »Was immer der Verfasser in fast drei Jahrzehnten als Leiter der ›Hauptverwaltung Aufklärung‹ des Ministeriums für Staatssicherheit angestellt haben mag«, erklärt Ernst-Otto Maetzke in der »Frankfurter Allgemeinen Zeitung«, »sein Buch (...) wiegt eine Menge auf.« – »Die Botschaft soll wohl heißen, daß Freundschaft auch über alle Systemgrenzen hinweg möglich sein kann«, schreibt Joachim Nawrocki in der »Zeit« über das Buch: »Doch was die Freunde bewegt, wie ihre Freundschaft entstanden ist, warum sie so lange gehalten hat – all das ist trotz einigen Bemühens nur vordergründig erkennbar.« Fazit: »Hauptthema verschenkt.« Gerhard Zwerenz fragt sich in der »Frankfurter Rundschau«, »wie ein Mann mit solchen weltoffenen Ansichten überhaupt hat seinen Dienst versehen können. Irgendwo gibt es da Brüche, denn derjenige, der uns auf seinen Buchseiten so verständnisvoll und sympathisch kommt, diente sich in einer Knochenmühle hoch, ließ Menschen einfangen und lebenslang in die Kerker schicken.«

Wolfgang Seifert, intimer Kenner der DDR – einst Honecker-Berater und Professor an der DDR-Akademie für Staats- und Wirtschaftsrecht –, zeigt sich im »Spiegel« beeindruckt: »Das ist viel, unerhört viel an Offenheit in einem Staat, der sich bisher konstant weigert, an seinem System etwas Grundlegendes zu ändern.« Und Detlef Kühn, Präsident des Gesamtdeutschen Instituts in Bonn, kommentiert im »Deutschen Allgemeinen Sonntagsblatt«: »Wolfs Beziehungen zu Moskau geben der SED-Führung Anlaß, vor ihm und seinem Buch auf der Hut zu sein. Wolf (...) hält sich offenkundig bereit für den Tag, an dem der Kreml nach personellen Alternativen zu den wenig flexiblen Gegnern der Perestroika im SED-Politbüro suchen sollte.« Sein Schluß: »Markus Wolf wird sich warm anziehen müssen.«

Wochen, nachdem im Westen die ersten Kritiken erschienen sind, nimmt auch das SED-Zentralorgan »Neues Deutschland« Wolfs Buch zur Kenntnis: »Markus Wolf hat in seinen knappen zeitgeschichtlichen Einschüben einiges anders bewertet, als es in unserer Geschichtsliteratur steht«, urteilt Harald Wessel. »Das wird zu Diskussionen führen.«

Er hatte recht. Der einstige Staatssicherheits-Mann hatte sich unmißverständlich auf die Seite der Gorbatschow-Anhänger geschlagen.

Schritt für Schritt –
Wolf tritt ins Rampenlicht

Schon vor dem Erscheinen der »Troika« war Markus Wolf nach
und nach aus dem Dunkel hervorgetreten, das ihn als Geheim-
dienstmann umgeben hatte – hervorgetreten ins Scheinwerferlicht
der Medien. Dieses Wendejahr 1989 verläuft für Markus Wolf bis
zur Maueröffnung wechselhaft: Von Interview zu Interview tritt er
mehr und mehr mit Nachdruck für den Gorbatschow-Kurs ein.
Angesichts dessen erblicken viele in ihm einen »kommenden
Mann«. Doch im November katapultiert er sich aus dieser Position
wieder heraus: Mit seiner Rede bei der »Künstler-Demonstration«
auf dem Alexanderplatz macht er sich für seine Stasi-Kollegen von
einst stark.

Das erste Interview mit Markus Wolf in einem West-Medium
erscheint Anfang Januar 1989 im »Spiegel«. Das Gespräch hatte die
»Spiegel«-Mitarbeiterin Urda Jürgens in der Woche vor Weihnach-
ten 1988 mit Wolf in Moskau geführt. Er war dort, um an dem Haus
in der Nishni-Kislowski-Gasse, in dem die Wolfs in den dreißiger
Jahren gelebt hatten, eine Gedenktafel für seinen Vater Friedrich
und seinen Bruder Konrad zu enthüllen. In diesem Interview macht
sich Wolf für Glasnost und Perestroika stark, nicht nur in der
Sowjetunion, sondern auch in der DDR: Diese beiden Begriffe
beurteile er »wie viele Menschen in der Welt, ich bin sicher, auch die
meisten Menschen in unserem Lande, in der Deutschen Demokratischen Republik – sehr positiv und mit viel Anteilnahme, und ich
wünsche mir und wünsche vor allem den Menschen hier in der
Sowjetunion, daß diese Veränderungen zum Guten und Erfolgrei-

*Markus Wolf mit Ehefrau Andrea vor dem Haus
in der Nishni-Kislowski-Gasse 8. Dort lebten die Wolfs
in den dreißiger Jahren. Auf der Gedenktafel
im Hintergrund sind Markus Wolfs Vater Friedrich
und Bruder Konrad abgebildet.*

chen verlaufen. Glasnost und Perestroika sind keine Losungen«, fährt er fort: »Das sind sehr wohl wissenschaftlich begründete Orientierungen der Kommunistischen Partei in der Sowjetunion, die anknüpfen an die Idee der Oktoberrevolution, getragen von den Ideen des Begründers dieses Staates, von Lenin, die von weitreichender Bedeutung sind für die Entwicklung dieses Landes.«

Die DDR stehe fest im sozialistischen Lager, fest an der Seite der Sowjetunion und ihrer Verbündeten: »Und wie das in jüngerer Zeit, aber nicht nur erst seit jetzt, betont worden ist, hat jedes Land seine Entwicklung, seine Tradition, seine Besonderheiten, und ich glaube, daß die DDR auf den Grundlagen, von denen ich sprach, eine gute, eine sichere und auch eine zukunftsreiche Entwicklung hat. Davon bin ich fest überzeugt.« Keine zwei Jahre später gibt es die DDR nicht mehr, ist sie untergegangen wie ein leckgeschlagenes Schiff.

Aber dies scheint sich der Aufklärer im Ruhestand ganz und gar nicht vorstellen zu können. Denn angesprochen auf den XII. Parteitag, der für Mai 1990 geplant ist, antwortet er Ende 1988: »Eine neue Weichenstellung in dem Sinne, wie das vielleicht im Westen gern gesehen würde, also weg von der Sowjetunion, weg von den Grundlagen, über die ich sprach, erwarte ich keinesfalls, die wird es nicht geben. Es wird sicher, ausgehend von den neuen Entwicklungen, besonders auch, was die ökonomischen Anforderungen angeht, wichtige Beschlüsse geben, aber ansonsten möchte ich mich an Prophezeiungen und Prognosen nicht beteiligen.« Er hat den ersten Pflock eingerammt.

Der zweite Pflock ist die Geschichte, die sich um seine Stellungnahme für den Fernsehfilm »Verzeih, daß ich ein Mensch bin« entwickelt. Die Querelen um seine Äußerungen in dieser Dokumentation über seinen Vater zeigen die Orientierungslosigkeit im Medienbereich in der DDR Ende 1988, Anfang 1989. Es brodelt bereits, auch wenn noch der Deckel auf dem Topf ist: Ohne ein Blatt vor den Mund zu nehmen, hatte Markus Wolf über das gesprochen, was er in der Stalin-Ära in Moskau erlebt hatte – »Unerhörtes« für die DDR: »Diese Zeit – die müssen wir noch aufarbeiten. Das geschieht ja jetzt auch vielfach ..., das muß aufbereitet und bearbeitet werden, ehrlich, aufrichtig.« Ebenso »unerhört« ist für die Fernsehverantwortlichen in Adlershof Markus Wolfs Antwort auf die Frage, ob er sich mit seinem Vater über die Stalin-Zeit unterhalten habe: »Sicher wurde darüber gesprochen ..., aber es war wohl auch dann so wie bei den Erwachsenen, daß man dies als etwas schwer Erklärbares, mit unseren Vorstellungen, unseren Ideen der Entwicklung des Sozialismus und Kommunismus überhaupt nicht Vereinbares ansah – etwas, was auch vorbeigehen muß und vorbeigehen wird.« Das ist zuviel für die Leitung des DDR-Fernsehens. Sie fordert Wolf auf zuzustimmen, daß diese kritische Passage aus dem Film herausgeschnitten wird. Doch er weigert sich, genauso wie Regisseur Lew Hohmann.

Daraufhin wird der Streifen kurzerhand in Adlershof gekürzt und ohne Markus Wolfs kritischen Part am 19. Dezember 1988 ausgestrahlt. Wolf protestiert, schreibt einen Brief an Honecker. Der Staatsratsvorsitzende bittet ihn zu einem Gespräch. So schreitet Markus Wolf am 18. Januar durch die langen Gänge des »großen Hauses«, dem Sitz des Zentralkomitees.

In den vergangenen viereinhalb Jahrzehnten war Wolf Erich Honecker vielfach begegnet, das erste Mal schon gleich nach dem Krieg beim Berliner Rundfunk. Wolf war damals für den Jugendfunk zuständig und Honecker Vorsitzender des FDJ-Zentralrats. Aber ein enger Kontakt entwickelte sich in all den Jahren nicht. Die beiden sind zu unterschiedlich: Dem einstigen Dachdeckergesellen Honecker war dieser gerissene Intellektuelle großbürgerlicher Herkunft stets suspekt. Markus Wolf – das ist für Honecker eine andere Welt, nichts für ihn, der die Abende im Kreis seiner alten Genossen über alles liebt, an denen ein zünftiger Skat gedroschen, Bier getrunken und die alten Lieder der Arbeiterbewegung geschmettert werden. Wolf hingegen kann insgeheim nur über den Kleinbürger Honecker lächeln, der sich immer mehr in Selbstbeweihräucherung ergeht, Ja-Sager und Opportunisten um sich schart, sich allenthalben bejubeln läßt, MfS-Berichte über die kritische Lage im Land einfach nicht zur Kenntnis nehmen will und sich nach Breschnews Tod nun auch noch für den »Ersten« unter den »Arbeiterführern« der Welt hält. Hinzu kommt, daß Wolfs

Chef Mielke in all den Jahren eifersüchtig darüber wacht, selbst den Kontakt zu Honecker zu halten.

Markus Wolf steigt an diesem Mittwoch im Januar 1989 in der zweiten Etage des ZK-Gebäudes aus dem Paternoster, geht zu dem holzgetäfelten Büro Honeckers. Honecker kommt ihm entgegen, begrüßt ihn herzlich. »Genosse Erich« macht auf Wolf einen frischen und ausgeruhten Eindruck. Sie setzen sich. Zu dem Friedrich-Wolf-Film erklärt Honecker Wolf, wie dieser später berichtet: »Kürzung und Sendetermin seien an seinem Tisch entschieden worden. Er versicherte, das Gedenken an Friedrich Wolf bedeute ihnen im Politbüro viel, und es werde in Ehren gehalten.« So wie man die Zeit unter Stalin jetzt in der Sowjetunion behandle, sagt der Staatsratsvorsitzende weiter, könne man es nicht machen. Großes sei damals vollbracht worden, die Kollektivierung und Industrialisierung dürfe man nicht so darstellen, wie es jetzt dort geschehe. Wolf entgegnet ihm, daß diese Dinge in der Rede Gorbatschows richtig dargestellt worden seien. »In welcher Rede?« fragt Honecker trocken: »Er redet so viel, daß man nicht mehr weiß, was gerade dran ist.« Wolf sagt, daß er die Rede zum 70. Jahrestag der Oktoberrevolution gemeint habe.

Nach eineinviertel Stunden endet die Unterhaltung ohne ein greifbares Ergebnis – Wolf hatte es nicht anders erwartet. »Das Gespräch mit Honecker hat mir bestätigt«, resümiert er, »daß von diesem Mann keine Einsicht in die Notwendigkeit dringender Veränderungen in unserem Lande zu erwarten war.« Erstaunlich offen habe Honecker aus seiner Abneigung gegen Gorbatschows Politik kein Hehl gemacht. So kommt Wolf zu der Einschätzung, daß für die »gesamtgesellschaftliche Situation« in der DDR »keine gute Aussicht« bestehe.*

---

* Der französische Autor Pierre de Villemarest (»Le coup d'état de Markus Wolf. La guerre des deux Allemagne 1945–1991, Paris 1991«) schreibt Markus Wolf eine federführende Rolle bei der Wende in der DDR zu. Villemarest behauptet, Wolf habe von der sowjetischen Führung den Auftrag erhalten, Honecker zu stürzen. Eine entsprechende Vereinbarung sei am 18. Juni 1987 bei einem Treffen mit dem damaligen stellvertretenden KGB-Direktor Wladimir Krjutschkow in Dresden im Haus des Wissenschaftlers Manfred von

In Sachen Friedrich-Wolf-Film aber kommt er zum Ziel: Zwei Monate nach dem Gespräch, am 8. März 1989, sendet das DDR-Fernsehen den Streifen ungekürzt. Markus Wolf hatte sich bei dem greisen Honecker durchgesetzt. Dies gibt ihm Hoffnung – und nicht nur ihm: »Da sich meine Intervention ohne eigenes Zutun in der Umgebung der Eingeweihten herumgesprochen hatte, sahen mich viele im Kulturbereich jetzt in der Rolle des Bruders, mit dem man reden, seine Sorgen und Nöte besprechen und von dem man Hilfe erwarten kann.«

Und dann geht alles Schlag auf Schlag: Die »Troika« erscheint im März 1989 – in der Bundesrepublik und in der DDR; in Deutschlands Osten allerdings mit der gravierenden Einschränkung, daß das Werk nicht in den Buchhandlungen liegt. Alle 15 000 Exemplare, erklärt der Aufbau-Verlag, gingen so weg, angeblich an »verdiente Personen«, vor allem an MfS- und NVA-Angehörige. Die zweite Auflage läßt monatelang auf sich warten, wegen, wie der Verlag erklärt, »Schwierigkeiten bei der Druckerei und der Buchbinderei«. So reist Markus Wolf durchs Land zu Lesungen. Dutzende werden es. Reformanhänger kommen zu seinen Veranstaltungen und diskutieren.

Die Medien reißen sich um ihn: In ARD und ZDF gibt er Interviews, in der »Zeit« erscheint am 24. März 1989 ein langes Interview. Darin präsentiert er sich als abgeklärter, mit seinem Leben zufriedener Mensch. Auf die Frage: »Konnten Sie Ihre persönlichen Träume realisieren?« antwortet er: »Ich bin an einem Sonntag geboren und habe im Leben viel Glück gehabt.« Das klingt gut. Doch in Wahrheit ist Markus Wolf kein »Sonntagskind«. Sein

---

Ardenne erfolgt. Markus Wolf sei der Kopf der Verschwörung gewesen (»Un plan naît de ces conciliabules, dont Markus Wolf devient définitivement l'âme et le chef d'orchestre«). Namentlich benennt der Autor als Teilnehmer der Unterredung von Ardenne und Hans Modrow, damals Bürgermeister von Dresden. Beide bestreiten diesen Sachverhalt nachdrücklich. »Absolut aus der Luft gegriffen« sei Villemarests Behauptung, sagt von Ardenne – weder kenne er Wolf persönlich, noch habe er Wolf jemals in seinem Haus in Dresden empfangen. Und Modrow betont: »Ich habe nicht an einem solchen Treffen teilgenommen.« Auch ansonsten gibt es keine Beweise, die das behauptete Treffen oder eine derartige Absprache belegen.

Berlin-Mitte, Spreeufer 2:
Markus Wolf an seinem Schreibtisch unter einem Porträt
seines Vaters Friedrich Wolf

Geburtstag, der 19. Januar 1923, war ein Freitag. Selbstdarsteller Wolf beherrscht selbst in den banalsten Fragen die Kunst, sich in jeder Lebenslage effektvoll in Szene zu setzen.

Durch Wolfs Auftritte in den Medien und bei den Lesungen glauben viele Menschen, daß er jemand sei, der den Karren aus dem Dreck ziehen könne. Vom »Hoffnungsträger« ist die Rede. Und vom »Reformer«.

Dies alles darf nicht darüber hinwegtäuschen, daß Wolf eine Fülle von Privilegien als verdienter Stasi-Mann besitzt – und diese auch auskostet. Monat für Monat kassiert er insgesamt 6500 Mark Rente. Nach seinem Ausscheiden aus dem Stasi-Dienst zog er aus seiner MfS-Wohnung in der feinen Oberseestraße ins frisch renovierte Nikolaiviertel im Herzen Ostberlins. In dem Haus Spreeufer 2 lebt er in einer Fünf-Zimmer-Wohnung, die sich über die fünfte und sechste Etage erstreckt, mit Blick auf die Spree. Alles ist vom Feinsten, über eine halbe Million Mark hat das Herrichten gekostet, einschließlich Sauna und Solarium. Ganze 298,20 Mark (Ost!) zahlt er im Monat Miete. Ebenso wie in der alten Wohnung sei er auch in der neuen von Mielke abgehört worden, erklärt Wolf. Beim Einzug in die Wohnung Spreeufer hätte er gewußt, »was dort installiert worden war«. So gut seien seine Beziehungen schon noch gewesen. Ehemalige MfS-Mitarbeiter berichten, daß Mielke unter anderem deshalb mißtrauisch gegenüber Wolf gewesen sei, weil er den mittlerweile in dritter Ehe verheirateten Wolf für einen »Weiberheld« hielt und fürchtete, daß dies die Gegenseite ausnutzen könnte. Und es gab noch weitere Privilegien für Wolf nach seinem Ausscheiden aus dem aktiven Stasi-Dienst: So konnte er mit einer »Sonderberechtigung« im »Zentrum«-Kaufhaus einkaufen, in dem es, anders als vielerorts in der DDR, keine leeren Regale gab. Auch nahm er weiterhin den Medizinischen Dienst der Staatssicherheit in Anspruch.

Zudem stand Markus Wolf noch ein Büro in den Räumen der Hauptverwaltung Aufklärung zur Verfügung, ebenso die HVA-Offiziere Erika Tlustek und Eberhard Meyer, und zwar für die Aufarbeitung der »Geschichte der HVA«. Wolf erhielt diese Arbeitsmöglichkeiten »zur Verallgemeinerung seiner Erfahrungen und Aufarbeitung seiner Erinnerungen«. So hatte Mielke in einer

»Festlegung« am 15. November 1986 bestimmt. Außerdem hatte der Stasi-Chef angeordnet, daß Wolf auch im Ruhestand noch in einzelne »operative Vorgänge« einbezogen werden könne. Dazu ist es aber offensichtlich nicht gekommen. Wolf nutzte also auch noch in der Zeit, in der er sich in der Öffentlichkeit als »Reformer« präsentierte, die Vergünstigungen, die ihm aufgrund seiner Zugehörigkeit zur Staatssicherheit eingeräumt worden waren.

Der Sommer 1989 steht im Zeichen von Zehntausenden DDR-Bürgern, die über Ungarn und die ČSSR in den Westen flüchten. Für die DDR sei das ein »sehr schmerzlicher und auch trauriger Vorgang«, erklärt Markus Wolf in einem Interview der »Süddeutschen Zeitung« vom 23. September 1989. Er sei »schon der Meinung, daß man über die Ursachen sehr gründlich nachdenken, auch darüber sprechen muß«. Deutliche Worte richtet Wolf in diesem Gespräch an die bundesdeutsche Politik: Dieses »Spektakulum, dieser Dauerkrimi, der jeden Abend über die Fernsehanstalten Ihres Landes fortgesetzt wird, oder die Wiedervereinigungsoperette« bewirke »natürlich auch etwas für die Gesamtentwicklung sehr Bedenkliches«. Und er fährt fort: »Solange bei Ihnen führende Politiker bei solchen Vorgängen sozusagen ihre Träume vom Deutschen Reich in den Grenzen von 1937, die in der Präambel Ihres Grundgesetzes den Niederschlag gefunden haben, tatsächlich praktizieren in Form von Obhutspflicht für alle Deutschen, gleich woher, sehe ich eine Gefahr für den Prozeß der Entspannung, der mit dem Grundlagenvertrag und seit Helsinki in eine positive Richtung zu verlaufen schien. Diese großdeutschen Träume halte ich für außerordentlich gefährlich. Sie vergiften die Atmosphäre immer wieder in Richtung Kalter Krieg. Das paßt nicht mehr in die internationale Landschaft.« Mit Nachdruck warnt Wolf davor zu denken, »der Sozialismus in der DDR sei am Ende. Wir haben in den 40 Jahren des Bestehens unserer Republik solide Grundlagen geschaffen. Die vielleicht größte Leistung ist, daß in allen Schichten unserer Bevölkerung kluge, denkende Menschen herangebildet wurden, die die Herausforderung für den Sozialismus, von dem ich sprach, meistern werden.«

Bei aller nach innen geäußerten Kritik will SED-Mitglied Wolf außenpolitisch den Status quo wahren. Seine Worte zeigen, daß er noch an die Rettung des DDR-Sozialismus glaubt, insbesondere erscheint ihm die Wirtschaft noch »reparabel«. Doch er verkennt Ursache und Folge: Zu der – von der Bevölkerung damals mit Vehemenz verlangten – »Reisefreiheit« sagt er kein Wort. Statt dessen rückt er die bundesdeutschen Politiker in die Nähe von Kalten Kriegern, die in der Tat nichts anderes tun, als die Finger in die Wunde zu legen, die unerträglichen Zustände in der DDR zu kritisieren und für die auch selbstverständlich ist, daß die DDR-Flüchtlinge nicht zurückgeschickt, sondern in der Bundesrepublik aufgenommen werden.

Mehrfach erklärt Wolf in diesem Jahr, daß er gerne in die Bundesrepublik reisen würde, vor allem nach Hechingen, seine Geburtsstadt. Doch am 20. Juni 1989 erwirkt Generalbundesanwalt Kurt Rebmann gegen ihn einen Haftbefehl (Aktenzeichen: II BGs 220/89). Auf Seite 1542 des bundesdeutschen Fahndungsbuchs steht nun der Eintrag: »Wolf, Markus, 19. 1. 23.« »Wir können nicht umhin, ihn hier zu verfolgen«, erklärt Generalbundesanwalt Rebmann, dazu sei er nach dem Legalitätsprinzip verpflichtet. Die Bundesanwaltschaft würde unglaubwürdig, wenn sie tagtäglich kleinere Spionagefälle von Bürgern aus der DDR und anderen Staaten verfolge, Wolf aber nicht. Und so kommt es, daß Wolf in der DDR bleibt, trotz der bald darauf folgenden »Reisefreiheit«.

Beachtlich ist, wie Markus Wolf immer weiter in seinen Stellungnahmen vorprescht. Er scheint jetzt so richtig in Fahrt gekommen zu sein: Ein Interview, das im SED-Zentralorgan »Neues Deutschland« am 27. Oktober 1989 erscheint, nutzt er dazu, die SED und ihr Zentralorgan zu attackieren – völlig anders als bei der noch sehr vorsichtigen Wortwahl im »Spiegel«-Interview ein dreiviertel Jahr zuvor: »Ich glaube, genau wie in der ganzen Partei nahmen der Unmut und auch die Kritik an den Medien und auch am Zentralorgan immer mehr zu«, erklärt Wolf über die Situation in der brodelnden DDR, wenige Wochen nach den »Feierlichkeiten« zum 40. Jahrestag: »Mir fehlt zum Beispiel im ›Neuen Deutschland‹ das Wort des Redaktionskollegiums dazu, warum von der Verbindung

zu den Menschen, zu den Lesern in dieser zurückliegenden Zeit
soviel verlorengegangen ist. Auf der 9. Tagung des Zentralkomitees
wurden sehr kritische Feststellungen getroffen. Da kann man nicht
einfach zur Tagesordnung übergehen. Ich habe mich in meinem
Leben – glaube ich – noch nie so geschämt wie an dem Tag, an dem
in den Medien zu lesen war: ›Wir sollten den Menschen, die uns
verlassen haben, keine Träne nachweinen.‹ Unmittelbar danach
kamen im ND [›Neues Deutschland‹] zustimmende Leserbriefe zu
diesen schlimmen Worten. Dazu muß die Redaktion meiner
Ansicht nach ihr Wort sagen. Es gehört ja zu den Normen unserer
Partei, daß zu Kritik Stellung genommen wird.«

Einige Tage später, am 4. November 1989, findet die größte
Demonstration in Ostberlin statt, die die DDR jemals erlebt hat.
Über eine halbe Million Menschen sind zusammengekommen. An
diesem Sonnabend erlebt Markus Wolf sein Waterloo: Dicht an
dicht drängen sich bei der Abschlußkundgebung die Menschen auf
dem Alexanderplatz, die riesige Fläche reicht nicht aus, sie alle zu
fassen. Viele stehen in den Seitenstraßen. Hunderte Transparente
werden hochgehalten. »Ein Vorschlag für den 1. Mai: Die Führung
zieht am Volk vorbei«, »Stell dir vor, es ist Sozialismus, und keiner
geht weg«, »Wir wollen endlich Taten sehen, sonst sagen wir auf
Wiedersehen«. Die Menschen rufen nach Reformen – verlangen
vor allem freie Wahlen, Meinungsfreiheit und ein Ende des Macht-
monopols der SED.

Markus Wolf ist einer von 27 Rednern. Er klettert auf die Pritsche eines Lkw: »Nicht ohne zu zögern nutze ich die Möglichkeit,
an dieses Mikrophon zu treten«, beginnt er langsam, jedes einzelne
Wort abwägend, »– aus mehreren Gründen: Es war nicht meine
Partei, die Sozialistische Einheitspartei, die mit den Mach…, mit
der Macht der Medien zu dieser Demonstration aufgerufen hätte,
es war die fast leise Stimme Berliner Künstler mit der Forderung
nach Freiheit des Worts und der Versammlung. Trotz zunehmend
mahnender Stimmen in unseren eigenen Reihen konnten wir nicht
verhindern, daß unsere Führung bis zum 7. Oktober in einer
Scheinwelt lebte und selbst dann noch versagte, als die Menschen
anfingen, mit den Füßen abzustimmen. Das war bitter für uns

Das Ende als »Hoffnungsträger«:
Markus Wolf bei seiner Rede auf dem Berliner Alexanderplatz
am 4. November 1989

Kommunisten.« Das Publikum fängt an zu pfeifen. »Der Fackel-
zug am Abend des 6. Oktober« – die Pfiffe nehmen zu – »und die
Militärparade am Morgen des 7.« – die Pfiffe werden immer lauter,
Wolf stockt und fährt fort: – »wirken heute schon wie ein Abschied
von einer längst vergangenen Zeit, und doch liegt diese Zeit erst
vier Wochen zurück. Wir dürfen ihre Rückkehr nie wieder zulas-
sen.« Beifall. »Am 7. Oktober gab uns die Anwesenheit Michail
Gorbatschows neuen Mut, und am Abend kam es zu den blutigen
Zwischenfällen. Seitdem hat sich unser Volk auf den Straßen und
Plätzen die Freiheit des Worts selbst geholt.« Zuhörer klatschen.
»Aber nun darf sich der Dialog nicht mehr in Worten erschöpfen.«
Beifall. »Von der in der nächsten Woche angesetzten Tagung des
Zentralkomitees der SED werden nun eindeutige und mit Substanz
erfüllte Aussagen erwartet. Auch ein Bekennen zur Verantwortung
und zu den Ursachen des Geschehenen mit entsprechenden perso-
nellen Konsequenzen.« Applaus.

»Um für die eigentliche, noch nicht begonnene Wende und
Erneuerung in meiner eigenen Partei eine klare Orientierung zu
geben, sollte das Zentralkomitee entsprechend Artikel 47 des Statuts der Partei unverzüglich eine Parteikonferenz einberufen.« Beifall. »Hunderttausende Kommunisten« – Pfiffe beginnen –, »die
ehrlich und aktiv gearbeitet haben, erwarten einen klaren Kurs.
Viele haben schon lange um Lösungen gekämpft« – die Pfiffe nehmen zu –, »haben auch weitreichende konzeptionelle Vorschläge
für grundlegende Reformen eines erneuerten Sozialismus gemacht.
Diese Vorschläge gehören jetzt in den Dialog und an die Öffentlichkeit.« Die Pfiffe werden immer lauter.

»Damit wird noch deutlicher werden, daß es in dieser meiner
Partei nicht an engagierten und couragierten Menschen auf allen
Arbeitsebenen und Feldern mangelt, nicht an klaren und konzep-
tionell kompetenten Köpfen fehlt. Nicht durch Pochen auf festge-
schriebene Artikel, nur so« – das Pfeifkonzert ist mittlerweile so
laut, daß man Wolf kaum noch verstehen kann –, »durch Überzeugung und harte, sehr harte Arbeit kann diese Partei ihre Rolle in
der neuen Etappe unserer gesellschaftlichen Entwicklung spielen.
Nun«, fährt er fort, stockt, die vielen und lauten Pfiffe irritieren

ihn sichtlich –, »nun zu dem zweiten Punkt meines Zögerns, hier
zu sprechen, und da erwarte ich noch viel weniger Beifall. Ich habe
ein Buch geschrieben, in dem ich mich für offenes Aussprechen der
Wahrheit, für Zivilcourage, für ein menschliches Umgehen miteinander, auch mit Andersdenkenden, ausspreche.« Leiser Beifall.
»So, nun wird der Beifall gleich aufhören, denn ich kann und will
natürlich nicht verschweigen, daß ich davor 33 Jahre General im
Ministerium für Staatssicherheit war« – wieder schallen ihm Pfiffe
entgegen –, »und ich bekenne mich zu meiner Verantwortung für
diese Tätigkeit bis zu meinem Ausscheiden vor drei Jahren aus
diesem Dienst. Wenn wir diesen Weg der Erneuerung mit Vernunft und Besonnenheit weitergehen wollen, dann muß ich hier
mich dagegen wenden, daß viele Mitarbeiter dieses Ministeriums,
die ich aus langen Jahren kenne, nun zu Prügelknaben der Nation
gemacht werden sollen.« Buhrufe, Pfiffe. »Es liegt gerade im Interesse dieser Mitarbeiter, daß jede Anschuldigung« – die Pfiffe nehmen zu –, »jedes Unrecht« – die Pfiffe werden ohrenbetäubend
laut, Sprechchöre fordern »Aufhören, aufhören«, Markus Wolf
stockt, kann 15 Sekunden nicht weitersprechen, eine unendlich
lange Zeit, so scheint es, fährt dann fort –, »daß jede Anschuldigung, jedes Unrecht, jede Verletzung der Gesetze unparteiisch
untersucht, die Verantwortlichkeit festgestellt und Betroffenen
Öffentlichkeit, öffentlich Gerechtigkeit widerfährt.« Verhaltener
Beifall. »Das gilt natürlich auch für den 7. und 8. Oktober. Die
Aufgaben dieses Ministeriums entsprachen stets der Politik der
Führung dieses Landes.« Buhrufe, Pfiffe.

»Wenn jetzt die politische Führung von einer Wende spricht,
dann muß dies natürlich auch zu einer Überprüfung der Tätigkeit
der Schutz- und Sicherheitsorgane führen, und auch die parlamentarische öffentliche Kontrolle dieser in jedem entwickelten Land
vorhandenen Einrichtung wird dabei zu berücksichtigen sein.
Neues Denken ist in diesem Bereich genauso gefragt wie überall,
besonders im Umgang mit Andersdenkenden. Verantwortliche dieses Ministeriums sollten sich der Öffentlichkeit stellen« – Klatschen –, »um damit auch den Dunst des Geheimnisvollen zu besei-
tigen, das bei vielen Menschen Angst verbreitet. Aber die Gegner

der Erneuerung, die müssen wir überall dort suchen, wo sich Dünkel, Arroganz, elitäres Denken, Machtanmaßung breitgemacht haben.

Nun zum dritten Grund, weshalb ich mit Zögern an dieses Mikrophon vor einer solchen Massenveranstaltung getreten bin. Dieser Grund liegt in Erfahrungen der Geschichte. Immer wenn es in sozialistischen Ländern in der Vergangenheit nach dem Kriege einen Kurs- und Führungswechsel gegeben hat und die Menschen emotionsgeladen mit ihren Forderungen auf die Straßen und Plätze gegangen sind, gab es eine Eskalation, ist Blut geflossen und gab es Tote, oft viele Tote. Man kann vor der Besonnenheit unserer Menschen, auch der hier auf dem Platz, nur den Hut ziehen.« Beifall.

»Seit dem 9. Oktober ist kein Blut mehr geflossen, und wir wollen es dabei lassen. Sorgen wir doch alle dafür, daß die Vernunft die Oberhand behält. Nutzen wir gemeinsam die einmalige Chance, Sozialismus mit Demokratie, die das Wort verdient, zu verbinden.« Beifall. »Vielleicht können wir damit Michail Gorbatschow« – »Aufhören, aufhören« hallen Sprechchöre wie ein Trommelfeuer über den Alexanderplatz, Wolf redet gegen sie an – »und den Menschen in der Sowjetunion etwas vom Mut und der Hoffnung zurückgeben, die sie mit Perestroika und Glasnost in dieses Land gebracht haben.« Pfiffe und Beifall.

Mit hängendem Kopf klettert Markus Wolf von der Lkw-Pritsche. Die vielen Pfiffe setzen ihm zu. Er ist kreidebleich. Man sieht ihm an, er ist geschockt. Die Stimme versagt ihm. Benommen schiebt er sich an den Reportern vorbei, an den Mikrophonen und Fernsehkameras. »Mir war tatsächlich die Spucke weggeblieben«, sagt er später kleinlaut über diesen Abgang.

Der Mann, ein Mythos wegen seiner Erfolge in der Spionage, mußte erleben, wie ihn das Volk ausbuhte, als er auf sein Lebenswerk, die Staatssicherheit, zu sprechen kam. Die Menschen wollten nicht hören, wie er versuchte, seine Stasi-Genossen reinzuwaschen. Wer wollte ihm denn noch abnehmen, daß er und seine Stasi-Spezis im »guten Glauben« gehandelt hätten? Dafür haben die Menschen in der DDR zuviel erlebt. Die Enthüllungen über den Unterdrückungsapparat der Staatssicherheit beginnen erst in diesen Tagen. Markus Wolf muß einsehen: Innerhalb der vergangenen zehn Monate war er für viele Menschen in der DDR – und nicht nur dort – vom Stasi-General zum Hoffnungsträger aufgestiegen; nun aber, durch seine Rede, wieder zum Stasi-General »herabgeplumpst«.

Markus Wolf erlebt, wie andere Redner stürmisch gefeiert werden. Die Schriftstellerin Christa Wolf zum Beispiel, auch ihr Kollege Stefan Heym, der als »Nestor unserer Bewegung« vorgestellt wird und in seiner Rede die Vergangenheit der DDR »Jahre der Dumpfheit und des Miefs, des Phrasengewäschs und bürokratischer Willkür« nennt. Tosenden Applaus erhält auch die Schauspielerin Steffi Spira, achtzig Jahre alt. Als letzte Rednerin ruft sie den Hunderttausenden Menschen zu: »Ich wünsche für meine Urenkel, daß sie aufwachsen ohne Fahnenappell, ohne Staatsbürgerkunde. Und daß keine Blauhemden mit Fackeln an den hohen Leuten vorübergehen.«

Fünf Tage später, am Mittwoch, dem 9. November, ist Wolf in Potsdam. Auf seinem Programm stehen drei Lesungen mit anschließender Diskussion. Am Abend sitzt er bei dem letzten Termin auf der Bühne des Klubs der Kulturschaffenden. Er liest einige Passagen aus der »Troika«. Eine Diskussion folgt. Wie üblich. Auf einmal fliegt die Saaltür auf, jemand steckt seinen Kopf herein und ruft: »Die Grenze ist auf!« und verschwindet sofort wieder. Wolf kann damit nicht viel anfangen. Noch nicht. »Was war geschehen?« rätselt er. Auf der Rückfahrt nach Berlin sieht er dann, was los ist: Menschenmassen stürmen an die Grenzübergänge, drängen, schieben sich an den Posten vorbei. Die Grenzer können des Ansturms nicht Herr werden. Wolf stellt verwundert fest: »Die meisten Leute laufen einfach über die Grenze.«

Zwischen Maueröffnung und
deutscher Einheit – Wolf und die neue Zeit

Nachdem Wolf begriffen hat, was geschehen ist, versucht er zu retten, was noch zu retten ist: Er setzt alles daran, den Bestrebungen entgegenzusteuern, die in Richtung deutsche Einheit zielen. »Wiedervereinigung ist nicht unser Thema«, erklärt er »Spiegel«-Redakteuren in einem Gespräch in der Woche nach der Öffnung der Mauer. Selbst für die sei es kein Thema, »die in Leipzig und anderswo auf die Straße gehen oder derzeit in Scharen über die Grenzen strömen. Sie wollen eine andere DDR. Aber alle, die sich bisher politisch artikulieren, wollten die sozialistischen Grundlagen, was sie auch immer darunter verstehen, nicht antasten.« Ein grundlegender Irrtum, wie die weitere Entwicklung zeigt. Damals jedenfalls scheint Wolf die Augen vor den vielen Menschen verschlossen zu haben, die in langen Schlangen vor den Geschäften in der Bundesrepublik entlang der deutsch-deutschen Grenze standen, um endlich auch etwas von den »Segnungen« der Marktwirtschaft mitzubekommen.

»Sicher ist« für Markus Wolf, wie er in dem »Spiegel«-Gespräch im Brustton der Überzeugung erklärt: »All das, was jetzt geschehen ist, macht den Bau der Mauer 1961 nicht im nachhinein überflüssig.« Jetzt allerdings habe sie keinen Sinn mehr, befindet Wolf, »allenfalls als Denkmal des Kalten Krieges«. Diese Worte belegen, daß er – trotz all der kritischen Äußerungen gegenüber dem SED-Regime in diesem Wendejahr – nach wie vor ein SED-Recke ist: Solange die Mauer stand – an der deutsch-deutschen Grenze verloren immerhin über 200 Menschen ihr Leben –, war sie »nicht …

überflüssig«. Und just von dem Augenblick an, in dem die Öffnung
verfügt wurde (»aus Versehen«, wie sich später herausstellt), macht
sie für ihn »keinen Sinn mehr«.

Auf das Pfeifkonzert bei seinem Auftritt auf dem Alexanderplatz
zwei Wochen zuvor angesprochen, erklärt Markus Wolf, »die Pfiffe
galten eigentlich nicht mir persönlich. Die Pfeifer haben meine
Tätigkeit im Ministerium mit der Tätigkeit dieses Ministeriums
insgesamt identifiziert.« Das stimmt so nicht, wie der Mitschnitt
der Rede beweist, denn das Pfeifkonzert begann just in dem
Augenblick, als er von »uns Kommunisten« sprach, steigerte sich,
als er ansetzte zu erläutern, wie künftig die SED »ihre Rolle in der
neuen Etappe unserer gesellschaftlichen Entwicklung spielen«
kann, und wurde schließlich ohrenbetäubend, nachdem er sich
dagegen ausgesprochen hatte, die MfS-Mitarbeiter »zu Prügelknaben der Nation« zu machen und sich damit hinter sie stellte.

Die Perspektive, die Wolf in diesem »Spiegel«-Gespräch wenige
Tage nach dem Fall der Mauer entwickelt, lautet »Sozialismus mit
Demokratie«: »Wir müssen versuchen, jetzt die einmalige Chance
zu nutzen, Sozialismus mit Demokratie, die das Wort verdient, zu
verbinden. Ich glaube, nur wenn uns das gelingt – und ich sage, das
muß uns gelingen –, wird es auch möglich sein, die notwendigen
Wirtschaftsreformen effizient zu machen, also den Beweis anzutre-
ten, daß es möglich ist, Sozialismus mit effektiver Wirtschaft, das
heißt mit den Regeln des Marktes, zu verbinden.«

In Bonn denken in diesem November 1989 viele Politiker aber
schon über den Weg zur Wiedervereinigung nach. Und so ist es
kein Wunder, daß Wolf über das Zehn-Punkte-Programm von
Bundeskanzler Kohl sauer ist – das »eine Föderation, eine bundes-
staatliche Ordnung in Deutschland« vorsieht: »Die Anmaßung der
BRD-Politiker und der dortigen Medien ist kaum noch zu ertragen«, wettert Wolf in diesen Tagen. Für ihn lautet die Alternative:
»Entweder Bewahrung der Eigenständigkeit der DDR und Entwicklung zu einer solidarischen Gesellschaft oder Ausverkauf und
Vereinnahmung durch die Bundesrepublik.«

In diesen Monaten des Zusammenbruchs der DDR – zwischen
Maueröffnung und deutscher Einheit – wird Wolf für viele HVA-

Mitarbeiter zum Vorbild. Die Aufklärung wird »abgewickelt« wie
so vieles in der DDR. Bis zum 31. März 1990 sind die meisten
HVA-Mitarbeiter entlassen. Das macht ihnen schwer zu schaffen.
Denn die HVA-Leute verstanden sich als das Feinste unter den
sich ohnehin schon elitär fühlenden Mitarbeitern des Ministeriums
für Staatssicherheit – und diese »Elite der Elite« stand nun plötzlich
auf der Straße. Über die Hälfte der einstigen »Aufklärer« hat einen
Hochschulabschluß. Den meisten fehlt es nun an einer Perspektive
– und an einem Arbeitsplatz: Erstens herrscht überall Umbruch,
eine schlechte Zeit für Akademiker auf Stellensuche. Zweitens
haben sie seit Jahren nicht mehr im erlernten Beruf gearbeitet,
sondern in der Spionage, die nun eben keine Konjunktur mehr hat.
Und drittens kommen sie von der Staatssicherheit – das entscheidende Manko. Eine schlechtere Adresse kann man sich in diesen
Wochen nicht denken.

So verspüren jene Menschen, die bislang gut lebten und davon
ausgingen, ihr Schäflein im trocknen zu haben, mit einem Mal
Existenzangst, geraten in Panik. Und dann sind da auch noch Mitarbeiter von BND und Verfassungsschutz unterwegs, die versuchen, ehemalige HVA-Leute mit Geld und anderen Verlockungen
dazu zu bringen auszupacken. Hinzu kommt, daß der Ministerrat
die ehemaligen MfS-Mitarbeiter am 8. Februar 1990 von ihrer
dienstlichen Schweigepflicht entbindet. Von Rechts wegen hätten
sie also auspacken können, verraten, wer wo für sie in der Bundesrepublik spioniert hat.

In dieser für die ehemaligen HVA-Mitarbeiter nicht einfachen
Situation bietet Markus Wolf für sie Orientierung: »Es widerspricht allen Normen dieser Arbeit, auch meinen moralischen Vorstellungen, Menschen, die ihre Sicherheit, ihr Wohlergehen einem
solchen Apparat anvertraut haben, nun ans Messer zu liefern«,
erklärt er beispielsweise im »Neuen Deutschland«. Das sind un-
mißverständliche Worte – wie auch diese: »Ich bin mir da doch
ziemlich sicher, daß die übergroße Mehrheit der ehemaligen HVA-
Mitarbeiter nicht den Weg gehen wird, den einzelne Verräter
gegangen sind. Auch nicht in der schlimmen Lage, in die sie geraten sind. Sie hängt mit der undifferenzierten Einordnung in die

Gesamttätigkeit des Ministeriums, den Folgen des verständlichen großen Zorns vieler Menschen in unserm Lande gegen das geschehene Unrecht, den Repressionen des alten Regimes zusammen.« Wolfs Botschaft ist klar: Haltet den Mund – und haltet durch.

Auch in Briefen wenden sich verunsicherte MfS-Angehörige an Markus Wolf: »Die Stimmung ist durch den außerordentlichen Druck auf uns, durch provokative persönliche Angriffe, durch einen regelrechten Psychoterror gegen jeden einzelnen Genossen, seine Familie bis hin zu den Kindern bedenklich und außerordentlich deprimierend«, schreibt ihm beispielsweise ein MfS-Offizier im Dezember 1989. »Viele«, so erklärt er über seine Kollegen, »haben ein Gefühl des ›Verbratenwerdens‹, des Im-Stich-gelassen-Seins, des den ›Hunden zum Fraß Vorgeworfen-Seins‹.« Keinem seiner Mitarbeiter könne eine Unkorrektheit nachgesagt oder bewiesen werden. »Stets einsatzbereite, ehrliche, fleißige und kluge Mitarbeiter haben unserem Staat, nicht Mielke oder Honecker, gedient«, jammert der Mann weiter: »Lieber Genosse Markus Wolf, Dein Leben, Deine jetzige Rolle ist für viele Mitarbeiter – auch für mich – uneingeschränktes Vorbild. Deshalb schreibe ich Dir auch so offen ...« In Einzelfällen spricht Wolf auch persönlich Mut zu.

Markus Wolf selbst stellt sich recht schnell auf die neuen Verhältnisse um. Im Juni 1990 unterschreibt er einen Vertrag mit dem Bertelsmann Verlag über drei Bücher innerhalb von fünf Jahren – ohne daß der Verlag auch nur eine Zeile zu sehen bekommen hat. Verlag und Autor wahren Stillschweigen über Wolfs Honorar. Gerüchte in der Branche sprechen von einer Million Mark. Mit dem »Dreibuchvertrag« habe er sich »in die Sklaverei der Marktwirtschaft begeben«, klagt Wolf später dem »Neuen Deutschland« sein Leid in dieser neuen Zeit und fährt fort: »Als Rentner wollte ich eigentlich in Beschaulichkeit über Erfahrungen des Lebens nachdenken, was mir einfällt, aufschreiben, wo nötig, zurückgreifend auch auf Archive. Nun muß ich unter völlig veränderten Bedingungen das nächste Buchmanuskript angehen.«

Ihrem neuen »Sklaven« Markus Wolf bietet die Marktwirtschaft zugleich aber auch Privilegien, von denen andere Autoren nur träumen: Ein Lektor wird für ihn abgestellt, der zu ihm nach Ostberlin kommt, ihm bei der Arbeit unter die Arme greift und für ihn per Funktelefon den Kontakt in den Westen hält – ein erheblicher Vorteil für ihn angesichts der desolaten Telefonverbindungen zwischen Ost und West in dieser Zeit. Der Titel des Werkes soll lauten: »In eigenem Auftrag.« Die Arbeiten schreiten schnell voran. Das Manuskript wird im Herbst 1990 fertig. Doch nun, wenige Tage vor der deutschen Einheit, winkt Bertelsmann ab. »Angesichts der ungeklärten rechtlichen Situation, die Person Markus Wolf betreffend«, teilt der Verlag mit, sehe er sich außerstande, der Forderung des Autors nachzukommen und das Buch umgehend herauszubringen. Ein Bertelsmann-Sprecher fügt hinzu, daß man beim Abschluß des Vertrages vor drei Monaten davon ausgegangen sei, daß im Zuge der deutschen Einigung eine Strafverfolgung Wolfs entfiele – dazu kommt es aber nicht. So trennen sich Verlag und Markus Wolf.

In der Presse präsentiert er sich in dieser Zeit betont als Biedermann und Intellektueller. »Liebe« sei für ihn das »vollkommene irdische Glück«, erklärt er beispielsweise im Fragebogen des Magazins der »Frankfurter Allgemeinen Zeitung« am 5. Januar 1990. »Zärtlichkeit« schätze er bei einer Frau am meisten; die Fehler, die er am ehesten entschuldige, seien »die Kapricen einer Frau«. Als »seinen Traum vom Glück« bezeichnet er es, »die Liebe jung zu erhalten«, »Winnie Mandela« als seine »Lieblingsheldin der Wirklichkeit«. »Flugzeugkonstrukteur« wäre er am liebsten geworden, schreibt er. Seine Lieblingstugend: »Beständigkeit«. Sein Hauptcharakterzug: »Ausgeglichenheit«. Seine Lieblingsbeschäftigung: »Lesen«. Und auf die Frage: »Was ist für Sie das größte Unglück?« antwortet Markus Wolf doch tatsächlich: »Die Unfähigkeit der Menschheit, sich von ihren Übeln zu befreien«.

Immer und immer wieder beteuert Markus Wolf in diesen Monaten, daß er eine weiße Weste habe. »Schmutzkrämer war ich nie«, sagt er und betont, es hätte »in meiner Verantwortung und innerhalb der Hauptverwaltung Aufklärung keinen einzigen Fall, der mit Blut oder mit dem Tod verbunden war«, gegeben.

Diesem Bild des »Sauber- und Biedermanns« mit dem Kopf

eines »Intellektuellen«, um das sich Wolf so bemüht, widerspricht
der (inzwischen verstorbene) Hamburger Verfassungsschutz-Chef
Christian Lochte, der öffentlich über Wolf sagt: »Er lügt schlicht.«
Lochte erklärt dies in einem Hörfunk-Interview auf NDR 2 am
18. Juni 1990 – am Morgen, zur besten Sendezeit. Der Hintergrund: Markus Wolf hatte behauptet, von der Einschleusung der
zehn RAF-Aussteiger in die DDR nichts gewußt zu haben. Verfassungsschutz-Chef Lochte nimmt ihm dies nicht ab. Die Dinge
seien eindeutig, erklärt Lochte: Die Stasi-RAF-Connection sei
Anfang der achtziger Jahre über das Ausland geknüpft worden,
und bei Stasi-Ausland sei Markus Wolf bis 1986 der Chef gewesen.

Wolf schickt seinen Hamburger Anwalt vor: Beim Hamburger
Landgericht beantragt er, Lochte in diesem Punkt den Mund zu
verbieten. Lochte wendet sich hilfesuchend an das Bundesamt für
Verfassungsschutz und bittet um Material, das eindeutig Wolfs
Verstrickung beweisen soll. Doch über solche Unterlagen verfügen
die Kölner nicht. Dennoch blitzt Wolf vor Gericht ab. Sowohl beim
Landgericht wie vor dem Hanseatischen Oberlandesgericht. Bei
Lochtes Behauptung handle es sich, so entscheidet das Oberlandesgericht, um eine Meinungsäußerung und nicht um eine Tatsachen-
behauptung, die ihm nicht verboten werden könne (Beschluß vom
5. November 1991, Aktenzeichen: 3 U 63/91).

Für einigen Wirbel sorgt Markus Wolf im Februar und März 1990
durch eine Reise in die Sowjetunion. Am 12. Februar trifft er mit
seiner Familie in Moskau ein. Erst zehn Tage später wird bekannt,
daß er sich nicht mehr in Ostberlin aufhält. Wie so oft, wenn es um
Markus Wolf geht, schießen die Gerüchte wie Unkraut aus dem
Boden: »Wolf setzt sich nach Moskau ab«, lautet die Schlagzeile in
der »Süddeutschen Zeitung«. »Dem Vernehmen nach«, teilt die
Zeitung am 22. Februar 1990 weiter mit, »muß Wolf bei den derzeitigen Ermittlungen der Ostberliner Generalstaatsanwaltschaft zu
den Machenschaften des ehemaligen Staatssekretärs im Außenhan-
delsministerium und Devisenbeschaffers der SED, Alexander
Schalck-Golodkowski, mit einem Haftbefehl rechnen.« Doch
umgehend dementiert dies der Ostberliner Generalstaatsanwalt

Hans-Jürgen Joseph: »Es gibt keine Ermittlungen gegen Markus Wolf« – in welchem Zusammenhang auch immer. Von Flucht könne keine Rede sein, teilt auch Wolf-Mitarbeiter Eberhard Meyer mit. Wolf halte sich in der Sowjetunion auf, um an der russischen Ausgabe der »Troika« zu arbeiten.

Wieder eine andere Erklärung für Wolfs UdSSR-Reise findet der Verfassungsschutz: »Wir gehen nicht davon aus, daß er nach Moskau gefahren ist, um dort – wie behauptet – seinen Roman weiterzuschreiben«, erklärt der Hamburger Verfassungsschutz-Chef Christian Lochte am 6. März 1990 in einem Hörfunkinterview: »Er führt dort regelrechte Verhandlungen, Teile der Spionage-Zentrale der Stasi an den KGB zu übergeben.«

»Enten, nichts als Enten«, läßt Markus Wolf dazu über das »Neue Deutschland« am 13. März mitteilen und fügt hinzu: »Über mich und meine frühere Tätigkeit, meine folgende Tätigkeit sind durch die Medien so viele Enten in die Welt gesetzt worden, daß – könnte man sie materialisieren – wir hier in Moskau wahrscheinlich in einigen Geschäften die leeren Regale mit Geflügel auffüllen könnten.« Wolfs Erklärung für seinen Sowjetunion-Aufenthalt: »In Moskau, besser gesagt in der Umgebung, wollte ich mich an ein neues Buchprojekt heranwagen. Auch die Situation war ein Grund, wenn auch nicht der einzige, etwas auf Abstand zu gehen. Ich glaube, daß es für jeden, der ein Buch schreibt, wohl normal ist, daß er Ruhe sucht und sich für einige Zeit zurückzieht. In der Hektik unseres Landes war das für mich einfach nicht möglich. So habe ich das Notwendige – nämlich schon lange anstehende Verhandlungen mit dem Progress-Verlag in Moskau über das Erscheinen der ›Troika‹, wobei es auch um Fragen der Gestaltung, Korrekturen und die Autorisierung der Übersetzung dank meiner Russischkenntnisse geht – mit dem Angenehmen und Nützlichen verbunden. Ich hatte das Angebot meiner Schwester*, in der Ruhe ihrer Datscha, die ziemlich abgelegen in der Umgebung ist, auszuspannen und zu schreiben. Beides habe ich getan, tue ich noch.

---

* Lena Simonowa, Jahrgang 1934, die Tochter seines Vaters aus der Verbindung mit Lotte Rayß.

Wie ich hoffe, mit Nutzen für meine Pläne.« Das klingt plausibel. So plausibel, daß sich Wolf eine derartige Begründung gewiß auch hätte einfallen lassen können, wenn er tatsächlich Spione übergeben hätte.

In diesen elf Monaten zwischen Maueröffnung und deutscher Einheit spricht Wolf das Thema »Amnestie« mehrfach öffentlich an. Es brennt ihm unter den Nägeln. Nach bundesdeutschem Recht haben sich alle HVA-Mitarbeiter strafbar gemacht, die mit der Spionage etwas zu tun hatten. Es geht also um Wolfs einstige Untergebene und nicht zuletzt auch um den Ex-Spionagechef selbst. Er drängt auf ein Amnestie- beziehungsweise Straffreiheitsgesetz für seine Leute und sich. Wolf ahnt, daß seine Kollegen und er vor Gericht und im Gefängnis landen werden, wenn bis zur Einheit nichts geschieht. »Diese Menschen haben in dem Glauben gehandelt, das für eine gute Sache zu tun«, sagt er über das Wirken der HVA-Mitarbeiter aus der DDR. »Und sie sind nicht dafür verantwortlich zu machen, was in der DDR an schlechter Politik oder auch an innerer Repression geschah.« Das müsse »rechtlich von westdeutscher Seite gelöst werden«.

Unterstützung erhält er von einem seiner einstigen »Gegenspieler«: Elmar Schmähling, früher Chef des Militärischen Abschirmdienstes der Bundeswehr und mittlerweile im Ruhestand, erklärt, eine Anklage gegen Wolf wäre »der Gipfel deutsch-deutscher Heuchelei«. Im Rahmen der in der DDR geltenden Gesetze habe er für seinen Staat das getan, was in der Bundesrepublik den Leitern des Bundesnachrichtendienstes Ehre, Orden und hohes Einkommen beschert habe. Admiral Schmählings Fazit: »Entweder werden alle deutschen Spionagechefs – also auch die der Bundesrepublik – vor den Kadi zitiert oder keiner.«

Doch es kommt nicht zu der von Wolf angemahnten Straffreiheitsregelung. Sie ist im Bundestag politisch nicht durchsetzbar. Tag für Tag werden in diesen Wochen neue Einzelheiten über die Machenschaften der Staatssicherheit bekannt, wenn auch in erster Linie aus dem Bereich Stasi-Inland – eine schlechte Zeit für ein Gesetz, das einem Teil der Mitarbeiter dieses Ministeriums Straffreiheit bescheren würde.

Als sich im Spätsommer 1990 abzeichnet, daß der Bundestag keine Straffreiheit für Mitarbeiter der DDR-Spionage beschließen wird und der 3. Oktober – das Datum der deutschen Einheit – immer näher rückt, gewinnt von Tag zu Tag die Frage mehr an Bedeutung: Wie wird sich angesichts der drohenden Verhaftung der einstige Kopf der HVA verhalten? Wird er sich absetzen oder sich von den bundesdeutschen Strafverfolgern verhaften lassen? Wolf erklärt: »Ich habe nicht die Absicht, mich aus Deutschland zurückzuziehen, gleich, wohin.«

Aber dann tut er es doch: Nachdem in der Nacht vom 2. auf den 3. Oktober in Berlin Hunderttausende Unter den Linden und in den Seitenstraßen die Einheit gefeiert und auch am Spreeufer, vor Wolfs Wohnung, sich die Menschen gedrängt hatten, erscheinen dort am nächsten Morgen gegen zehn Uhr sieben Beamte des Bundeskriminalamts im Haus Nummer 2. Als sie in die Wohnung in der fünften und sechsten Etage kommen, stellen sie fest, daß sich Markus Wolf rechtzeitig aus dem Staub gemacht hat. In der Wohnung finden sie nur Michael Wolf, Markus Wolfs Sohn aus erster Ehe. Die Beamten durchsuchen die Fünf-Zimmer-Wohnung, beschlagnahmen einige Unterlagen und ziehen wieder ab.

Mehr Erfolg haben die Fahnder bei Wolfs Nachfolger Werner Großmann. Er erwartet sie in seiner Wohnung. Die BKA-Beamten verhaften ihn und bringen ihn nach Karlsruhe. Einen Tag später ist er wieder auf freiem Fuß.

»Ich bin kein Gespenst« – Wolf auf der Flucht

Bevor Markus Wolf aus Berlin verschwand, schrieb er einen Brief
an Generalbundesanwalt Alexander von Stahl. Unter dem Datum
vom 28. September 1989 teilt er dem »Sehr geehrten Herrn Generalbundesanwalt« mit: »Da seit Wochen die Vollstreckung des
Haftbefehls gegen mich am 3. Oktober angekündigt wird und sich
Vertreter der Medien vor meiner Wohnung schon drängeln, um
dieses Ereignis nicht zu versäumen, habe ich mich entschlossen,
daran nicht teilzunehmen.« Diese Entscheidung falle ihm »nicht
leicht. Ich will Deutschland nicht verlassen. Es ist meine Heimat,
hier lebt meine Familie. In Berlin liegen die Gräber meiner Eltern
und meines Bruders.« Er habe vor diesem Schritt »gründlich und
gewissenhaft geprüft, ob ich mich bei der gegenwärtig völlig verworrenen Rechtslage mit juristischen Mitteln ausreichend zur
Wehr setzen kann«.

Für fünf Wochen bleibt er wie vom Erdboden verschluckt. Dann
meldet er sich zu Wort – im »Stern«. »Stern«-Redakteur Michael
Seuffert traf sich mit ihm »in einem großen europäischen Hotel«,
wie das Magazin mitteilt. »Ich habe überhaupt nicht die Idee, ins
Exil zu gehen«, erklärt Wolf und erläutert dann, weshalb er entgegen seiner großspurigen Ankündigung doch vor der deutschen Einheit Berlin verlassen habe: »Der Grund meiner Abreise vor dem
3. Oktober war nur der, daß mein Name damals in so spektakulärer
Weise hochgespielt und meine Festnahme über die Medien angekündigt war: Ich hielt es nicht für ratsam, an einer solchen spektakulären Vorstellung teilzunehmen.« Er erklärt, daß es Kontakte

zwischen der Staatssicherheit und Politikern aus SPD, CDU und
FDP gegeben habe, und fügt hinzu: »Der ominöse Staatssekretär,
der in den Medien herumspukte, war nie existent.« Er verschweigt
allerdings, auf welchem Wege der Staatssekretär in die Medien
kam: In der »Zeit«, eineinviertel Jahre zuvor, am 13. Juli 1990,
berichtete Ben Witter, bei einem Spaziergang durch Ostberlin habe
Wolf ihm davon erzählt, daß in Bonn »noch ein Staatssekretär«
säße, der für ihn als »Kundschafter« gearbeitet habe.*

Teile der Presse orten Wolf in diesen Tagen in Bulgarien: In
Wahrheit hält er sich vom 27. September bis zum 15. November
1990 in Österreich auf. Von dort aus fährt er mehrfach nach
Ungarn und in die Tschechoslowakei. Anschließend reist er nach
Moskau.

In dieser Zeit unternimmt Wolf einiges, um Straffreiheit für sich
und seine einstigen Kollegen zu erreichen. So schreibt er an Bun-
despräsident Richard von Weizsäcker und Bundesaußenminister
Hans-Dietrich Genscher Briefe, in denen er erklärt: »Ich überlege,
mich den deutschen Strafverfolgungsbehörden zu stellen. Ich
möchte Sie bitten, sich dafür einzusetzen, daß ich nicht verfolgt
werde, sondern ein faires Verfahren erhalte.«

Anfang Dezember wird sein Buch »Die Troika« auf russisch in
Moskau vorgestellt, in der Sowjetunion erscheint es unter dem
Titel »Die drei aus den Dreißigern«. Wolf nutzt die Präsentation,
um vor sowjetischen Journalisten mitzuteilen: »Ich möchte zurückkommen und in Deutschland leben. Aber solange dort bestimmte
politische Entscheidungen nicht getroffen werden, ist das unmöglich.« Über das wirkliche Ausmaß der »Mißbräuche« durch das
Ministerium für Staatssicherheit sei selbst nicht einmal er als Stellvertretender Minister informiert gewesen. Selbstverständlich, so
sagt er weiter, müßten diese Mißbräuche »bedingungslos verurteilt« werden, fügt aber beteuernd hinzu: »Viele meiner Kollegen
hatten damit nichts zu tun.«

---

* Nachdem dieser Satz für einigen Wirbel gesorgt hatte, wandte sich Wolf an
Witter und protestierte gegen dessen Schilderung. Ben Witter – berühmt für
seine Portraits anhand von Spaziergängen – bleibt dabei, daß es Wolf ihm bei
dem Spaziergang so geschildert hat, wie es in dem Artikel steht.

Nicht allen Sowjetbürgern gefällt es, daß Wolf und mittlerweile auch der greise Honecker sich vor der deutschen Justiz in die Sowjetunion absetzten. So erscheint in der deutschsprachigen »Moskau News« im Mai 1991 ein Artikel unter der Überschrift »Ein Hort für alle Ehemaligen – Moskau bietet Parteifreunden aus Osteuropa Asyl an«. Die Autorin Natalja Geworkjan kritisiert darin, daß die Moskauer Führung ehemaligen kommunistischen Funktionären Unterkunft gewährt. »Es bleibt nur zu hoffen«, schreibt sie, »daß nicht alle auf solch seltsamen Wegen in die Sowjetunion geraten wie der ehemalige Chef der DDR-Aufklärung Markus Wolf oder der ehemalige DDR-Staatschef Erich Honecker, die vor der Nase der Strafverfolgungsbehörden ihres Landes verschwanden.« In der russischen Ausgabe »Moskowskije Nowosti« war dieser Artikel unter der Überschrift »Gespenster kommen aus ganz Europa« erschienen – eine Formulierung in Anspielung auf den berühmten ersten Satz des Kommunistischen Manifests von Karl Marx und Friedrich Engels: »Ein Gespenst geht um in Europa – das Gespenst des Kommunismus.«

An diese Schlagzeile knüpft Markus Wolf in seinem Schreiben an, das er am 18. April 1991 auf russisch an die Redaktion der »Moskau News« schickt. In der nächsten Ausgabe druckt das Blatt Wolfs Brief unter der Überschrift »Markus Wolf zu MN: ›Ich bin kein Gespenst‹« in deutscher Übersetzung ab. »Mit Erstaunen«, so schreibt Markus Wolf dem Chefredakteur Jegor Jakowiew, habe er gelesen, »daß Ihre Zeitung mich den ›Gespenstern‹ zugerechnet hat. Ich habe nicht die Absicht, mit der Autorin des Beitrags, N. Geworkjan, in Diskussion über die Frage der Gewährung von politischem Asyl an Menschen, die in ihren Ländern verfolgt werden, zu treten.« Nach Moskau sei er erstens »nicht ›auf seltsamen Wegen‹, sondern auf ganz gewöhnlichen gekommen, ich überquerte die Grenze mit meinem deutschen Paß. Zweitens bin ich durchaus nicht mit dem Ziel gekommen, um Asyl zu bitten.« Die deutschen Ermittlungsbehörden zeigten Interesse »an meiner Person nicht aufgrund von Paragraphen, die die Menschenrechte in Schutz nehmen, sondern aufgrund der Tatsache, daß ich der Leiter der außenpolitischen Aufklärung der DDR war. Im Westen wird das hauptsächlich als Ergebnis meiner Erfolge auf diesem Gebiet angesehen.«

Hier übertreibt Wolf maßlos. Der Haftbefehl lautet auf den Verdacht der »geheimdienstlichen Agententätigkeit« (Paragraph 99 Strafgesetzbuch). Danach macht sich strafbar, »wer für den Geheimdienst einer fremden Macht eine geheimdienstliche Tätigkeit gegen die Bundesrepublik Deutschland ausübt«. Dies nun eben hat Wolf unzweifelhaft getan, wie er auch selbst einräumt. Es geht also um diesen klaren Sachverhalt, nicht um seine »Erfolge«. Was ihn persönlich angehe, fährt Wolf fort, »so betrachte ich mich nicht als ein ›Gespenst‹. Leiblich und real hoffe ich in meiner Heimat, in Deutschland leben zu können ...«

Die Redaktion der »Moskau News« zeigt sich verwundert über Wolfs Brief: »Sehr bemerkenswert ist seine Behauptung, es sei gar nicht so schwer, mit ihm Kontakt aufzunehmen«, schreibt die Redaktion in einer Anmerkung zu dem Brief. »Auf dem Briefumschlag fehlt jedoch die Adresse des Absenders. Da MN [›Moskau News‹] tatsächlich an einem ausführlichen Gespräche mit Herrn Wolf, das sie gern veröffentlichen würde, interessiert ist, bittet die Redaktion auf diesem Wege Herrn Wolf, nun doch seinerseits mit MN Kontakt aufzunehmen.«

In Moskau unterschreibt Wolf auch einen neuen Vertrag über sein Buch »In eigenem Auftrag« – Untertitel: »Bekenntnisse und Einsichten« –, dessen Veröffentlichung Bertelsmann ein knappes dreiviertel Jahr zuvor abgelehnt hatte. Wolfs neuer Verlag ist der Franz Schneekluth Verlag aus München, Schneekluth-Lektor Christian Rohr war im Mai zu Wolf nach Moskau gekommen. Bereits Anfang August 1991 erscheint das Buch in der Bundesrepublik.

Darin schildert Wolf seine Erlebnisse aus dem Wendejahr 1989, seine Gedanken, die er sich dazu machte, die Hintergründe aus seiner Sicht und »Geschichten am Rande«, und zwar jeweils unter einem bestimmten Datum. Was auf diese Weise wie ein Tagebuch aussieht, ist es im eigentlichen Sinne jedoch nicht: Große Teile des Textes haben nicht viel mit dem Datum zu tun, unter dem sie stehen, und zum Teil wurden sie anscheinend erst viel später, im folgenden Jahr, verfaßt.

Wolf schildert darin auch einige Anekdoten, beispielsweise die von den markigen Sätzen seines Vorgesetzten Erich Mielke im Anschluß an eine offizielle Veranstaltung im Foyer des Stasi-Wachregiments Feliks Dzierzynski: »Genossen, wenn die Partei-führung die Weisung erteilt, wachen die Westberliner am nächsten Morgen mit Personalausweisen der DDR auf.« Dies sei, kommen-tiert Markus Wolf die Worte Mielkes, »sicher nur eine Hyperbel, um die vorgebliche Allmacht des Ministeriums zu demonstrieren. Vermutlich nahm er das selbst nicht ganz ernst. Allerdings bin ich mir heute nicht mehr ganz so sicher, ob er nicht tatsächlich einem Wunderglauben erlag.«

Am 15. November, eine Woche nach Öffnung der Mauer, habe ihn Mielke zu Hause angerufen, berichtet Markus Wolf weiter, um sich zu der »Ich-liebe-euch-doch-alle-Rede« vor der Volkskammer zu erklären. »Seine Aussage war grotesk«, schreibt Wolf. »Vor der Volkskammertagung habe er dummerweise auf den Rat anderer gehört und seine Pille eingenommen; nur dadurch sei ihm der Feh-ler unterlaufen, die Volkskammerabgeordneten als ›Genossen‹ anzusprechen. Den Protest der Abgeordneten und das schallende Gelächter über seinen, in die Chronik des Jahres eingegangenen Ausruf: ›Ich liebe euch doch alle!‹ konnte er nicht mehr begreifen.«

Ebensogut wie auf »den alten, kranken Mann« an der Spitze des Stasi-Apparates, Mielke, versteht sich Wolf, der als Beruf nun offi-ziell »Autor« angibt, auf Goethe. »Selten war früher Gelegenheit zu ruhiger, beschaulicher Reise, diesmal nehmen wir uns Zeit«, dik-tiert er unter dem 24. Mai 1989 seiner Frau über ihre Fahrt durch die von Goethe-Reminiszenzen durchsetzte Thüringer Landschaft in den Laptop. »Hinter Rudolstadt finden wir den Abzweig nach Groß-Kochberg, zur Wasserburg derer von Stein ... Hierher eilte Goethe«, weiß Wolf zu berichten, »in Abwesenheit des Herrn Josias zu Pferde oder gar zu Fuß – in nur vier Stunden für die 30 Kilometer von Weimar – zu seiner geliebten Lotte.« Die räumliche Nähe zu Goethe läßt ihn sogleich auch eine geistige finden. »Von Goethe«, so schreibt er, »stammt eine Äußerung: ›Wer sich mit der Administration abgibt, ohne regierender Herr zu sein, der muß entweder ein Philister oder ein Schelm oder ein Narr sein!‹« Tref-

fend folgert er daraus: »Das Problem der Verdrängung begleitet die
Menschen offensichtlich stets und ständig in ihrer Geschichte« –
auch ihn, den ehemaligen Chef-Administrator in der Stasi-Zentrale. Die Frage allerdings, wer wen in ihm verdrängt hat: der
Philister den Schelm oder der Schelm den Narren, läßt er unbeant-
wortet. Oder wollte er seinen Leser zum Narren halten?

Die Kritiker jedenfalls zeigen sich wenig begeistert von diesem
Buch – deutlich anders als noch bei Wolfs Erstlingswerk: »Mit größ-
ter Unbefangenheit beschönigt Wolf den Staatssicherheitsdienst,
die verhaßte Stasi, auf jeden Fall den von ihm verantworteten Teil«,
schreibt Dietrich Schwarzkopf im »Deutschen Allgemeinen Sonntagsblatt«. Sein Fazit ist die Überschrift: »Nichts gesehen, nichts
gewußt«. Ähnlich, nämlich »Flucht aus der Verantwortung«, lautet
die Schlagzeile von Peter Jochen Winters Kritik in der »Frankfurter
Allgemeinen Zeitung«: »Er wollte den ›Sozialismus‹ erhalten und
begriff nicht, daß mit dem ›real existierenden Stalinismus‹ zugleich
das Experiment des Marxismus-Leninismus als Organisationsform
moderner Gesellschaften und Staaten gescheitert ist, weil die Menschen ihn nicht wollen.« Der Kritiker ist enttäuscht: »Von neuen und
interessanten ›Bekenntnissen‹ kann in diesem Buch keine Rede sein.
Auch die langatmig ausgebreiteten ›Einsichten‹ des Markus Wolf
langweilen eher, als daß sie zu packen vermögen.«

Doch für Autor und Verlag lohnt sich das Buch. Die erste Auflage von 30 000 Exemplaren ist innerhalb von sechs Wochen vergriffen. Nach vier Monaten sind bereits 45 000 Exemplare verkauft.
Markus Wolf wird ein »Renner« für den Verlag.

Seine Ruhestandsbezüge von einst 6500 Mark aber schmelzen
nach der deutschen Einheit dahin: Die Bundesrepublik streicht
seine »Ehrenpension als Kämpfer gegen den Faschismus« in Höhe
von 1700 Mark unter Hinweis auf die Regelungen des DDR-
Rechts, nach denen der Anspruch entfallen kann, wenn sich der
Betreffende ins Ausland absetzt. Und seine »Pension« in Höhe von
4800 Ost-Mark wird auf schließlich 802 West-Mark »reduziert« –
den Höchstbetrag, den ein Stasi-Ruheständler erhalten kann. So
plagen Markus Wolf in Moskau finanzielle Sorgen.

Während des Aufenthalts in Moskau lebt Wolf bei Bekannten und Verwandten, eine Weile hier, eine Weile dort. Seine Frau Andrea ist an seiner Seite, zweimal während der zehn Monate reist sie nach Berlin. Dort, in Moskau, fühlt sich Wolf sicher vor der bundesdeutschen Justiz. Zu Recht, wie auch Bundesjustizminister Klaus Kinkel einräumt. Eine Auslieferung ist rechtlich nicht möglich. Auf Dauer sieht Wolf jedoch keine Perspektive für sich in Moskau. Seinen Lebensabend hat er sich anders vorgestellt als irgendwo fernab von Berlin, immer aus dem Koffer lebend. Sorge bereitet ihm auch die Situation seines dreizehnjährigen Sohnes Alexander aus zweiter Ehe. Dieser lebt nämlich während Vaters Flucht bei der dreiundzwanzigjährigen Tochter von Markus Wolfs dritter Ehefrau.

Vor diesem Hintergrund sondiert Markus Wolf von Moskau aus die Stimmung bei der Justiz in der Bundesrepublik: Er beantragt beim Ermittlungsrichter am Bundesgerichtshof »sicheres Geleit« für eine Reise in die Bundesrepublik. Er wolle, so teilt er mit, sich in einem Zivilprozeß vernehmen lassen, den er über seine Anwälte vor dem Hamburger Landgericht gegen den Axel Springer Verlag angestrengt hat. Unter anderem hatte in dessen Zeitungen gestanden, daß Markus Wolf »selbstverständlich« von der Zusammenarbeit zwischen Stasi und RAF gewußt habe – was Wolf mit Nachdruck bestreitet. Bekäme Wolf »sicheres Geleit« zugestanden, könnte er zu dem Prozeß in die Bundesrepublik reisen, ohne daß der gegen ihn vorliegende Haftbefehl vollstreckt werden dürfte. Doch der Ermittlungsrichter lehnt es ab, da grundsätzlich der beklagte Verlag verpflichtet sei, die Richtigkeit seiner Darstellung zu beweisen, und das Gericht keine »nachteiligen Schlüsse« aus Wolfs Fernbleiben ziehen dürfe, solange er einen verständlichen Grund habe. Und ein solcher Grund sei das »Bedürfnis, seiner Festnahme zu entgehen« (BGH, Beschluß vom 12. Juni 1991, Aktenzeichen: 4 BJs – 42/89 – 3 2 BGs 177/91).

Doch mit dem nächsten Antrag auf »sicheres Geleit« hat Markus Wolf mehr Erfolg: Für eine Zeugenaussage im Strafverfahren gegen Harry Schütt, den früheren Leiter seiner einstigen HVA-Abteilung IX, und andere vor dem Bayerischen Obersten Landes-

gericht im Oktober 1991 erteilt ihm der Ermittlungsrichter am
Bundesgerichtshof Detter »sicheres Geleit«: Drei Tage vor Beginn
seiner Vernehmung vor dem Gericht in München bis drei Tage
danach darf – so der Entscheid des Richters – der gegen Wolf in der
Bundesrepublik bestehende Haftbefehl nicht vollstreckt werden.
Wolf hat sogar das Recht, wie der Richter schreibt, öffentliche
Erklärungen abzugeben. Eine dem widersprechende Bedingung
dürfe »aus Rechtsgründen« nicht angeordnet werden, »da sie mit der
Zusicherung freien Geleits keine sachliche Verbindung aufweist«
(BGH, Beschluß vom 5. August 1991 – 4 BJS 42/89-3/2 BGS 243/91).

Dann überschlagen sich die Ereignisse: In der Sowjetunion versuchen Mitte August 1991 konservative Kräfte Michail Gorbatschow zu stürzen. Der Putsch scheitert. KGB-Chef Wladimir
Krjutschkow verliert seinen Posten – einer der Männer, der seine
Hände schützend über Markus Wolf gehalten hatte. Bonn drängt
unablässig im Kreml darauf, daß Wolf in die Bundesrepublik
kommt, hofft, daß ihn Moskau dazu bewegt, sich zu stellen. Wolf
muß erkennen: Die Verhältnisse haben sich grundlegend gewan-
delt. Nicht ausgeschlossen ist, daß er über kurz oder lang das Land
verlassen muß – die Sowjetunion ist auf einmal nicht mehr das
sichere Asyl, das sie so lange war. Wolf wird der Boden in Moskau
zu heiß. Er wirkt durch die Veränderungen irritiert. »Die Zeit hier
in Moskau ist zu Ende«, befindet er in der letzten Augustwoche.

Das oberste Ziel in dieser verworrenen Situation besteht für ihn
darin, nicht im Gefängnis zu landen. Er versteht sich als Intellektueller, nicht als Krimineller. Um dies zu erreichen, kommt es für
ihn, wie es scheint, auf zwei Punkte an. Zum einen auf Zeit: Je
später er in der Bundesrepublik eintrifft, desto besser, meint er
wohl, weil sich die Wogen dann desto mehr geglättet hätten. Zum
andern will er weiterhin das Heft in der Hand behalten, also selb-
ständig agieren – und sich nicht verhaften lassen. Denn als Häftling
kann er keine Bedingungen mehr stellen.

Vor diesem Hintergrund tritt er Ende August die Rückkehr in
die Heimat an – auf Umwegen. Am Freitag, dem 30. August 1991,
besteigt er auf dem Flughafen Scheremetjewo eine Maschine der
österreichischen Luftfahrtgesellschaft AUA nach Wien. Er hat

ganz normal einen Platz auf seinen Namen gebucht. In Wien-Schwechat passiert er ohne Probleme die Grenzkontrolle – mit seinem DDR-Paß RX 1326287, den er am 23. Januar 1990 in Ostberlin erhalten hatte.

Niemand erfährt etwas von diesem Flug Wolfs nach Wien. Auch die Österreicher scheinen nicht zu wissen, wer ihnen durch die Kontrolle geschlüpft ist. Erst eine Woche nach seiner Ankunft melden die Zeitungen, daß er definitiv aus Moskau verschwunden sei – wohin, vermag jedoch immer noch niemand mit Sicherheit zu sagen. Wieder einmal schießen die Gerüchte in den Himmel. Wo steckt Markus Wolf? fragen Presse und Nachrichtendienste.

Das Rätselraten findet zwei Wochen nach Wolfs Verschwinden ein Ende: Am Freitag, dem 13. September, trifft bei den Wiener Behörden ein Asylantrag Wolfs ein – der Wiener Advokat Herbert Schachter steht Wolf zur Seite. Zwei Tage später wird Wolf von der Wiener Staatspolizei verhaftet und verhört. Nach dem Verhör darf er wieder gehen. Für die österreichischen Sicherheitsbehörden hat sich nichts ergeben, was einen Haftbefehl gegen Wolf gerechtfertigt hätte.

Wolfs Antrag auf politisches Asyl mutet an wie ein Treppenwitz der Geschichte: Wolf ist eindeutig nicht politisch Verfolgter. Er war politischer Verfolger, über Jahrzehnte hinweg – kraft seines Amtes als Stellvertretender Minister für Staatssicherheit der DDR. »Ich möchte dem Verfahren nicht vorgreifen«, erklärt umgehend Österreichs Innenminister Franz Löschnak in einem ORF-Interview. »Aber wenn ich persönlich angesprochen werde, dann sehe ich da keine großen Chancen auf eine positive Erledigung des Asylantrags.« Und so kommt es dann auch. Wolfs Antrag wird postwendend in der ersten Instanz abgelehnt. Nun hat er vierzehn Tage Zeit, gegen diese Entscheidung Berufung einzulegen. Sogleich, nämlich bereits am 16. September, verhängt Österreich gegen Wolf ein Aufenthaltsverbot. Die Vollstreckung wird jedoch bis zum 20. Oktober aufgeschoben, unter der Auflage, daß Wolf sich täglich bei der Polizei meldet.

An diesem 16. September trifft um 9.47 Uhr im Bonner Innenministerium ein Fernschreiben des Wiener Innenministeriums ein:

»Seit dem 15. 9. 1991 befindet sich Herr Markus Wolf (...) unter
Kontrolle der österreichischen Sicherheitsbehörden.« »Unter Kontrolle« bedeutet, daß Wolf rund um die Uhr von Beamten der
Staatspolizei, jungen, durchtrainierten Männern in Boss-Jacketts,
bewacht wird.

Die bundesdeutschen Strafverfolger möchten Wolf überstellt
haben. Zwischen Bonn und Wien wird eifrig telefoniert. »Wir hoffen, daß die Österreicher eine Möglichkeit finden, uns Herrn Wolf
zugänglich zu machen«, resümiert Bundesjustizminister Klaus
Kinkel. Doch rechtlich ist eine Abschiebung in die Bundesrepublik
nicht möglich. Als politisches Delikt fällt Spionage nicht unter die
Auslieferungsbestimmungen zwischen der Bundesrepublik und
Österreich. So gibt Wien Bonn einen Korb.

»Es kann nicht sein«, meint SPD-Vorstandsmitglied Angelika
Barbe entrüstet, »daß bei uns die kleinen Leute alle überprüft werden und dieser Mann, der die Verantwortung mitgetragen hat, frei
herumläuft und dann wieder abgeschoben wird.«

Die Tage in Wien nutzt Wolf für ein weiteres Stück Selbstinsze-
nierung: Von einem Team der Illustrierten »Bunte« läßt er sich in
einer Kabine des Riesenrades im Prater fotografieren – jenem Ort,
der Legende wurde, dem Ort, an dem 1949 die berühmte Szene aus
dem Agententhriller »Der dritte Mann« gedreht wurde. »Er hat
Sinn für Dramaturgie«, urteilen die »Bunte«-Reporter Einar Koch
und Helge Timmerberg. »Wir interviewen ihn in Kabine 10. Hoch
über den Dächern von Wien.« Es gebe bei ihm Wissen, erklärt
Wolf den Reportern vielsagend, »an dessen Veröffentlichung Stellen oder Politiker der BRD nicht unbedingt interessiert sein müssen. Das sind keine Bettgeschichten. Da kann ich auch einige Politiker beruhigen, die möglicherweise annehmen, daß aufgrund
bestimmter Dinge solches Wissen da ist.« Säbelrasseln. So mancher
erblickt darin die unverhohlene Drohung Wolfs für den Fall, daß
man ihn zu hart anfassen sollte.

Von Wien aus unternimmt Wolf auch seinen dritten Vorstoß in
Sachen »sicheres Geleit«. Nun beantragt er beim Ermittlungsrichter des Bundesgerichtshofs »sicheres Geleit« für sein eigenes Strafverfahren. Bekäme er es, dürfte er als freier Mann durch die Repu-

»Sinn für Dramaturgie«:
Markus Wolf in der Kabine 10 des Riesenrades im Prater,
dem legendären Ort, an dem der Agententhriller
»Der dritte Mann« gedreht wurde

blik reisen – anders als einstige Agenten von ihm wie Kuron und
Gast, anders als einstige Untergebene wie zum Beispiel Harry
Schütt. Sie alle kamen ins Gefängnis, in Untersuchungshaft. Wolf
aber könnte nur im Gefängnis landen, nachdem er zu einer Freiheitsstrafe verurteilt wurde.

Durch seinen Asylantrag hat Wolf abermals Zeit gewonnen.
Fünf Wochen. Aber davon abgesehen stehen die Dinge für ihn alles
andere als rosig. Mit der in wenigen Wochen anstehenden Entscheidung in der zweiten Instanz fallen die Würfel. Sie ist endgül-
tig. Auch für dieses Urteil werden allgemein die Chancen nicht
besser eingeschätzt als bei der ersten Instanz: Markus Wolf ist nun
eben ganz offensichtlich kein Asylant. Sein Antrag wirkt wie ein
Hohn für alle tatsächlich politisch Verfolgten. Im Falle der Ab-
lehnung muß Wolf damit rechnen, abgeschoben zu werden – nur
wohin, das ist die große Frage. Kein Land reißt sich darum, den
ehemaligen Stasi-Funktionär freiwillig aufzunehmen. Alles spricht
dafür, daß die Österreicher Wolf notfalls in die Sowjetunion
zurückschicken. Damit nun wäre Wolf keinen Deut vorangekom-
men. Im Gegenteil, es wäre ein Rückschritt. Und auch die Möglichkeit, unerkannt abzutauchen wie etwa nach der Einreise nach
Wien, scheidet für ihn aus. Rund um die Uhr begleiten ihn und
seine Frau Andrea Beamte der Wiener Staatspolizei. Sie passen gut
auf. Wien kann es sich politisch nicht noch einmal leisten, daß
Wolf der Polizei durch die Finger geht und verschwindet.

So zeichnen sich in der zweiten Septemberhälfte 1991 zwei Möglichkeiten für Wolfs weiteres Schicksal ab: entweder unfreiwillig
zurück in die Sowjetunion (wo er damit rechnen muß, über kurz
oder lang in die Bundesrepublik zurückgeschickt zu werden) oder
freiwillig in die Bundesrepublik. Er entschließt sich für die Bundesrepublik.

Der Bundesanwalt an der Grenze –
Wolf kehrt heim

Ein Mann schlendert an dem kleinen Grenzhäuschen vorbei. Der Fünfzigjährige hat volles, dunkles Haar. Er fällt nicht weiter auf, er ist unscheinbar wie ein Buchhalter oder Amtsrat aus dem Bilderbuch. Doch weder das eine noch das andere verbirgt sich hinter dieser Gestalt. Es ist Bundesanwalt Joachim Lampe, einer der besten Ermittler von Generalbundesanwalt Alexander von Stahl. Lampe hat sich über lange Jahre einen Namen als Experte bei den Terroristenverfahren gemacht. Er war es, der nach dem Terrorjahr 1977 Volker Speitel zum Reden brachte und damit erstmals einen Einblick in das Innenleben der RAF ermöglichte. Kurz vor dem österreichischen Hoheitszeichen bleibt Lampe am Grenzübergang Bayerisch Gmain stehen, einem kleinen Posten in der Nähe von Bad Reichenhall. Es ist der 24. September 1991, ein Dienstag. Die Uhr zeigt genau 8.32 Uhr. In diesem Moment fährt ein Mittelklassewagen auf Lampe zu und stoppt. Eine Tür wird geöffnet: Markus Wolf steigt aus. »Guten Morgen, Herr Wolf«, sagt Bundesanwalt Lampe und gibt ihm die Hand. »Mein Name ist Wolf«, entgegnet dieser.

Damit ist Wolfs Flucht nach knapp einem Jahr beendet. Markus Wolf hat sich gestellt. Bundesanwalt Lampe bittet einen Beamten der Bayerischen Grenzpolizei, Markus Wolf zu durchsuchen – Wolf läßt sich ohne Widerspruch abtasten. Währenddessen sind aus dem Zivilwagen der österreichischen Staatspolizei Wolfs Frau Andrea und sein Rechtsanwalt Johann Schwenn ausgestiegen. Ein Stapo-Beamter öffnet den Kofferraum und lädt

die Koffer des Ehepaars Wolf aus. Die Gruppe besteigt zwei
vorfahrende dunkelblaue, gepanzerte Mercedes-Limousinen der
S-Klasse, mit denen Lampe aus Karlsruhe angereist ist. In dem
ersten Wagen nehmen der Bundesanwalt, Markus und Andrea
Wolf sowie ein Fahrer Platz, im zweiten Mercedes Rechtsanwalt
Schwenn, Lampes Mitarbeiter Staatsanwalt Siegmund und der
Chauffeur.

Bundesanwalt Lampe kann sich zufrieden zurücklehnen. Alles
hat bestens geklappt. Die Presse, die auf Markus Wolfs Rückkehr
seit Wochen wartet, hat nichts mitbekommen. Kein einziger Journalist war in Bayerisch Gmain. Am Abend zuvor hatte der Bundesanwalt jeden Schritt genau mit Wolfs Anwalt Schwenn abgespro-
chen. Für diesen Grenzübergang entschied sich der Bundesanwalt,
weil er abgelegen liegt und nur wenig frequentiert wird. Acht Tage
zuvor hatte Wolfs Verteidiger Johann Schwenn zum ersten Mal
Kontakt mit der Bundesanwaltschaft und dem Ermittlungsrichter
in Karlsruhe aufgenommen, um zu klären, wie sich Wolf den deutschen Behörden stellen könnte. Das war am 16. September, just an
dem Tag, an dem Wolf den Ausweisungsbescheid des Staates
Österreich erhalten hatte. In den Gesprächen hatte die Bundesanwaltschaft klargemacht, daß es keine besonderen Bedingungen für
Wolf geben würde, nicht einmal die Zusage, noch am selben Tag
dem Ermittlungsrichter vorgeführt zu werden. Wolf war an einer
solchen Zusage interessiert. Offensichtlich ging er davon aus, daß
der BGH-Richter ihn von der Haft verschonen würde. Um einen
Aufenthalt im Gefängnis wollte er nach wie vor herumkommen.
Das einzige, was die Bundesanwaltschaft Wolf dazu erklärte, war,
daß er bei normalem Gang der Dinge noch im Laufe des Tages dem
Ermittlungsrichter vorgeführt würde.

Nach einigen Minuten stoppen die beiden Limousinen vor einem
Hotel in Bad Reichenhall. Dort hat der Bundesanwalt einen
Besprechungsraum gemietet, für ein erstes Gespräch. Lampe erläutert Wolf in dem Hotel, wie das Verfahren ablaufen wird. Wolf ist
betont sachlich, nicht unfreundlich seinem Strafverfolger gegenüber. Als der Bundesanwalt ihm einige Fragen zur Sache stellt,
antwortet Wolf nicht. Es hat keinen Sinn, merkt Lampe. Er bricht

die Vernehmung ab. So steigen sie wieder in die Wagen und fahren
nach Karlsruhe.

Dort stehen seit dem Vormittag Fotoreporter vor der Einfahrt
zum Gelände des Bundesgerichtshofs in der Herrenstraße. Gegen
15 Uhr rollen die beiden Mercedes-Limousinen durch ein Hinter-
tor an der Ritterstraße auf das Gelände, ohne daß die Journalisten
vor der Haupteinfahrt etwas mitbekommen. Wolf wird in das
Dienstzimmer des zuständigen Ermittlungsrichters Klaus Detter
gebracht. Dort macht er Angaben zur Person, sagt sodann klipp
und klar: »Ich nenne aber keine Namen!« Wolf schildert die Situation in Österreich und der Sowjetunion aus seiner Sicht und betont,
daß er auch andere Möglichkeiten gehabt hätte, als in die Bundesrepublik zurückzukehren. Doch es ginge ihm darum, hier zu leben,
sich der Sache zu stellen und in einem Verfahren zu erläutern,
warum er so und nicht anders gehandelt habe. Bundesanwalt
Lampe und Oberstaatsanwalt Siegmund legen dar, warum aus ihrer
Sicht Fluchtgefahr besteht. Es kommt zu Rede und Gegenrede, die
Verhandlung zieht sich hin.

Schließlich, nach knapp sechs Stunden, sind die Dinge für Richter Detter klar. Gegen 21 Uhr bestätigt er den gegen Wolf bestehenden Haftbefehl, setzt ihn aber unter Auflagen außer Vollzug.
Der Richter meint, der Fluchtgefahr durch Auflagen begegnen zu
können. Die Würdigung aller relevanten Gesichtspunkte lasse, so
lautet das Fazit des Richters, »auch unter Berücksichtigung der
nicht unerheblichen Sicherheitsleistung, der Persönlichkeit des
Beschuldigten, vor allem seiner Lebensgeschichte, im jetzigen Zeitpunkt die begründete Erwartung zu, daß er sich von nun an dem
Verfahren stellt und es deshalb des Vollzugs der Untersuchungshaft nicht bedarf« (Beschluß vom 24. September 1991, Aktenzeichen: GBs 328/91). Zu den von dem Ermittlungsrichter festgesetz-
ten Auflagen zählt eine Kaution von 50000 Mark, daß Wolf sich
jeden Dienstag bei der Polizei melden und seine Ausweise abgeben
muß, daß er seine Wohnung nicht wechseln und die Bundesrepublik nur mit Zustimmung der Bundesanwaltschaft verlassen darf.

Umgehend legt die Bundesanwaltschaft gegen diesen Beschluß
des Ermittlungsrichters Beschwerde beim Dritten Strafsenat des

Markus Wolf während seiner Vorführung beim Bundesgerichtshof am 24. September 1991 in Karlsruhe mit Ehefrau Andrea (links) und seinem Rechtsanwalt Johann Schwenn (rechts)

Bundesgerichtshofs ein und beantragt, den Haftbefehl sofort wieder in Vollzug zu setzen. Die Richter des Dritten Senats sind trotz der späten Stunde zur Stelle und beraten über den Antrag.

Wolf ist derweil ein freier Mann. Fürs erste jedenfalls – zwölf Stunden nachdem er sich gestellt hat. Er kann jetzt das Gelände des Bundesgerichtshofs verlassen und fahren, wohin er will. Diese Vorstellung gefällt Bundesanwalt Lampe nicht sonderlich, und so spricht er mit Wolfs Rechtsanwalt Schwenn ab, daß Beamte der BKA-Staatsschutzabteilung, die aus Bonn-Meckenheim eingetroffen sind, Wolf begleiten. Hätte er sich dagegen gesträubt, wären die Polizisten dem Ex-Spionagechef in einer Weise gefolgt, die ihm eine Flucht unmöglich gemacht hätte.

Auch Wolf erscheinen die Beamten offensichtlich nicht unwillkommen: Vor dem BGH-Gelände stehen Dutzende Journalisten und Schaulustige, die den heimgekehrten Spionagechef sehen wollen. An denen muß er vorbei. Außerdem will er in Ruhe zu Abend essen. Angesichts dessen bieten die beiden Beamten unbestreitbar einen »Schutz« für Wolf. So steigen Wolf, seine Frau und sein Anwalt Schwenn in einen weinroten 5er-BMW des Bundeskriminalamts und fahren an den hinter der Schranke Wartenden vorbei zu einem jugoslawischen Restaurant in Karlsruhe. Dort setzen sich die fünf an einen Tisch – und so ergibt sich eine Situation, die bezeichnend ist für die gesamte Lage Wolfs: Die Rolle der BKA-Beamten an Wolfs Seite ist nicht eindeutig: Bewacher natürlich in erster Linie, daneben aber auch Leibwächter. Niemand weiß, wie es weitergehen wird, ob Wolf ein freier Mann bleiben oder noch vor Mitternacht in einer Gefängniszelle sitzen wird.

Während des Essens kommt die Bedienung an den Tisch und bittet Rechtsanwalt Schwenn ans Telefon – die Rufnummer des Restaurants hatten sie bei der Bundesanwaltschaft hinterlassen. Am anderen Ende meldet sich Bundesanwalt Lampe. Er sagt dem Anwalt, daß er bitte mit Wolf auf das BGH-Gelände zurückkommen möchte. So rollt gegen halb elf der BKA-Wagen wieder auf das Bundesgerichtshof-Gelände an der Herrenstraße. Schwenn wird nach oben in ein Zimmer zum Dritten Strafsenat gebeten. Dort erläutert ihm und Bundesanwalt Lampe der Senatsvorsitzende

Alfons Zschockelt, daß bis zu einer Entscheidung des Senats über die von der Bundesanwaltschaft eingelegte Beschwerde Markus Wolf in Untersuchungshaft müsse.

Währenddessen wartet Markus Wolf unten im Gebäude mit seiner Frau. Rechtsanwalt Schwenn kommt die Treppe herunter und erläutert ihm die Entscheidung des Gerichts. Die BKA-Beamten sind zur Stelle. Sie bitten Wolf in den Wagen zurück und fahren ihn in das Gefängnis in der Riefstahlstraße 9 in der Karlsruher Weststadt.

Gegen Mitternacht schließt ein Gefängniswärter die Zellentür hinter Markus Wolf ab. Diese Situation hat der Achtundsechzigjährige in seinem Leben noch nicht erlebt. Es ist seine erste Nacht hinter vergitterten Fenstern, noch nie saß er im Gefängnis. Dafür ist er nun nach achtundvierzig Jahren wieder in seiner Heimat, in die er schon seit Jahren wieder einmal wollte: Er befindet sich nur 130 Kilometer von seinem Geburtsort Hechingen entfernt.

Auch wenn Markus Wolf darauf gehofft hatte, in dieser Nacht nicht auf einer Gefängnispritsche schlafen zu müssen, so ist ihm doch an diesem Tag etwas gelungen, was kein anderer ehemaliger HVA-Mann geschafft hat: Ein Bundesanwalt reiste quer durch die Republik, um ihn an der Grenze in Empfang zu nehmen. Das Ganze hatte durchaus Stil. Während BKA-Beamte Wolfs Mitarbeiter in Audi 80 und anderen gewöhnlichen Mittelklassewagen von zu Hause abtransportierten, wurde Wolf in einem Mercedes der S-Klasse nach Karlsruhe chauffiert. Der Chef der Spione hatte es verstanden, Ort und Zeitpunkt seiner Verhaftung mit der Bundesanwaltschaft auszuhandeln.

Daß Generalbundesanwalt Alexander von Stahl sich nicht mit der Entscheidung des Ermittlungsrichters begnügte, sondern durch seine Beschwerde dafür sorgte, daß Wolf doch noch am Abend ins Gefängnis einrücken mußte, ist in der Rückschau überraschend. Noch ein Jahr zuvor hatte sich von Stahl für eine Amnestie von Markus Wolf und seinesgleichen in Hinblick auf die Spionagedelikte eingesetzt. Und nun war ausgerechnet er es, der Wolf hinter Gitter brachte – ist das nicht ein Widerspruch? »Auf den ersten Blick vielleicht, ja«, räumt der Generalbundesanwalt am Tag nach Wolfs Inhaftierung ein. »Ich habe mich vor einem Jahr für die Initiative der Bundesregierung für ein Straffreiheitsgesetz ausgesprochen. Diese Initiative ist im Deutschen Bundestag gescheitert. Alle Fraktionen haben einen entsprechenden Gesetzentwurf zum damaligen Zeitpunkt abgelehnt. Daran muß sich der Generalbundesanwalt halten.«

Nach dem Legalitätsprinzip sei er verpflichtet, fährt von Stahl fort, dafür zu sorgen, daß Straftaten verfolgt werden: »Markus Wolf hat gegen die Bundesrepublik Spionage im großen Stil betrieben und betreiben lassen. Er hat sich in meinen Augen strafbar gemacht, nicht nur des Landesverrats, sondern auch der Bestechung von Beamten der Bundesrepublik und der Länder in großem Umfang. Er hat dafür geradezustehen. Er muß dafür strafrechtlich zur Verantwortung gezogen werden, solange die Gesetze so sind, wie sie sind.« Gleichwohl stellt sich die Frage: Warum muß Markus Wolf als einziger der ehemaligen HVA-Mitarbeiter in Untersuchungshaft, alle anderen wurden zwischenzeitlich wieder auf freien Fuß gesetzt? »Zwei Gründe« habe er dafür, sagt Generalbundesanwalt von Stahl: »Erstens muß man nach der Schwere der potentiellen Schuld unterscheiden. Zweitens aber auch nach der Fluchtgefahr – und die anderen sind in Deutschand geblieben. Markus Wolf hat sich kurz vor der Wiedervereinigung ins Ausland abgesetzt. Das indiziert für mich die Fluchtgefahr.«

Eineinhalb Wochen später entscheidet der Dritte Strafsenat über von Stahls Antrag – und der sieht die Dinge nicht so streng wie der Generalbundesanwalt. Die Richter setzen den Haftbefehl außer Vollzug, allerdings unter deutlich weitergehenderen Auflagen als der Ermittlungsrichter: Die Kaution beträgt nun 250000 Mark, fünfmal mehr als nach der Entscheidung des Ermittlungsrichters. Außerdem muß sich Wolf zweimal pro Woche statt nur einmal melden, darf nur mit Einwilligung des Generalbundesanwalts seinen Wohnbezirk Berlin-Mitte verlassen – nach der Entscheidung des Ermittlungsrichters hätte er sich in der Bundesrepublik frei bewegen können und nur bei Reisen ins Ausland den Generalbundesanwalt vorher fragen müssen. Zudem ordnet der Dritte Strafsenat des Bundesgerichtshofs an: »Dem Beschuldigten wird jeder

Kontakt zu Mitarbeitern des Ministeriums für Staatssicherheit der
ehemaligen DDR, insbesondere der Hauptverwaltung Aufklärung
– auch öffentliche Erklärungen, die diesem Zweck dienen können –
untersagt.«

Daß die drei BGH-Richter die Dinge wesentlich strenger sehen
als ihr Kollege, der vor ihnen entschied, hat vor allem zwei Gründe:
Erstens stufen sie die Fluchtgefahr größer ein, da Wolf nach ihrer
Meinung eine höhere Strafe zu erwarten hätte, als der Ermittlungsrichter annahm. Wolf hätte, so heißt es in dem Beschluß, »wegen
des ihm zur Last gelegten persönlich begangenen Unrechts im Falle
seiner Verurteilung voraussichtlich mit einer empfindlichen Strafe
oberhalb der Grenze zu rechnen, die noch eine Strafaussetzung zur
Bewährung ermöglichen könnte.« Das bedeutete eine Strafe von
mehr als zwei Jahren. Zum zweiten nimmt der Strafsenat nicht nur
Flucht-, sondern zusätzlich auch noch Verdunklungsgefahr an.
Wörtlich heißt es in der Begründung des Dritten Strafsenats: »Wie
der Beschuldigte bei seinen Äußerungen in den Medien immer
wieder hervorgehoben hat, gibt es noch zahlreiche – in welcher
zahlenmäßig faßbaren Größenordnung kann dahinstehen –, insbesondere auch hochrangige unentdeckte Agenten des ehemaligen
Ministeriums für Staatssicherheit in der Bundesrepublik Deutschland. Die Schlußfolgerung, der Beschuldigte werde sich sein Wissen zunutze machen, um Beweise zu vernichten oder auf Zeugen
einzuwirken, wenn ihm dies für sein Verfahren dienlich erscheint,
drängt sich auf« (Beschluß vom 4. Oktober 1991, Aktenzeichen:
StB 22/91).

So verläßt Markus Wolf nach elf Tagen durch das blaugraue
Eisentor die Justizvollzugsanstalt in Karlsruhe. Am Freitag, dem
4. Oktober – dem Tag nach dem neuen Nationalfeiertag, dem »Tag
der deutschen Einheit«. In der Hand hält er einen schweren Koffer.
Mit seinem Anwalt Johann Schwenn steigt er in ein Taxi. Noch in der
Nacht fliegen die beiden mit einem Privatflugzeug nach Sylt. Dort
besitzt Schwenn ein Ferienhaus. Wolf kann erst einmal ausspannen.

Zehn Tage und Nächte im Gefängnis – wie war das für den
einstigen Stellvertretenden Minister, der ja mit an der Spitze einer
Institution stand, die Zehntausende ins Gefängnis brachte? »Das

BUNDESGERICHTSHOF

4 BJs 42/89-4
StB 22/91   **BESCHLUSS**

in dem Ermittlungsverfahren

gegen

<u>Markus</u> Johannes W o l f, geboren am 19. Januar 1923 in
Hechingen, wohnhaft Spreeufer 2, Berlin-1020,

wegen Verdachts der geheimdienstlichen Agententätigkeit u.a.

*»... in dem Ermittlungsverfahren
gegen Markus Johannes Wolf«:
Beschluß des Bundesgerichtshofs
vom 4. Oktober 1991 (Auszug)*

- 2 -

Der 3. Strafsenat des Bundesgerichtshofs hat am 4. Oktober
1991 beschlossen:

Auf die Beschwerde des Generalbundesanwalts
wird der Beschluß des Ermittlungsrichters
des Bundesgerichtshofs vom 24. September
1991 - 2 BGs 328/91, durch den der Haftbefehl vom selben Tage außer Vollzug gesetzt
worden ist, dahin geändert und wie folgt neu
gefaßt:

1. Vor der Entlassung aus der Untersuchungshaft
   hat der Beschuldigte oder ein anderer eine
   Sicherheit in Höhe von 250.000,-- DM (nicht nur
   50.000,-- DM)
   (i.W.: Zweihundertfünfzigtausend Deutsche Mark)
   zugunsten der Bundesrepublik Deutschland,
   vertreten durch den Generalbundesanwalt beim
   Bundesgerichtshof, zu leisten. Die Sicherheit
   kann auch durch unbedingte und unbefristete
   Bürgschaft eines als Zoll- und Steuerbürge
   zugelassenen Kreditinstituts erbracht werden.

   Dem Beschuldigten wird gestattet, die
   Sicherheitsleistung auch durch einen auf das
   Konto des Verteidigers, Rechtsanwalt Johann
   Schwenn, Schlüterstraße 6, 2000 Hamburg 13,
   gezogenen Scheck zugunsten der Bundesrepublik
   Deutschland, vertreten durch den Generalbundes-
   anwalt, zu erbringen.

- 3 -

2. Nur mit Einwilligung des Generalbundesanwalts
   darf der Beschuldigte seinen Wohnbezirk Berlin-
   Mitte (O-1020) verlassen oder seine Wohnung
   (Spreeufer 2) wechseln.

3. Der Beschuldigte hat sich zweimal wöchentlich,
   und zwar dienstags und freitags, bei der für
   seinen Wohnsitz zuständigen Polizeidienststelle
   zu melden, und zwar erstmals am Tag nach seiner
   Entlassung.

4. Die Personalpapiere sind, sofern dies nicht
   schon geschehen ist, der Bundesanwaltschaft
   gegen eine entsprechende Bescheinigung auszu-
   händigen.

5. Dem Beschuldigten wird jeder Kontakt zu Mitarbeitern des Ministeriums für Staatssicherheit
   der ehemaligen DDR, insbesondere der Hauptverwaltung Aufklärung - auch öffentliche Erklärungen, die diesem Zweck dienen können - untersagt.

Die weitergehende Beschwerde wird verworfen.

Der Beschluß des Senats vom 24. September 1991 wird
gegenstandslos.

war eine wichtige und interessante Erfahrung für mich«, erklärt
Wolf mit fester Stimme, »die Einsicht ist, daß man sich an solche
Umstände gewöhnen muß und erstaunlich schnell gewöhnen kann
und natürlich: viele interessante Begegnungen beim Hofgang mit
anderen Häftlingen – Menschen einer Art, die ich bisher nicht
kannte.«

Wolf stand der Justiz ausgesprochen skeptisch gegenüber. Nach
zehn Tagen ist er bereits wieder auf freiem Fuß: War die Flucht
umsonst, der ganze Aufenthalt von fast einem Jahr im Ausland?
»Diese Frage habe ich mir natürlich öfter in diesem Jahr gestellt,
stellen müssen«, sagt er, macht eine kurze Pause und fährt fort:
»Umsonst war es sicher nicht, denn ich habe die Zeit wirklich
genutzt, um Vorarbeiten für mein Buch zu leisten. Ich glaube aber
auch, daß sich doch die Bedingungen gegenüber dieser gewaltigen
Hektik, politischen Hektik und dieses, ich möchte mal sagen, über-
steigerte Medieninteresse meiner Person gegenüber, die ja vor dem
3. Oktober vorigen Jahres einen für mich fast unerträglichen Höhepunkt gefunden hat, doch etwas geändert hat.« Außerdem, so fügt
er hinzu: »Ich glaube, ich hätte im Lande in diesem Jahr kaum
etwas auch für die Menschen, für die ich weiter moralisch mich
verantwortlich fühle – frühere Untergebene – etwas tun können.«

Für einige Tage spannt Wolf in Berlin aus: Zu Fuß, mit einem
Packen Zeitungen unterm Arm, schlendert er aus Richtung Alexanderplatz zu seiner Wohnung. Doch die Schaulustigen, die vor
seinem Wohnhaus auf ihn warten, bekommen ihn nicht zu sehen.
Durch den Hintereingang betritt er das Haus Spreeufer 2.

Sechs Tage nach seiner Haftentlassung hat er seinen ersten großen Auftritt vor den Medien. Als Zeuge der Verteidigung muß er
nach München kommen. Es ist der erste Prozeß, in dem einstige
hauptamtliche HVA-Mitarbeiter auf der Anklagebank sitzen:
Harry Schütt, ehemaliger Leiter der HVA-Abteilung IX, ein Stasi-
Oberstleutnant, und die Brüder Alfred und Ludwig Spuhler, Alt-
Bundesbürger, die Wolfs HVA mit Material aus dem BND versorgt hatten.

Kerzengerade – wie ein preußischer Offizier – schreitet Markus
Wolf im blaugrauen Anzug mit gedeckt roter Krawatte die Mar-

mortreppen des Münchner Justizpalastes hoch, vorbei an dem
Blitzlichtgewitter der Fotografen. »Meine Geheimnisse bleiben
Geheimnisse«, verrät Markus Wolf einem Reporter. Gelassen und
souverän betritt er in der zweiten Etage den Schwurgerichtssaal, in
dem nun einmal mehr Kriminalgeschichte verhandelt wird: Hier
brach Vera Brühne zusammen, als sie das Urteil »lebenslänglich«
vernahm, hier hatte sich die Schauspielerin Ingrid van Bergen zu
verantworten, die ihren Liebhaber erschoß. Merklich genießt Wolf
seinen Auftritt. »Ich fühle mich wohl,« sagt er den Journalisten.
»Selbst O. W. Fischer hätte die Rolle des unschuldig verfolgten
Spionagebosses in dieser gekonnten Mischung aus Charme, Eitelkeit und Märtyrertum nicht hinreißender spielen können«, befindet »Welt«-Reporter Hannes Burger über den Zeugen Wolf.

Von dem Vorsitzenden Richter Ermin Brießmann nach seinem
Beruf befragt, antwortet Wolf mit »Autor«. Den Prozeß empfindet
er als »rechtswidrig«, mit seiner Aussage wolle er, so sein erklärtes
Ziel, »zu einer grundsätzlichen Klärung der Rechtssituation« beitragen. »Es scheint mir paradox zu sein, meinem ehemaligen Abteilungsleiter Harry Schütt vorzuwerfen, daß er in den Nachrichten-
apparat des BND eingebrochen sei. Schließlich hat er die BND-
Leute ja nicht erpreßt. Sie sind freiwillig zu uns gekommen. Aus
Überzeugung. Hätte er sie etwa heimschicken sollen?« fragt Wolf
das Gericht rhetorisch und fährt fort: »Dann hätte der BND auch
den Oberleutnant Stiller in die DDR zurückschicken müssen, der
aus unserer Hauptverwaltung Aufklärung in den Westen überge-
laufen war. Der BND hat ihn aber mit Jubel empfangen und als
großen Erfolg gefeiert. Das zeigt den ganzen Widersinn der
Anklage!« Als er nach Einzelheiten zu den in München zu klären-
den Vorwürfen gefragt wird, schweigt Wolf unter Hinweis auf sein
Zeugnisverweigerungsrecht. Er hält sein Versprechen: »Meine
Geheimnisse bleiben Geheimnisse.«

Die Bundesrepublik nennt Wolf an diesem Tag in München
nicht mehr, wie noch vor wenigen Wochen, »Be-Er-De«, er spricht
vom »anderen deutschen Staat« – ein Staat, dessen Bürger nun auch
er ist, den er aber noch seit nicht einmal einer Woche aus eigener
Anschauung kennt – abgesehen von der Gefängnisperspektive.

Am nächsten Tag tritt Wolf auf einer Pressekonferenz am Rande der Frankfurter Buchmesse auf. Er spricht vom »Anschlußdatum« und meint die deutsche Einheit. Als Auftakt liest er aus seinem Buch »In eigenem Auftrag«: »Diese Gesellschaft, in der wir nun leben, in der die Macht des Geldes und das Profitstreben letztlich den Inhalt der Politik und der Gesetze bestimmen, kann nicht das letzte Wort sein«, trägt er den zweihundert Journalisten vor: »Dieses System kann nicht die Lösung bringen. Dazu muß es eine Alternative geben. Für mich bleiben die Ideen, die wir mit einem humanistischen, demokratischen Sozialismus verbanden. Deshalb sind für mich die Linken als Teil neu entstehender Bürgerbewegungen eine Kraft, die Veränderungen hin zu einer gerechteren Welt bewirken kann.«

Über seine Perspektive sagt er, nun nach seiner Rückkehr in die Bundesrepublik, daß »ich schon seit Jahren und für die Zukunft keine anderen Ambitionen habe, als die Erfahrungen meines Lebens, auch die bitteren, zu durchdenken und sie ungeschminkt mitzuteilen, vor allem den Jüngeren«. Was der weise Wolf den Menschen im einzelnen mitteilen möchte, verrät er allerdings nicht. Auch das bleibt sein Geheimnis.

Als die Rede auf seine Schuld kommt, greift er zu der schon mehrfach von ihm vorgenommenen Zweiteilung des Begriffs der Schuld. Er unterscheidet zwischen politischer und juristischer Schuld, diesmal in einer aktualisierten Form. Schuld empfinde er, so sagt er, »für alles das, was im Namen der Ideen, für die wir glaubten, tätig zu sein, und der Macht, also dem Regime, dem wir gedient haben, geschehen ist«. Anders stelle sich jedoch seine Schuld in Hinblick auf das Recht dar, urteilt Wolf über Wolf: »Im strafrechtlichen Sinne meine ich schon, daß die Begründungen, die in meinem Haftbefehl angeführt werden, keinen Haftgrund und keine Verurteilung abgeben.« Sein Fazit: »Ich glaube, daß ich nicht schuldig bin.«

Juristenstreit – Wolf und das Strafrecht

Soll der Spionagechef a. D. für seine Taten vor Gericht gestellt werden? – eine Frage, die die Nation spaltet. Straffreiheit für Wolf fordert beispielsweise Heribert Hellenbroich, einst unmittelbarer Gegenspieler Wolfs, nämlich als ehemaliger Chef des Bundesamtes für Verfassungsschutz und des BND. Alles andere sei verfassungswidrig, sagt Hellenbroich, denn Wolf habe die Spionage im Auftrag der damaligen DDR-Regierung betrieben. Ebenso sieht auch SPD-Fraktions-Vize Wilfried Penner den Fall: »Außenspionage aus vertretbaren Gründen sollte in diesem Fall straffrei gestellt werden.« Auch PDS-Chef Gregor Gysi spricht sich mit Nachdruck dagegen aus, »Markus Wolf juristisch zu belangen. Er war Chef der DDR-Aufklärung. Und es ist Ausdruck von Siegerjustiz und Siegermentalität, wenn jetzt die Spione der einen Seite befördert und die der anderen vor Gericht gestellt werden.« Dies sei »ein exemplarischer Beweis dafür, daß hier keine Vereinigung, sondern ein Anschluß, eine Einverleibung stattgefunden hat«.

»Unvermeidlich« hingegen nennt Wolfgang Ullmann, Bundestagsabgeordneter des Bündnis 90, einen Prozeß gegen Wolf. »Man kann doch nicht diese armseligen Gefreiten und Soldaten, die an der Mauer eingesetzt waren, vor Gericht stellen und Gestalten wie Markus Wolf eine Vorzugsbehandlung zuteil werden lassen«, meint der Bundestagsabgeordnete. Und: »Geheimdienstliche Tätigkeit ist strafbar«, kommentiert Jürgen Busche den Fall Wolf in der »Süddeutschen Zeitung«: »Das weiß jeder, der sich darauf einläßt. Das wußte Günter Guillaume, als er begann, in der Bundesrepublik

Deutschland, zuletzt im Bundeskanzleramt, für seinen Auftraggeber Wolf zu spionieren. Also ist Guillaume auch, nachdem er
aufflog, in der Bundesrepublik angeklagt und verurteilt worden.
Anstifter von Guillaumes Tat war Geheimdienst-Chef Markus
Wolf. Auch für den Straftatbestand der Anstiftung muß das Recht
gelten, das dort herrscht, wo die Tat begangen worden ist. Wenn
Wolf jemanden in ein Münchner Museum geschickt hätte, um dort
ein Bild zu stehlen, das ihm als kultiviertem Menschen viel bedeutet, so wäre nicht nur der Dieb, sondern auch sein Auftraggeber
juristisch belangt worden – vorausgesetzt, man hätte beide erwi-
schen und vor Gericht stellen können. Nicht anders verhält es sich
mit der Spionage.«

Ob Markus Wolf und die übrigen HVA-Männer wegen »geheimdienstlicher Agententätigkeit« (Paragraph 99 des Strafgesetzbuchs)
und »Landesverrats« (Paragraph 94 des Strafgesetzbuchs) verurteilt
werden können, ist derzeit auch unter Juristen lebhaft umstritten.
Diejenigen, die das verneinen, meinen, daß eine Verurteilung von
ehemaligen hauptamtlichen Mitarbeitern der HVA einen Verstoß
gegen den Gleichheitsgrundsatz der Verfassung und auch gegen die
Haager Landkriegsordnung darstellen würde.

Einfach liegen die Dinge nicht: Eindeutig ist zunächst nur, daß
auch die hauptamtlichen HVA-Leute, selbst wenn sie nur vom
Boden der DDR aus arbeiteten, gegen die Buchstaben des bundesdeutschen Strafgesetzbuchs verstoßen haben, weil sie – wie es in
der Strafvorschrift über die »geheimdienstliche Agententätigkeit«
heißt – »für den Geheimdienst einer fremden Macht eine geheimdienstliche Tätigkeit gegen die Bundesrepublik Deutschland« aus-
geübt haben. Dem steht auch nicht entgegen, daß sie zum Zeitpunkt der Tat nicht in der Bundesrepublik, sondern in der DDR
lebten. Denn das bundesdeutsche Strafgesetzbuch bestimmt im
Paragraphen 5 Nr. 4, daß das bundesdeutsche Strafrecht auch für
die Spionagedelikte gilt, »die im Ausland begangen werden«. Dieser Vorschrift liegt das sogenannte Schutzprinzip zugrunde,
wonach jedem Staat das Recht zugestanden wird, Inlandsrechts-
güter zu schützen, gleichgültig von wem und von wo aus sie verletzt
werden.

Das ist übrigens keine Besonderheit des bundesdeutschen Rechts. Die DDR hat es genauso gemacht. Wegen Spionage (Paragraph 97 des DDR-Strafgesetzbuchs) konnte auch ein Ausländer – dazu zählte nach DDR-Recht auch der Bundesbürger – bestraft werden, weil er »durch ein Verbrechen die Rechte und Interessen der Deutschen Demokratischen Republik ... erheblich beeinträchtigt« hätte. So stand es unmißverständlich klar im Paragraphen 80 Absatz 3 Nr. 3 des DDR-Strafgesetzbuchs. Das bedeutet: Wenn ein Mitarbeiter des Bundesnachrichtendienstes, der nur von der Bundesrepublik aus die Spionage gegen die DDR betrieb, dort, auf ihrem Territorium, gefaßt worden wäre, beispielsweise bei einem tatsächlich harmlosen Verwandtenbesuch, hätte er nach DDR-Recht verurteilt werden können – aus diesem und auch aus anderen Gründen waren BND-Mitarbeitern private Ostreisen untersagt. Umgekehrt wäre es auch einem HVA-Mann so ergangen, wenn man ihn in der Bundesrepublik geschnappt hätte. Aber dazu kam es nun eben nicht, die hauptamtlichen Nachrichtendienstler betraten nicht erkennbar »Feindesland«. Mit anderen Worten: Daß es keine Verurteilungen gab, lag nicht daran, daß die hauptamtlichen Mitarbeiter des jeweils anderen deutschen Staates nicht hätten verurteilt werden können, sondern daß sie einfach nicht gefaßt wurden.

Von einer Sekunde auf die andere änderte sich dies mit der deutschen Einheit: Schlag Mitternacht vom 2. zum 3. Oktober 1990 befanden sich die ehemaligen HVA-Hauptamtlichen nicht mehr auf dem Territorium der DDR, sondern auf dem der Bundesrepublik. Einige von ihnen wurde noch im Verlauf des 3. Oktober von den Staatsschutzbeamten des Bundeskriminalamts in ihren Wohnungen in Ostdeutschland verhaftet. Die BKA-Leute sprachen vom »Bundesfahndungstag«.

Die BND-Mitarbeiter hingegen konnten von diesem Tag an nicht mehr für ihre Spionagetätigkeit gegen die DDR belangt werden. Mit der DDR waren auch deren Strafrechtsvorschriften untergegangen.

Diese unterschiedliche Behandlung von hauptamtlichen »Auslandsaufklärern« war im Bundestag erkannt und deshalb von der Regierung auch der Entwurf für ein Straffreiheitsgesetz erarbeitet worden. Nachdem jedoch abzusehen war, daß sich dafür keine

parlamentarische Mehrheit finden würde, ließ man das Vorhaben
fallen*.

In dieser unterschiedlichen Behandlung – Strafbarkeit der ehemaligen HVA-Leute, Straffreiheit für BND-Leute – erblickt das
Kammergericht Berlin einen Verstoß gegen den Gleichheitsgrundsatz des Grundgesetzes »Alle Menschen sind vor dem Gesetz
gleich«. Die Berliner Richter riefen in dem Strafverfahren gegen
Wolf-Nachfolger Werner Großmann das Bundesverfassungsgericht
an, weil sie meinen, daß eine Verurteilung von HVA-Mitarbeitern
gegen die Verfassung verstoße: »Unter der Eigenstaatlichkeit der
DDR waren die Angeschuldigten vor Strafverfolgung durch die
Bundesrepublik Deutschland geschützt«, schreibt das Kammergericht in seinem Vorlagebeschluß an das Bundesverfassungsgericht.
»Ungeachtet der Tatsache, daß ihre nachrichtendienstliche Tätigkeit hier strafbar war, konnten sie vor Strafverfolgung sicher sein,
solange sie sich nicht in die Hoheitsgewalt der Bundesrepublik
begaben. Erst dadurch, daß sich die Hoheitsgewalt der Bundesrepublik auf das Gebiet der DDR ausgedehnt hat, ohne daß dies von
ihnen zu beeinflussen gewesen wäre, haben sie diesen Schutz verloren. Auf dessen Wirksamkeit durften sie aber vertrauen.« Der
Verfassungsverstoß liege, erklärt der Karlsruher Rechtsanwalt und
Revisionsexperte Gunter Widmaier, »allein darin, daß die selbst-
verständliche und rechtmäßige Befreiung der Mitarbeiter des Bundesnachrichtendienstes von jeder strafrechtlichen Haftung wegen
ihrer früheren Spionagetätigkeit gegen die DDR nicht in derselben
Weise auch auf die Mitarbeiter der HVA des MfS wegen deren

---

* Für wie wichtig das geplante Straffreiheitsgesetz gehalten wurde, zeigt die
Begründung dieses Regierungsentwurfs: »Die gegenseitige nachrichtendienstliche Aufklärung war stark geprägt von der Teilung Deutschlands, insbesondere
von der Einbindung der beiden deutschen Staaten einerseits in das westliche
und andererseits in das östliche Sicherheitssystem und der dadurch bedingten
Frontstellung. Dies gehört der Vergangenheit an ... Die nachrichtendienstliche
Auslandsaufklärung ist in rechtlicher Hinsicht ambivalent. Einerseits ist sie für
den aufklärenden Staat ein legitimes Mittel zur Erlangung von Erkenntnissen
für die Lagebeurteilung und die Entscheidungsfindung im politischen Bereich.
Andererseits handelt es sich bei ihr im fremden Staat in der Regel um strafbare
Spionage.«

früherer Spionage gegen die Bundesrepublik ausgedehnt worden ist«.

Der Bundesgerichtshof und die für die Strafverfolgung von Markus Wolf zuständige Bundesanwaltschaft sehen hingegen die Dinge anders: Für sie wäre eine Verurteilung Wolfs kein Verstoß gegen den Gleichheitsgrundsatz. Gegenüber Markus Wolf verweist der Dritte Strafsenat am 4. Oktober 1991 auf das, was er bereits in einem Beschluß in dem Strafverfahren gegen den HVA-Abteilungsleiter Harry Schütt am 29. Mai 1991 entschieden hatte: »Nur bei ausschließlich formaler Betrachtung lassen sich die Tätigkeiten der Nachrichtendienste der Bundesrepublik und der früheren DDR einander gleichsetzen, nicht aber vom legitimen Standpunkt der ihrer Identität nach fortbestehenden Bundesrepublik aus. Der entscheidende Unterschied liegt darin, daß die Nachrichtendienste der Bundesrepublik, auch wenn sie operativ Auslandsaufklärung betreiben, letztlich zu deren Schutz tätig wurden und werden, während die gegen die Bundesrepublik gerichtete Tätigkeit der Nachrichtendienste der DDR zur konkreten oder doch abstrakten Gefährdung der äußeren Sicherheit dieses Staates führte mit unter Umständen bis in die Gegenwart reichenden, im einzelnen jedoch nicht genau faßbaren und abschätzbaren Folgen, die sich aus der Weitergabe von nachrichtendienstlichen Informationen und Informanten an andere Staaten des früheren ›Ostblocks‹ ergeben können. Ein aus Artikel 3 Abs. 1 des Grundgesetzes [= Gleichheitsgrundsatz] abgeleitetes Strafverfolgungsverbot würde im Ergebnis zu einer weitgehend undifferenzierten Freistellung der nachrichtendienstlich tätigen, hauptamtlichen Mitarbeiter der HVA des MfS von jeder Strafverfolgung führen und wäre gerade wegen dieser Undifferenziertheit im Hinblick auf mögliche fortwirkende Folgen für die äußere Sicherheit der Bundesrepublik durchgreifenden Bedenken ausgesetzt.«

Nach Meinung des Kammergerichts Berlin gibt es noch einen zweiten Grund, der die Bestrafung von ehemaligen HVA-Mitarbeitern verbietet, und zwar die Haager Landkriegsordnung aus dem Jahr 1907. In ihr steht im Artikel 31: »Ein Spion, welcher zu dem Heere, dem er angehört, zurückgekehrt ist und später vom Feinde

gefangengenommen wird, ist als Kriegsgefangener zu behandeln
und kann für früher begangene Spionage nicht verantwortlich
gemacht werden.« Nach dem Wortlaut gelte diese Vorschrift zwar
nur für den Kriegsfall, räumt der Senat des Kammergerichts in
seiner Vorlage an das Bundesverfassungsgericht ein, jedoch sei dieser Bestimmung ein »übergeordneter Gedanke« zu entnehmen, der
auch für den Fall des friedlichen Beitritts eines Staates zu einem
anderen per Vertrag gelte: »Die persönliche Straffreiheit wird zu-
gesichert ohne Unterschied darauf, ob sich der Spion nach der
Rückkehr zu seinem Heer an Kampfhandlungen beteiligt und im
Zuge dieser Kampfhandlungen in Kriegsgefangenschaft gerät oder
ob er, ohne in Kampfhandlungen verwickelt zu sein, sonst dem
Zugriff des anderen Staates ausgesetzt ist. Die Regelung erfaßt
daher den Fall, daß sich der Spion ohne sein Zutun in einem anderen staatlichen Hoheitsverhältnis wiederfindet, auf dessen Entwicklung er keinen Einfluß gehabt hat, und nunmehr dem Zugriff
des anderen Staates ausgesetzt ist. In dieser Situation befinden sich
die Angeschuldigten durch den Beitritt der DDR zur Bundesrepublik Deutschland und durch die Ausdehnung des Hoheitsgebietes
der Bundesrepublik Deutschland auf das Gebiet der ehemaligen
DDR.«

Aber auch das sehen Bundesanwaltschaft und Bundesgerichtshof
anders. Nach ihrer Meinung ist es nicht möglich, diese Vorschrift
auf die HVA-Agenten anzuwenden, wegen der – so die Formulierung des BGH – »grundsätzlichen Verschiedenheit der in Frage
stehenden Sachverhalte«.

Betrachtet man die Argumente in diesem juristischen Meinungs-
streit – von dem ja nicht nur die Strafbarkeit von Markus Wolf,
sondern auch von Tausenden seiner einstigen Mitarbeiter ab-
hängt –, erscheint zweifelhaft, ob die vom Bundesgerichtshof
getroffene Unterscheidung zwischen »guten« und »bösen« Spionen
tatsächlich eine tragfähige Begründung für die unterschiedliche
Behandlung von Mitarbeitern dieser beiden Nachrichtendienste
bietet. Tatsache ist, daß sowohl die West- wie auch die Ost-Aufklä-
rer in der mehr oder minder festen Überzeugung arbeiteten, eine
für ihren Staat wichtige Aufgabe auszuüben. Und: Sie handelten im

Auftrag ihres Staates. Ebensowenig ist zu leugnen, daß sie von der Sache her dasselbe taten, nämlich im Nachbarland und bei dessen Verbündeten Spionage zu betreiben.

Mitunter wird in diesem Zusammenhang eingewandt, ein gravierender Unterschied zwischen Ost- und West-Spionage bestehe darin, daß bei der HVA Drohung, Erpressung und Körperverletzung, wenn nicht gar noch unschönere Dinge an der Tagesordnung gewesen seien. Doch offensichtlich war es nicht so, wie Verfassungsschützer berichten, die nach der Wende die Arbeitsweise der HVA analysierten. Sie stellten fest, daß die HVA – entgegen ursprünglichen Vermutungen – ihre Agenten in der Regel nicht durch einen derartigen Druck zur Mitarbeit gezwungen habe, wohl wissend, daß eine Quelle auf dieser Basis zumeist nicht lange sprudelt. Ganz überwiegend hätten die HVA-Informanten aufgrund anderer Motive Informationen geliefert, vor allem aus finanziellen, zwischenmenschlichen und ideologischen Gründen. Alles andere sei »die Ausnahme« gewesen, sagt ein leitender Verfassungsschutz-Beamter. Gewiß, hie und da sei auch einmal jemand mit einem »Kompromat« zur Zusammenarbeit bewegt worden, »aber meinen Sie«, fügt der Verfassungsschützer hinzu, »daß das unsere Seite nicht auch mal macht?« Daß sich auch der Bundesnachrichtendienst nicht ausschließlich an den Gesetzen orientiert, zeigten erst jüngst wieder die Waffenlieferungen nach Israel.

Gewiß, die Vorstellung, daß jemand, der nachhaltig gegen die Vorschriften über den »Landesverrat und Gefährdung der äußeren Sicherheit« im Strafgesetzbuch verstoßen hat – und damit im schwersten Fall »lebenslänglich« bekommen könnte –, von heute auf morgen nicht mehr zu belangen wäre, das wäre ein einmaliger Vorgang in der Rechtsgeschichte der Bundesrepublik. Doch auch der Beitritt der DDR zur Bundesrepublik war ein einmaliger Vorgang, den sich niemand in dieser Weise vorstellen konnte, als diese Strafrechtsvorschriften formuliert wurden. Außergewöhnliche Situationen gebieten außergewöhnliche Schritte.

Auch aus dem Einwand, daß es doch nichts mit Gerechtigkeit zu tun habe, wenn demnach die Menschen, die von der HVA geworben wurden – wie beispielsweise Gabriele Gast –, auf den

Anklagebänken und in den Gefängnissen landen, während die
Leute, die sie warben, die sie ins Unglück stürzten, nun als freie
Menschen herumlaufen können, läßt sich nicht eine Bestrafung
der HVA-Hauptamtlichen begründen. Denn wie man es auch
dreht und wendet: Das Dilemma besteht darin, daß es in Wahrheit um die rechtliche Behandlung von drei verschiedenen Perso-
nengruppen geht. Da sind einmal die BND-Mitarbeiter, für die
Straffreiheit außer Frage steht; zweitens die Agenten, die für die
HVA in der Bundesrepublik spionierten: daß sie bestraft werden,
zieht niemand in Zweifel. Und die dritte Gruppe sind die HVA-
Hauptamtlichen, hinsichtlich derer die entscheidende Frage lautet: Behandelt man sie wie die »Kollegen« vom BND oder wie die
von ihnen geführten Agenten? Es geht nur eines von beiden. Man
muß sich entscheiden.

Tatsache ist: Auch die HVA-Leute übten eine von ihrem Staat
vorgegebene Tätigkeit aus, nicht anders als die BND-Leute – wer
in diesen Diensten beschäftigt war, arbeitete in Einklang mit den
für seinen Staat maßgeblichen Gesetzen. Und das ist auch der entscheidende Unterschied zwischen den HVA-Hauptamtlichen zu
den HVA-Spionen in der Bundesrepublik: Den Spionen war vom
ersten Tag an klar, daß sie im Gefängnis landen würden, falls man
sie faßt, während für die HVA-Hauptamtlichen, praktisch jedenfalls, dieses Risiko nicht existierte. Innerhalb ihres Rechtssystems
verhielten sie sich gesetzeskonform – wenn auch nicht aus bundesdeutscher Sicht. Nur, das war ja umgekehrt bei den BND-Mitarbeitern nicht anders. Auch sie verstießen gegen das Recht der
»Gegenseite«.

Zudem können nach alledem die Konsequenzen aus dieser
BGH-Auffassung nicht ernsthaft gewollt sein. Zusammenwach-
sen, überwinden von Gegensätzen heißt das Gebot dieser Zeit.
Da wäre es doch nur kontraproduktiv, Tausende von ehemaligen
Ost-Aufklärern vor Gericht zu stellen. Wesentlich sinnvoller und
auch notwendig wäre es, die vorhandenen Kapazitäten bei Polizei, Staatsanwaltschaft und den Gerichten zu nutzen, um die
wirklichen Stasi-Verbrecher vor Gericht zu stellen: diejenigen,
die Häftlinge in Gefängnissen prügelten, die Oppositionelle um

ihre Existenz brachten, die mit Psychoterror Systemgegner fertigmachten.

Unterm Strich bleibt damit festzuhalten, daß – wenn man die Dinge so wie die Bundesanwaltschaft sieht – das entscheidende Kriterium für die Frage, ob ein deutscher hauptamtlicher Auslandsaufklärer bestraft werden kann oder nicht, in Wahrheit der Zufall ist. Zufall – und nichts anderes. Denn während durch die deutsche Einheit alle BND-Mitarbeiter in den Genuß einer »stillen Straffreiheit« kamen und diese Personen heute mit weißer Weste durch die neuen Länder reisen können, muß nach Meinung von Bundesgerichtshof und Bundesanwaltschaft der vor Gericht, der zufällig in dem anderen deutschen Staat lebte und dort »Auslandsaufklärung« betrieb. Zufall darf kein Kriterium für eine Verurteilung sein, wenn es einem mit dem Rechtsstaat ernst ist. Alles andere hätte zumindest den Ruch von »Siegerjustiz«.

Man stelle sich doch auch die Lage einmal umgekehrt vor, daß in der Bundesrepublik heute DDR-Recht gelten würde. Wenn es dabei genauso zuginge, wie es nach Meinung von BGH und Bundesanwaltschaft nun geschehen soll, dann würden heute die Mitarbeiter des Bundesnachrichtendienstes vor den Gerichten stehen und hätten HVA-Leute die BND-Männer vernommen und auch Material für die Anklage gegen sie zusammengetragen. Einer der Hauptangeklagten wäre Bundesjustizminister Klaus Kinkel – der Vorgesetzte des Generalbundesanwalts. Denn Kinkel war einst BND-Chef, von 1983 bis 1987.

Da es nun in Anbetracht des Gleichheitsgrundsatzes wirklich nicht vom Zufall abhängen darf, ob jemand als Minister am Kabinettstisch sitzt oder auf der Anklagebank im Gerichtssaal, verstößt eine Strafverfolgung der HVA-Mitarbeiter gegen den Gleichheitsgrundsatz und damit gegen das Grundgesetz. Um es noch einmal ganz deutlich zu sagen: Das gilt nur für Spionagedelikte und die damit üblicherweise verbundene Begleitkriminalität wie etwa das Benutzen gefälschter Papiere. Nicht jedoch für sonstige Straftaten wie beispielsweise Körperverletzung, Erpressung oder gar Tötungsdelikte.

Über diese für das weitere Schicksal Markus Wolfs entschei-

dende Frage wird das Bundesverfassungsgericht, wie aus Karlsruhe
zu hören ist, wohl nicht vor Herbst 1992 befinden.

Nun wird Markus Wolf neben diesen Spionagedelikten mitunter
auch vorgehalten, er sei in andere schwere Straftaten verwickelt,
etwa im Zusammenhang mit dem Fall Garau. Wolf bestreitet diese
Vorwürfe, beteuert, daß an seinen Fingern kein Blut klebe. Auf
Hochtouren ermitteln die Strafverfolger, ob sich Wolf derartiger
Delikte schuldig gemacht hat. »Da haben wir bisher nichts feststellen können«, sagt Generalbundesanwalt von Stahl.

Nach dem derzeitigen Stand der Ermittlungen wirft Generalbundesanwalt von Stahl Markus Wolf »geheimdienstliche Tätigkeit«,
»Landesverrat« und »Bestechung« vor. Der Dritte Strafsenat des
Bundesgerichtshofs hat einen entsprechenden »dringenden Tatver-
dacht« am 28. Oktober 1991 bestätigt (Aktenzeichen: StB 23/91).
Der Vorwurf des »Landesverrats« ist neu und besteht unter anderem deshalb, weil – wie die Bundesrichter schreiben – nun davon
auszugehen sei, daß »wesentliche nachrichtendienstliche Erkenntnisse der Hauptverwaltung Aufklärung mit Wissen und Wollen des
Beschuldigten an den KGB der Sowjetunion weitergeleitet wurden«.

Ungeachtet des beim Bundesverfassungsgericht eingegangenen
Vorlagebeschlusses treibt Generalbundesanwalt Alexander von
Stahl das Verfahren gegen Markus Wolf voran, denn nach seiner
Rechtsauffassung steht ja der Gleichheitsgrundsatz des Grundgesetzes einer Verurteilung Wolfs nicht entgegen. Noch im ersten
Halbjahr 1992 soll Anklage gegen Wolf erhoben werden – aller
Voraussicht nach vor dem Oberlandesgericht Düsseldorf. Dann
hätte sich Wolf in dem fensterlosen, abhörsicheren Saal A 01 zu
verantworten – in dem Saal, in dem sein Agent Günter Guillaume
1975 zu dreizehn Jahren Gefängnis verurteilt wurde. Eine rechts-
kräftige Entscheidung wird es mit Sicherheit nicht vor Ende 1993
geben. Es sei denn, das Bundesverfassungsgericht schaltet auf Rot.
Dann nämlich würde das Verfahren gegen Wolf platzen.

Der kultivierte Mythos – Wolf und die Moral

Markus Wolf hat Wünsche. »Einer heißt, den britischen Schriftsteller John Le Carré zu fragen, ob es tatsächlich zutrifft, daß er
dessen Klassiker ›Der Spion, der aus der Kälte kam‹ als Vorbild
diente«, berichtet »Spiegel«-Reporter Hans-Joachim Noack, der in
Moskau mit Wolf spazierenging. Eine Vorstellung, die Wolf begeistert. Schon in dem Buch »In eigenem Auftrag« hatte er nicht nur
sich als das Original zum Spionage-Bestseller gewähnt, sondern
darüber hinaus dessen Autor John Le Carré attestiert: »Der Mann
versteht etwas vom Geschäft.« »›Zur Legende geworden zu sein‹«,
schreibt Hans-Joachim Noack über Markus Wolf, »und sei es auch
nur in einem Stück Trivialliteratur, schmeichelt seiner Eitelkeit.«
Markus Wolf bringt alle Voraussetzungen mit, um diese
Legende auszufüllen. Obwohl schon seit vielen Jahren im Ruhestand, umgibt ihn noch immer die Aura des Geheimnisvollen – dies
unterstreicht er mitunter gekonnt durch vielsagende Entgegnungen
wie »Woher wollen Sie das wissen?« und »Da widerspreche ich
Ihnen nicht«. Im Gespräch macht Wolf einen ungemein souveränen
Eindruck: Er ist hochkonzentriert bei der Sache, wirkt zugleich
voll und ganz entspannt, spricht ruhig, besonnen und sachlich,
artikuliert sehr genau, scheint nicht aus der Fassung zu bringen zu
sein. Mit der linken Hand gestikuliert er leicht – man hat das
Gefühl, einem Mann gegenüberzusitzen, der alles durchdacht hat,
bevor er den Mund aufmacht, und dann doch nur das, was längst
feststeht, verkündet. Zu seiner Sicht der Dinge scheint es keine
Alternative zu geben. Markus Wolf blickt seinem Gesprächspartner

tief in die Augen. Jeder merkt: Dieser Mann besitzt einen messerscharfen und wachen Verstand. Er erweckt Vertrauen, kann zuhören. Sein Lächeln versöhnt. Wenn er streng blickt, fragt sich so mancher schnell: Was habe ich falsch gemacht?

Diese starke Ausstrahlung scheint natürlich zu sein – und das macht ihn auch so gefährlich. Unzählige Menschen gewann er mit dieser Art für seine Zwecke. Unzählige Agenten wie Günter Guillaume und Gabriele Gast waren glücklich, für diesen abgeklärten, in sich ruhenden Mann arbeiten zu dürfen.

Markus Wolf weiß um seine Wirkung. Und er versteht sie noch zu steigern, ja geradezu szenisch zu gestalten, wenn er dabei sein Flair des Geheimnisvollen noch unterstreicht. So antwortet er beispielsweise auf die Frage eines Journalisten der Illustrierten »Bunte«: »Waren Sie in Ihrer aktiven Geheimdienstzeit in Bonn?« nicht schlicht mit »Ja« oder »Nein«. Das wäre zu einfach. Markus Wolf sagt vielmehr: »Ich könnte das mit Nein beantworten. Aber lassen wir das mal offen.«

Die Medien reißen sich um dieses geheimnisvolle Wesen. Markus Wolf kennt ihre Wünsche und ihre Schwächen. Sein Vater schrieb Theater, sein Bruder machte Filme, Markus Wolf inszeniert immer sich selbst – und dies perfekt. Nicht selten geraten Wolf-Interviews zu wahren Wolf-Zeremonien, deren einziger Inhalt ist: Wolf huldigt Wolf. Der Stolz des Interviewers darüber, daß es ihm gelungen ist, tatsächlich Markus Wolf vor sich zu haben, macht es ihm leicht. Wolf zelebriert, hält hof. Kommt die Rede auf Einzelheiten aus seiner Zeit als Chef der HVA, schweigt er eisern, getreu seiner Devise: Meine Geheimnisse bleiben Geheimnisse. Aber das fällt nicht immer auf. Markus Wolf versteht es wie kein anderer, etwas zu sagen – und dabei das Wesentliche zu verschweigen. Wolf beherrscht die Mittel der Sprache, der Mimik und Gestik wie kein anderer, weiß, wie er auftreten muß, um in den Medien »rüberzukommen«.

Wenn keine Scheinwerfer auf ihn gerichtet sind, ist er anders, wie Menschen übereinstimmend berichten, die mit ihm zu tun hatten. »Der Altersstarrsinn, den er bei anderen Menschen so gerne diagnostiziert, scheint ihn auch schon ergriffen zu haben, ohne daß ihm das bewußt ist«, sagt ein Verlagsmitarbeiter, der mit ihm zusammenarbeitete. Sein Fazit: »Mit Wolf ist nicht gut Kirschen essen.« Für Markus Wolf stehe stets Markus Wolf und seine Bedeutung im Mittelpunkt, berichten Wolf-Gesprächspartner übereinstimmend. Als »Selbstküsser« bezeichnen ihn Beamte der Bundesanwaltschaft. Er ertrage es nicht, daß, wenn er im Raum sei, er nicht am Gespräch unmittelbar beteiligt sei, hätten die Ermittler feststellen müssen – beispielsweise als sie einige Sätze mit seiner Frau wechseln wollten.

Markus Wolfs Lächeln, sein entspanntes und souveränes Auftreten vor den Fernsehkameras vermögen nicht darüber hinwegzutäuschen, daß es hinter dieser Fassade düster aussehen muß. Die Bilanz seines Lebens ist mager. Einundvierzig Jahre diente er – als Rundfunkredakteur, als Diplomat und dann die meiste Zeit als Geheimdienstchef – einem System, das schließlich aus sich selbst heraus kläglich scheiterte und unterging. Das, was er sein ganzes Berufsleben lang sichern und ausbauen wollte, zerbrach, weil es für die Menschen unerträglich geworden war. Kurzum: Alles, was Markus Wolf in diesen Jahren an »Erfolgen« erzielte, ist bei nüchterner Betrachtung umsonst gewesen, vermochte das System, dem er sich verschrieben hatte, nicht auf Dauer zu stützen. Der Rentner Markus Wolf kommt nicht um die Erkenntnis herum, wie erbärmlich diese Farce vom »ersten Arbeiter- und Bauernstaat« auf deutschem Boden war.

Wie kam es, daß Markus Wolf das wurde, was er wurde? Dieser Markus Wolf war nie ein kleinkarierter und bornierter Kommunist vom Schlage Honeckers oder Mielkes. Wolf war in jungen Jahren von seinem Wesen her mehr ein Idealist, erfüllt von humanistischen Idealen, dabei realistisch genug zu erkennen, daß er als »Edelkommunist« in diesem System ein sehr gutes Auskommen finden konnte. Ähnlich wie sein Vater. Die entscheidende Weiche auf Markus Wolfs Lebensweg wurde durch die Emigration in die Sowjetunion gestellt: Wäre er nicht im Alter von elf Jahren dort gelandet, sondern seine Familie beispielsweise nach Frankreich oder in die Vereinigten Staaten emigriert, so hätte er mit Sicherheit auch dort, in einem völlig anderen politischen System, seinen Weg gemacht. Jemand mit seinen geistigen Gaben wäre gewiß auch dort an einen Schalthebel der Macht gelangt.

So aber kam es anders: Er empfand gegenüber der Sowjetunion großen Dank, weil sie ihm und seiner Familie Asyl vor der Verfolgung durch die Nazis bot. So erklärt sich auch, daß er die ganzen schrecklichen Dinge der Stalin-Ära geflissentlich übersah. Was hätte er denn tun sollen? Irgendwie mußte der Vierzehn-, Fünfzehn-, Sechzehnjährige doch seinen Frieden finden.

Wolf, hochintelligent und ehrgeizig, griff zu, als sich ihm die Chance bot, in die Kominternschule, die damalige Kaderschmiede, aufgenommen zu werden. Das war seine Chance, so erkannte er, wenn er »hochkommen« wollte – und er wollte, wie Zehntausende junger Menschen überall auf der Welt. Auf der Kominternschule wurde er Primus. Rasch hatte er begriffen, worauf es ankam, und verhielt sich entsprechend. In dieser Kunst, sich auf eine Situation einzustellen, bleibt er zeit seines Lebens ein großer Meister. Stets weiß er, was er zu tun hat, um sein Ziel zu erreichen, was er sagen muß, um seinen Gesprächspartner zu gewinnen und dazu zu bringen, das zu machen, was er – Markus Wolf – will. Selbst nach der für ihn völlig ungewohnten Erfahrung eines elftägigen Gefängnisaufenthalts im Alter von achtundsechzig Jahren resümiert er sichtlich mit sich zufrieden über diese Zeit, »daß man sich an solche Umstände gewöhnen muß und erstaunlich schnell gewöhnen kann«.

Wolf war auch nie ein blinder Eiferer in Sachen Sozialismus. Er hatte das nicht nötig. Er war Technokrat, der sein Handwerk meisterhaft verstand. Jedes totalitäre Regime nutzt Technokraten dieses Typs, die ohne ideologische Verblendung die Dinge organisieren, und dies ungeheuer effizient. Auch im Dritten Reich war das nicht anders. Man denke beispielsweise nur an Albert Speer, Hitlers Rüstungsminister. Durch seine Planungen lief die Rüstungsmaschinerie optimal. Seine Tätigkeit richtete sich in der Endphase – wie es Speer selbst beschreibt – »fast ausschließlich darauf, ohne ideologische oder nationale Voreingenommenheit, allen Schwierigkeiten zum Trotz, industrielle Substanz zu retten«.

Die Stärke dieser Technokraten gegenüber den Ideologen ist,

daß sie sachlich-nüchtern zu Werke gehen. Der Zweck heiligt für
sie fast jedes Mittel. Man denke nur an die Sekretärin Dagmar
Kahlig-Scheffler. Ihr Leben wurde von Markus Wolfs HVA rui-
niert – im Namen des Sozialismus und seiner Ideale. Wie eiskalt
muß ein Mensch sein, um diese »Romeo«-Masche gegenüber alleinstehenden Frauen – meist auf der Suche nach Geborgenheit – das
eine um das andere Mal anwenden zu lassen?

Auch im Ruhestand scheint Markus Wolf nicht von der Devise
»Der Zweck heiligt jedes Mittel« ablassen zu können: So gerierte
er sich in Österreich als Asylant, als ein in der Bundesrepublik
politisch Verfolgter, um der Ausweisung zu entgehen. Markus
Wolf als Schein-Asylant. Ausgerechnet er. Und auch in diesen
Zusammenhang passen seine nebulösen Andeutungen in den
Medien, wer alles für ihn gearbeitet habe, etwa der Hinweis auf
sein »Wissen, an dessen Veröffentlichung Stellen oder Politiker
der BRD nicht unbedingt interessiert sein müßten«. Welchen
Sinn hätten diese vagen Formulierungen haben sollen, als daß er
Bonn und Karlsruhe signalisieren wollte: Wenn ihr mich nicht in
Ruhe laßt, packe ich aus? Allerdings hätte er es nicht tun können,
ohne dadurch seine Glaubwürdigkeit völlig zu verlieren. Auf welche Ideen Wolf kommt, selbst bei banalsten Anlässen, um Wirkung zu erzielen, zeigt nicht zuletzt auch die Tatsache, daß er
sogar, wie bereits geschildert, den Tag seiner Geburt verlegte: auf
einen Sonntag, um zu beweisen, daß er ein »Sonntags-« und damit
»Glückskind« sei. Inszenierung bis in die letzte Kleinigkeit, als ob
er es nötig hätte.

Seit der Wende mußte er viele Niederlagen und Enttäuschungen
hinnehmen: Als erfolgreicher Spionagechef war er in den Ruhestand getreten, mit der Perspektive, einen geruhsamen Lebensabend zu verbringen, ausgezeichnet als »Verdienter Mitarbeiter der
Staatssicherheit« und als »Held der Arbeit«. Doch dann holte ihn
die Vergangenheit ein. Heute ist seine Zukunft ungeklärt.

Schwer traf ihn, daß er bei dem Versuch scheiterte, vom sinken-
den SED-Schiff auf das Boot der Bürgerbewegung zu springen. Die
Opposition wollte ihn nicht an Bord haben. Was er sich so sehr

gewünscht hatte, gewiß auch mit der Hoffnung, aktiv in der Politik
eine Rolle zu spielen, ging unter in den Protestwogen der Menge.
Bärbel Bohley drehte ihm nach der Abschlußkundgebung auf dem
Alexanderplatz an jenem 4. November demonstrativ den Rücken
zu, als er ihr die Hand geben wollte. Er mußte einsehen: Für einen
Neuanfang wollte man einen wie Markus Wolf nicht haben.

Ebensowenig erreichte er sein Ziel, den Sozialismus und den
Staat der DDR in die Zukunft hinüberzuretten. Ihm ging es trotz
aller Worte in Wahrheit um nichts anderes als um ein »bißchen«
Reform – im Sinne Gorbatschows. Aber im Kern sollte alles so
bleiben: Er wollte nicht, daß die »Grundlagen des Sozialismus«
angetastet werden. Doch auch damit konnte er sich nicht durchset-
zen. Ebensowenig wie mit seiner Forderung nach einem Straffreiheitsgesetz für die ehemaligen hauptamtlichen Mitarbeiter der
HVA.

Und schließlich mußte er feststellen, daß sein eigenes Denkmal
bröckelt. Er ist nicht mehr der sagenumwobene Geheimdienstchef
wie noch vor wenigen Jahren, der »Mann ohne Gesicht«. Er ist ein
Mensch aus Fleisch und Blut, der nicht mehr nur unsichtbar im
Hintergrund sitzt und steuert, sondern dem mitunter der Wind
auch kräftig ins Gesicht bläst. Da zitiert er gerne Vater Friedrich
und Bruder Konrad, fast bei jeder Unterhaltung gelingt es ihm, sie
irgendwie ins Gespräch zu bringen. Während die beiden ihren klaren Platz in der Geschichte haben, hat Markus Wolf ihn noch nicht.
So kommt es, daß er vor der »Gedenkstätte des Sozialismus« in
Berlin steht, wo sein Vater und sein Bruder begraben sind, vorsichtig an den Blumen zupft, in die Kamera des sowjetischen Fern-
sehens blickt und bedächtig die Worte spricht: »Beide kämpften
wie ich ihr ganzes Leben lang für die sozialistische Idee. Und wir
dachten, daß der Sozialismus in diesem Land aufgebaut werden
kann. Doch es stellte sich heraus, daß das, was wir für den Sozialismus hielten, die Entstellung dieser großen Idee war.« Das bringt
ihn zu der immer wieder von ihm gern gestellten, geradezu zele-
brierten, aber bislang von ihm noch nicht klar beantworteten
Frage: »War unser Leben umsonst gelebt?«

War es? Markus Wolfs Lebenswerk, die DDR-Spionage, ist ausgelöscht, verschwunden – und wohl niemand trauert ihr nach. Wenn Markus Wolf sagt, daß durch sein Wirken der Frieden über die Jahre in Europa gesichert worden sei, kann man sich kaum vorstellen, daß er das ernst meint. Ohne das Ministerium für Staatssicherheit, dem er als Stellvertretender Minister mit vorstand, hätte es gewiß nicht weniger Frieden in Europa gegeben, sondern mehr: nämlich inneren Frieden in Ostdeutschland.

Materiell betrachtet haben sich hingegen die Dinge für Wolf ausgezahlt. Er führte ein Leben, in dem er, trotz Sozialismus, auf keine Annehmlichkeit verzichten mußte. Noch heute besitzt Wolf seine Fünf-Zimmer-Wohnung über zwei Etagen mit allen erdenklichen Extras im feinen Berliner Nikolaiviertel. Ein Millionenobjekt. Für ihn hat sich da seit Ende der DDR kaum etwas geändert.

Auch mit der Marktwirtschaft kam Wolf rasch zurecht. Er kassierte von den Medien – nach den Erkenntnissen der Bundesanwaltschaft – 100 000 Mark vom »Stern«, 100 000 Mark vom »Spiegel«, 60 000 Mark von der Illustrierten »Bunte«. 100 000 Mark bekam er für »Die Troika«. Ebenfalls 100 000 Mark sollen es für die Talkshow »Talk im Turm« auf Sat 1 gewesen sein. Auch andere haben offensichtlich gezahlt.* Markus Wolf, Polit-Superstar?

Viele seiner einstigen Untergebenen sind heute gar nicht mehr so gut auf ihn zu sprechen. Sie können nicht verstehen, wieso ihr einstiger Chef, der sie anhielt zu schweigen, selbst Teile seines Wissens nach allen Regeln der Kunst versilbert. Mittlerweile läßt Wolf seine Interview-Termine von einem (Literatur-)Agenten managen. Viele der über Wolf verstimmten HVA-Männer hingegen leben in bescheidenen Verhältnissen, müssen mit dem Pfennig knapsen. Auch haben sie ihrem einstigen Chef nicht vergessen, daß ausgerechnet er es war, und zwar als einziger, der vor der deutschen Einheit türmte – entgegen allen vorherigen Ankündigungen.

---

* Schon am 10. Dezember 1989 berichtete die Zeitung »Bild am Sonntag« darüber, daß ihr Reporter Menso Heyl, nachdem er mit Markus Wolf ein Interview fest vereinbart hatte, von einer Frau angerufen wurde, die sich als Wolfs Literaturagentin vorstellte und 5000 Mark für das Interview verlangte. Auch andere Medien hätten für Wolf-Interviews gezahlt, habe die Frau erklärt. Die Zeitung verzichtete auf das Interview mit Wolf.

Das alles kostet Wolf Glaubwürdigkeit in den alten »eigenen Reihen«.

Doch ihn scheint das nicht weiter zu stören. Wolf war oben – und er sieht sich immer noch oben. So wandte er sich wegen des ihm drohenden Strafverfahrens gleich an den Bundespräsidenten und den Bundesaußenminister mit der Bitte, dafür zu sorgen, daß die Justiz ihn nicht zur Verantwortung zieht. Kaum anders als zwei Jahre zuvor, als er sich unmittelbar an Honecker wandte. Ebenso schrieb er auch an den Generalbundesanwalt. Das waren seine Ansprechpartner. Nicht der für seinen Fall zuständige Bearbeiter.

Immer und immer wieder beteuert Wolf, mit den Verbrechen der Staatssicherheit und des SED-Regimes nichts zu tun zu haben. Wirklich nichts? Wer kann sich vorstellen, daß jemand mit den Verbindungen und dem Wissen eines Markus Wolf nichts gesehen, nichts gehört hat? Vielleicht hat er weggesehen, weggehört, wollte nichts von alledem wissen. Vielleicht, weil es ihm gutging in dem System, weil er alle Privilegien besaß und behalten wollte. Wie weit klaffen bei diesem Mann Anspruch und Wirklichkeit auseinander, wenn man beispielsweise an seine Worte in dem Rundfunkkommentar zurückdenkt, den er nach dem Urteil im Nürnberger Kriegsverbrecherprozeß sprach, und dann sieht, was er später tatsächlich tat.

Neben dem, was Markus Wolf als Leiter der HVA zu verantworten hat, hat er mit Sicherheit auch erkannt, für welch ein System er arbeitete, welche Rolle darin die Staatssicherheit spielte und wie er durch seine Tätigkeit dieses System mit an vorderster Stelle stützte. Als Stellvertretender Minister für Staatssicherheit war er einer der Träger dieses menschenverachtenden Systems – und das ist ihm moralisch vorzuwerfen. Übrigens: Den Weg zu John Le Carré in Sachen Mythos kann sich Markus Wolf sparen. Der Romanautor hat Wolf nicht als Vorbild für seinen Roman »Der Spion, der aus der Kälte kam« gewählt. Trotz mehrerer Anfragen der Medien lehnt es John Le Carré mit Nachdruck ab, Markus Wolf zu treffen. Noch eine bittere Wahrheit für den Spionagechef a. D.

Personenregister

Bildnachweis